Netzwerk neu

B1 | Lehrerhandbuch

Anna Pilaski
Katja Wirth

Ernst Klett Sprachen
Stuttgart

Autorinnen: Anna Pilaski und Katja Wirth
Redaktion: Sabine Franke
Herstellung: Alexandra Veigel
Gestaltungskonzept: Petra Zimmerer, Nürnberg; Alexandra Veigel
Layoutkonzeption: Alexandra Veigel
Umschlaggestaltung: Anna Wanner
Illustrationen: Florence Dailleux, Frankfurt
Satz: Holger Müller, Satzkasten, Stuttgart
Reproduktion: Meyle + Müller GmbH + Co. KG, Pforzheim
Titelbild: Dieter Mayr, München

Informationen und zu diesem Titel passende Produkte finden Sie auf www.klett-sprachen.de/netzwerk-neu

1. Auflage   4 | 2025

© Ernst Klett Sprachen GmbH, Rotebühlstraße 77, 70178 Stuttgart, 2021. Alle Rechte vorbehalten.
Die Nutzung der Inhalte für Text- und Data-Mining ist ausdrücklich vorbehalten und daher untersagt.
www.klett-sprachen.de

Das Werk und seine Teile sind urheberrechtlich geschützt. Jede Nutzung in anderen als den gesetzlich zugelassenen Fällen bedarf der vorherigen schriftlichen Einwilligung des Verlags.

Druck und Bindung: Elanders Waiblingen GmbH

ISBN 978-3-12-607176-5

Inhalt

Einführung

Netzwerk neu – ein Lernpaket ... 4
Der Aufbau von **Netzwerk neu** B1 ... 5
Die Komponenten des Lehrwerks ... 6
Netzwerk neu im Netz ... 9
Didaktische Schwerpunkte ... 9
Netzwerk neu in zeitlich eingeschränkten Kursen und in Blended-Learning-Kursen ... 11
Hinweise zur Arbeit mit dem Lehrerhandbuch ... 12

Erläuterungen zum Unterricht

1 Gute Reise! ... 13

2 Das ist ja praktisch! ... 21

3 Veränderungen ... 28

Plattform 1 ... 36

4 Arbeitswelt ... 38

5 Umweltfreundlich? ... 45

6 Blick nach vorn ... 52

Plattform 2 ... 57

7 Zwischenmenschliches ... 58

8 Rund um Körper und Geist ... 65

9 Kunststücke ... 71

Plattform 3 ... 77

10 Miteinander ... 79

11 Stadt, Land, Fluss ... 86

12 Geld regiert die Welt? ... 92

Plattform 4 ... 98

Anhang

Kopiervorlagen ... 100
Didaktisches Glossar ... 127

Abkürzungsverzeichnis
KB – Kursbuch
ÜB – Übungsbuch
LHB – Lehrerhandbuch
GR – Grammatik
HA – Hausaufgabe
KV – Kopiervorlage
WS – Wortschatz
TN – (Kurs-)Teilnehmer/-in bzw. Teilnehmer/-innen
KG – Kleingruppe(n)
PL – Plenum (Kurs)

Einführung

Netzwerk neu – ein Lernpaket

Netzwerk neu richtet sich an Erwachsene und Jugendliche ab 16 Jahren ohne Vorkenntnisse, die Deutsch für Freizeit, Beruf, Studium oder Schule lernen wollen. Das Lehrwerk führt in 6 Halbbänden bzw. 3 Gesamtbänden zu den Niveaustufen A1, A2 und B1 und bereitet auf die Prüfungen von Goethe-Institut, telc und ÖSD vor. Die Lernziele, die Sprachhandlungen und die Progression von **Netzwerk neu** entsprechen dem ergänzten Gemeinsamen Europäischen Referenzrahmen von 2018 (GER). Band 3 bietet Material für die Niveaustufe B1. Die Anzahl der Unterrichtseinheiten ist abhängig von den Voraussetzungen der lernenden Gruppe sowie vom Kursformat, d. h. ob der Kurs mit hoher oder geringer wöchentlicher Stundenzahl durchgeführt wird. Zudem spielt es eine Rolle, wie viele weitere Komponenten neben Kurs- und Übungsbuch in den Unterricht einbezogen werden. (Zum Vorgehen bei geringer Stundenzahl siehe Seite 11.)

Das **Konzept** von **Netzwerk neu** ist vielfältig und lerneraktivierend:
- Die Lernwege und die Spracharbeit sind kontextbezogen, handlungsorientiert und für Lehrende und Lernende transparent.
- Die Lernenden werden als individuelle Personen mit ihrer Muttersprache, ihrer Mehrsprachigkeit, ihrem kulturellen Hintergrund und ihren eigenen Lebenserfahrungen in die Lernwege integriert (z. B. durch die Präsentation der eigenen Stadt, durch Vergleiche mit der Muttersprache). Dadurch entsteht eine Verzahnung von kognitivem und emotionalem Lernen.
- Die Textsorten sind modern und aktuell, die Texte authentisch und aus dem Alltag gegriffen.
- Die Aufgabenformen sind motivierend, abwechslungsreich und lerneraktivierend, sodass die Lernenden zum sprachlichen Handeln angeregt werden.
- Die Kapitel sind in einzelne Sequenzen unterteilt, in denen die Lernenden von der Präsentation der Themen über gestützte, erfolgsorientierte Aufgaben und Übungen zur aktiven Anwendung geführt werden.
- Die Lernenden können von Anfang an erfolgreich kommunizieren: Redemittel, Wortschatz und Strukturen werden kontextbezogen und frühzeitig im Überblick angeboten und geübt.
- Die Grammatik ist gebrauchsfertig und kommunikationsrelevant in den Kapitelablauf integriert.
- Die Lernenden üben regelmäßig, Informationen aufzunehmen und in eigenen Worten in ihrer Muttersprache oder auf Deutsch mündlich und schriftlich weiterzugeben.
- Wichtige Aspekte der gesprochenen Sprache werden von Anfang an niveaugerecht thematisiert.
- Die digitalen Medien sind im Kurs- und Übungsbuch durch Textsorten, Aufgabenformen, Layout sowie das Angebot an zusätzlichen Komponenten integraler Bestandteil des Lehrwerks.

Darüber hinaus bietet **Netzwerk neu** neben den herkömmlichen Materialien auch eine enge **Vernetzung von Buch und digitalen Medien**:
- Über die Filme „Die Netzwerk-WG" bekommen die Lernenden in den Bänden A1 und A2 einen Einblick in den deutschsprachigen Alltag und trainieren das Hör-Seh-Verstehen. Die Filmszenen, die auch mit Untertiteln abrufbar sind, passen inhaltlich und strukturell zu konkreten Kursbuch-Aufgaben. Auf dem Niveau B1 wird das Hör-Seh-Verstehen in jedem Kapitel in Form von authentischen Video-Dokumentationen zu interessanten Lebensmodellen, Biografien, Berufen und Initiativen in D-A-CH trainiert.
- Grammatik-, Redemittel- und Phonetik-Clips erklären Inhalte aus den Kapiteln anschaulich und können zur Unterstützung im Unterricht sowie zur Nachbereitung zu Hause verwendet werden.
- Das Digitale UnterrichtsPlus ermöglicht ein flexibles mutimediales Vorbereiten und Unterrichten. Als Erweiterung zur Digitalen Ausgabe auf Allango bietet es zusätzliche Inhalte seitengenau aufbereitet, darunter das Lehrerhandbuch, die interaktiven Tafelbilder, Kopiervorlagen, Vokabelkarten, Lösungsanzeige auf einen Klick und Kapiteltests.
- Der Online-Auftritt hält viele zusätzliche Materialien für Sie und Ihre Lernenden bereit wie z. B. Audios und Videos zum direkten Abspielen, alle Transkripte, die Lösungen zum Kursbuch und Übungsbuch, interaktive Online-Übungen, Vokabelspiele, Einstufungstests, Arbeitsblätter und Kopiervorlagen, Glossare, Kahoot- und Quizlet-Übungen und vieles mehr.
- Interaktive Tafelbilder: Mit zusätzlichen Sprechanlässen und über spielerische Vertiefung der Themen aus dem Kursbuch ermöglichen sie einen abwechslungsreichen und kommunikativen Unterricht.
- Über das Facebook-Profil von Bea Kretschmar können die Lernenden mit einer der Hauptfiguren der Filme in den Bänden A1 und A2 authentisch auf Deutsch kommunizieren und „erleben" Landeskunde. www.facebook.com/beakretschmar

Einführung

- Über das Instagram-Profil der Netzwerk-WG können die Lernenden dem Alltag der Hauptfiguren des Films folgen und authentisch auf Deutsch mit ihnen kommunizieren: www.instagram.com/netzwerk.wg
- Das Facebook-Profil für Lehrende: Hier erfahren Sie mehr über aktuelle Veranstaltungen, den Werdegang von **Netzwerk neu** und vieles mehr. www.facebook.com/netzwerk.lehrwerk
- Learning Management System (LMS): Die Lernplattform BlinkLearning bietet **Netzwerk neu** über eine Lizenz als digitale Ausgabe für Lehrende und Lernende an, über die Lehrkräfte online und offline Zugriff auf alle Inhalte haben, über ein Nachrichtenboard mit dem Kurs kommunizieren, Hausaufgaben verschicken sowie den Lernfortschritt einzelner Lernenden oder des gesamten Kurses verfolgen, verwalten und evaluieren können. Die Notengebung und Dokumentation erfolgt in einem objektiven und transparenten System. Zudem ermöglicht BlinkLearning eine effektive Binnendifferenzierung durch Zuweisung von individuell passenden Übungen. Die Lernenden erhalten direkt bei der Bearbeitung der interaktiven Übungen eine Korrektur.

Der Aufbau von Netzwerk neu B1

Kursbuch
- 12 Kapitel
- 4 Plattformen

Übungsbuch
- 12 Kapitel mit Lernwortschatz
- Strategien und Aufgaben zur Wortbildung
- integrierte Aufgaben zur Prüfungsvorbereitung

Video
- authentische Film-Dokumentationen
- 2–3 Szenen pro Kapitel mit Aufgaben
- zum Download über Code, über Allango oder auf Video-DVD im LHB

Redemittel-, Phonetik- und Grammatik-Clips
- zum Download über Code, über Allango oder auf Video-DVD im LHB

Lehrerhandbuch
- Unterrichtsvorschläge
- Kopiervorlagen
- didaktisches Glossar
- mit 4 Audio-CDs und 1 Video-DVD

Audios
- zum Download über Code, über Allango oder auf 4 Audio-CDs im LHB

Allango
- Audios und Videos zum direkten Abspielen
- zusätzliche Übungen und Vokabelspiele
- Anregungen für die Lehrenden im Unterricht

Moodle
- Materialien für Moodle-Kursräume

Facebook-Profil Netzwerk neu
- Neues vom Lehrwerk
- Kontakt mit anderen Lehrenden

Facebook- und Instagram-Profil der Netzwerk-WG (A1 und A2)
- Infos aus dem Leben der WG in Deutschland
- Kommunikation mit Bea, Luca, Max und Anna

Glossare
- auf der Webseite und auf Allango

LMS (BlinkLearning)
- digitale Ausgabe für Lehrende und Lernende mit interaktiven Übungen
- Lernfortschritt verfolgen, verwalten und evaluieren

Intensivtrainer
- Übungen zu Wortschatz, Grammatik, Redemitteln, Wortbildung und Rechtschreibung

Testheft mit Audios
- Lernfortschrittstests
- Prüfungsvorbereitung

Interaktive Tafelbilder
- 1 Tafelbild pro Kapitel
- im Digitalen UnterrichtsPlus

Digitales UnterrichtsPlus
- multimediales Vorbereiten und Unterrichten

Website
- zusätzliche Materialien für Lehrende und Lernende, z. B. Kahoot- und Quizlet-Übungen

Hinweis: B1 ist auch in 2 Teilbänden erhältlich:
Integriertes Kurs- und Übungsbuch B1.1 mit Audio und Video
Integriertes Kurs- und Übungsbuch B1.2 mit Audio und Video

Einführung

Die Komponenten des Lehrwerks

Das Kursbuch

Das Kursbuch (KB) enthält 12 Kapitel und vier Plattformen. Die Kapitel haben je zehn Seiten. Nach jeweils drei Kapiteln gibt es eine sechsseitige Plattform mit Lesetexten und spielerischen Angeboten zum Wiederholen von Strukturen, Wortschatz und Redemitteln der vorangegangenen drei Kapitel sowie zu Landeskunde, Literatur, Musik und anderen Themenbereichen. Die Lösungen bzw. Lösungsvorschläge zum Kursbuch befinden sich im Lehrerhandbuch sowie online und im Digitalen UnterrichtsPlus.

Der Kapitelaufbau
Jedes Kapitel beginnt mit einer **Doppelseite**, die vor allem über Bildmaterial das Kapitelthema präsentiert und deren Schwerpunkt die Wortschatzarbeit ist. Der visuelle Einstieg lädt die Lernenden ein, sich erstmals mit dem Thema zu befassen und dabei an ihr Vorwissen anzuknüpfen. Er motiviert zur konkreteren Auseinandersetzung mit dem Kapitelthema über abwechslungsreiche Aufgabentypen und Aktivitäten; es gibt immer auch eine Aufgabe zum Hörverstehen. Außerdem befindet sich zur Information der Lernenden in der Kopfzeile eine Übersicht über die Lernziele des Kapitels (Sprachhandlungen).

Die **Kapitelseiten 3–6** stellen den Progressionsteil dar. Auf diesen Seiten erarbeiten und üben die Lernenden Wortschatz, Redemittel und grammatische Strukturen niveaugerecht in interessanten authentischen Kontexten. Dabei werden alle Fertigkeiten (Hören, Sprechen, Lesen, Schreiben) über die Kapitel hinweg gleichermaßen trainiert. Auch Ausspracheübungen sind in den Kapitelablauf integriert. Die Lernziele (Sprachhandlungen) sind oben auf der Seite sichtbar, sodass der Lernende jederzeit weiß, worauf die Aufgaben abzielen. Die Kapitelseiten 3–6 sind in überschaubare thematische Sequenzen mit jeweils eigenen thematischen Überschriften unterteilt, in denen die Lernenden über mehrere Aufgaben zur aktiven Anwendung der neuen Themen hingeführt werden.

Die grau unterlegten **Kapitelseiten 7 und 8** vermitteln einerseits landeskundliche Inhalte, andererseits bieten sie Fertigkeiten- und Strategietraining und erarbeiten Lerntechniken. Auch diese Doppelseite ist mit konkreten Sprachhandlungen und Lernzielen verknüpft, die oben auf der Seite sichtbar sind.

Filmseite (Kapitelseite 9)
Auf der Filmseite finden Sie Aufgaben zu den Video-Dokumentationen, die das Kapitel thematisch und inhaltlich aufgreifen. Die Aufgabenstellungen sind so gestaltet, dass sie sich für die Arbeit im Kurs eignen, die Lernenden sie aber auch zu Hause bearbeiten können. Aufgaben im Kapitel, an die sich die Bearbeitung der Dokumentationen gut anschließen lässt, sind mit ▶ gekennzeichnet.

kurz und klar **(Kapitelseite 10)**
Jedes Kapitel schließt mit einer Übersicht ab, auf der die wichtigsten Lerninhalte des Kapitels noch einmal zusammengefasst dargestellt werden. Hier findet man einen klaren systematischen Überblick über die Redemittel und eine lernerfreundlich visualisierte Darstellung der Grammatik aus dem jeweiligen Kapitel.

Die Plattformen
Immer nach drei Kapiteln gibt es eine Plattform. Sie besteht aus drei Doppelseiten: Auf der 1. Doppelseite gibt es ein Spiel zur Wiederholung von Strukturen, Wortschatz und Redemitteln der vorangegangenen drei Kapitel. Die Lösungen für die Wiederholungsspiele in den Plattformen 1, 3 und 4 finden Sie als Kopiervorlage („Expertenblatt") im Anhang des LHB. Auf der 2. Doppelseite befinden sich Aufgaben zum Sprech- und Flüssigkeitstraining sowie zum spielerischen und strategischen Umgang mit Wortschatz und Redemitteln, auch in geschriebenen Texten. Auf der 3. Doppelseite setzen sich die Lernenden kreativ mit landeskundlichen Themen, mit Literatur, Liedern oder anderen interessanten Materialien und Lesetexten auseinander.
Eine Aufgabe in jeder Plattform ist der Sprachmittlung gewidmet, die hier – ergänzend zu den Sprachmittlungsaufgaben in den Kursbuchkapiteln – gezielt geübt und mit strategischen Tipps angeleitet wird.

Anhang im Kurs- und Übungsbuch
- **Grammatikübersicht:** eine systematische Übersicht über die im Kursbuch vermittelte Grammatik mit Verweis auf das Kapitel, in dem das Phänomen behandelt wird. Der Grammatik-Anhang nimmt von Band zu Band zu, d. h. in B1 findet man auch die Grammatikinhalte aus Band A1 und A2.
- **Alphabetische Wortliste:** alle Wörter aus den Kursbuch-Kapiteln sowie alle Wörter aus den mit 📖 gekennzeichneten Übungen im Übungsbuch.
- **Prüfungsvorbereitung:** Übersicht über die Prüfungsaufgaben im Übungsbuch

Das Übungsbuch

Im Übungsbuch finden die Lernenden eine große Vielfalt an Übungen zur Festigung und Vertiefung der Lerninhalte

Einführung

des Kursbuchs. Die Übungen sind im Allgemeinen für die Arbeit zu Hause vorgesehen. Die mit 📄 gekennzeichneten Aufgaben, die den Wortschatz aus dem Kursbuch erweitern bzw. Wortschatz-Themen komplettieren, sowie Aufgaben mit Interaktion sollten Sie in der Regel im Unterricht bearbeiten. Ebenso kann es sinnvoll sein, Übungen zur Vorentlastung oder Binnendifferenzierung in den Unterricht einzubeziehen. Auf die entsprechenden Übungen wird in den Erläuterungen des Lehrerhandbuchs hingewiesen.

Der Kapitelaufbau
Die Aufgabennummern von Kurs- und Übungsbuch sind parallel angeordnet, d. h. zu einer Aufgabe 5 im Kursbuch gibt es eine passende Übung 5 im Übungsbuch. Zur Filmseite gibt es keine Übungen im Übungsbuch. Stattdessen folgt ein Abschnitt mit Strategien und Aufgaben zur Wortbildung. In jedem Kapitel wiederholen die Lernenden zudem in den mit ↻ gekennzeichneten Aufgaben ein grammatisches Thema aus A1 und A2. Die Lösungen zum Übungsbuch befinden sich auf www.klettsprachen.de/netzwerk-neu sowie im Digitalen Unterrichtspaket. Dort sind alle Übungen so aufbereitet, dass sich auf einen Klick die Lösungen einblenden lassen.
Am Ende eines Kapitels können die Lernenden auf der *Rückschau*-Seite *Das kann ich nach Kapitel …* ihren Lernerfolg mithilfe von drei unterschiedlichen Aufgaben und der zu den Lernzielen des Kapitels passenden Selbsteinschätzung (Kann-Beschreibungen) kontrollieren. Hinter der Selbsteinschätzung sieht der Lernende auf einen Blick, wo im Kurs- und Übungsbuch ggf. Aufgaben zur Wiederholung stehen.
Im Anschluss finden die Lernenden eine Doppelseite mit dem Lernwortschatz des Kapitels mit Schreibzeilen zum Eintragen der muttersprachlichen Entsprechung. Darüber hinaus gibt es auch Übungen zu den wichtigsten Wortschatz-Themen des Kapitels. Der Lernwortschatz gibt den Lernenden die Möglichkeit, die Wörter aus dem Kapitel zu erarbeiten, zu wiederholen und auch zu erweitern.

Prüfungstraining
In jedem Übungsbuch-Kapitel von **Netzwerk neu B1** gibt es mindestens eine Aufgabe, die den Lernenden hilft, sich auf die Prüfungen *Zertifikat B1 (Z B1)*, *Zertifikat Deutsch* bzw. *Zertifikat Deutsch Österreich (ZD/ZDÖ)* und *Deutsch-Test für Zuwanderer (DTZ)* vorzubereiten. Jede Prüfungsaufgabe wird in **Netzwerk neu B1** mindestens einmal geübt. Wenn Prüfungsaufgaben sehr ähnlich sind, gibt es nur eine Aufgabe dazu.
Eine Übersicht, wie die Aufgabenformate der drei Prüfungen im Übungsbuch verteilt sind, findet sich im Anhang des Buchs.

Symbole im Kursbuch und im Übungsbuch

1   Aufgabe im Kursbuch
1   zur Kursbuch-Aufgabe passende Übung im Übungsbuch
🔊   Die Lernenden hören den Hörtext mit der genannten Tracknummer. Sie finden die Hörtexte zum Download über Code, auf Allango oder auf den 4 Audio-CDs im LHB.
🔊💬   Die Lernenden hören den Hörtext mit der genannten Tracknummer, um die Übung zur Aussprache zu machen.
▶ 1   Zeigen Sie den Film mit der angegebenen Szenennummer und machen Sie dazu die Aufgaben auf der vorletzten Seite des Kapitels.
▶ G1   Zeigen Sie den Clip mit Erklärungen zu **G**rammatik, **R**edemitteln oder **P**honetik.
✏️   In der Schreibaufgabe wird niveaugerecht freies Schreiben ausprobiert und geübt.
G   Hier wird neue Grammatik gelernt.
💬   Hier werden wichtige Ausdrücke und Sätze eingeführt.
💬💬   Die Lernenden vergleichen Deutsch mit anderen Sprachen.
💬💬   Die Lernenden geben Informationen in ihrer Muttersprache oder in anderen Sprachen weiter.
👤+   Projekte regen die Lernenden an, über das Buch und den Unterrichtskontext hinauszugehen und zu recherchieren.
🖥   Zu dieser Aufgabe gibt es ein interaktives Tafelbild im Digitalen UnterrichtsPlus. Eine kurze Erläuterung dazu finden Sie im LHB und im Tafelbild.
📄   Im Übungsbuch gibt es eine Aufgabe, in der mehr Wortschatz zum Thema erarbeitet wird. Diese Übungen sind im Übungsbuch ebenfalls mit 📄 gekennzeichnet und sind die einzigen Übungen im Übungsbuch, in denen neuer Wortschatz eingeführt wird. Die Wörter dieser Aufgaben befinden sich auch in der alphabetischen Wortliste im Anhang.
→•←   Übung mit Binnendifferenzierung im Übungsbuch. Aufgabe A ist meist leichter zu lösen als Aufgabe B.
↻   Übung im Übungsbuch, die ein grammatisches Thema aus A1 oder A2 aufgreift und wiederholt.
❗   Hier werden Informationen, Strategien oder Lerntipps präsentiert.
„ "   Hier werden Aspekte der gesprochenen Sprache und regionale Varianten vorgestellt.
P   Hier werden die Lernenden auf die Prüfungen
Z B1   *Zertifikat B1, Zertifikat Deutsch / Zertifikat Deutsch*
ZD/ZDÖ   *Österreich und Deutsch-Test für Zuwanderer*
DTZ   vorbereitet.

Einführung

Audiomaterialien

Zum Kursbuch und zum Übungsbuch gibt es jeweils zwei Audio-CDs mit Hörtexten und Ausspracheübungen. Diese sind ins Lehrerhandbuch eingelegt. Zudem gibt es alle Audiomaterialien zum Download über Code und auf Allango zum direkten Abspielen. Die Transkripte der Audiomaterialien stehen online.

Die Filme

Zu jedem Kapitel gibt es einen Dokumentarfilm, in dem die Lernenden auf authentische Weise verschiedene Lebensmodelle, Berufe und Initiativen aus dem deutschsprachigen Raum vorgestellt bekommen. Die Begleitfilme lassen sich für die Bearbeitung jeweils in kurze Szenen unterteilen. Auf Wunsch sind sie mit deutschen Untertiteln abrufbar. Inhaltlich passen sie zum Kapitelthema und können an der mit ▶ gekennzeichneten Stelle in den Unterrichtsablauf integriert werden. Eine andere Möglichkeit ist es, den Film am Ende eines Kapitels einzusetzen. Auf der vorletzten Seite jedes Kursbuchkapitels finden Sie Aufgaben zu den Filmszenen, von denen einige auch ohne Film lösbar sind (als Vorentlastung, zur Aktivierung des Vorwissens, eigene Sprachproduktion o. Ä.). Die Aufgaben sind so gestaltet, dass sie sich für den Unterricht eignen, können von den Lernenden aber auch allein zu Hause bearbeitet werden.
Die Filme sind als Download über Code oder auf der im Lehrerhandbuch eingelegten Video-DVD erhältlich. Auch auf Allango können alle Videos direkt abgespielt werden. Die Transkripte zum Film finden Sie online.

Die Clips zu Grammatik, Redemitteln und Phonetik

Es gibt kurze Grammatik-, Redemittel- und Phonetik-Clips zu jedem Kapitel auf der im Lehrerhandbuch eingelegten DVD, auf der Website des Lehrwerks – oder sie können über Allango abgespielt werden.
Die Redemittel-Clips sind immer an Redemittel-Kästen angedockt. Sie zeigen die konkrete Anwendung der dort eingeführten Redemittel und sind hilfreich für die Wahl des passenden Registers.
Die kurzen, situativ eingebetteten Erklärvideos zu Phonetik-Phänomenen entlasten den Unterricht. Sie können von den Lernenden zum Wiederholen und Üben eingesetzt werden. Oft ist auch ein kleines Quiz/Spiel mit dabei, das man im Unterricht nachmachen kann.

In den Grammatik-Clips werden grammatische Phänomene visuell verdeutlicht und klargemacht. Die Grammatik-Clips sind immer an Grammatik-Kästen angedockt. Sie können zur Bewusstmachung im Unterricht eingesetzt werden oder zur Wiederholung und zum Eigenstudium zu Hause.

Interaktive Tafelbilder

Die interaktiven Tafelbilder eröffnen eine weitere Möglichkeit, den Unterricht abwechslungsreich und kommunikativ zu gestalten. Sie bieten zu den Kapiteln passende Sprechanlässe und vertiefen die Themen spielerisch und kurzweilig. Im Kapitel sind die Tafelbilder mit ☐ gekennzeichnet. Die interaktiven Tafelbilder sowie didaktische Hinweise dazu sind im Digitalen UnterrichtsPlus enthalten.

Lehrerhandbuch

Das Lehrerhandbuch bietet Ihnen zu jeder Kursbuch-Aufgabe Erläuterungen, wie Sie damit im Unterricht verfahren können, die Lösungen der Aufgabe sowie ggf. Varianten/Alternativen oder Erweiterungen sowie Infos zur Landeskunde. Auf Übungsbuch-Übungen, die in den Kurs einbezogen werden sollten (Wortschatz, interaktive Übungen, zur Vorentlastung, zur Binnendifferenzierung o. Ä.), wird ebenfalls hingewiesen. Außerdem finden sich kurze Erläuterungen zu den interaktiven Tafelbildern. Im Anhang gibt es zu jedem Kapitel zwei Kopiervorlagen. Wiederkehrende Verfahren, Spiele und didaktische Tipps werden im didaktischen Glossar am Ende des Lehrerhandbuchs erläutert.
Ins Lehrerhandbuch sind vier Audio-CDs eingelegt, zwei zum Kursbuch und zwei zum Übungsbuch, sowie eine Video-DVD mit den Dokumentarfilmen und allen Grammatik-, Redemittel- und Phonetik-Clips.

Digitales UnterrichtsPlus

Das Digitale UnterrichtsPlus bietet als Erweiterung zur Digitalen Ausgabe auf Allango zusätzliche Inhalte seitengenau aufbereitet, darunter das Lehrerhandbuch, die interaktiven Tafelbilder, Kopiervorlagen, Vokabelkarten, Lösungsanzeige auf einen Klick und Kapiteltests. Es ermöglicht, den Unterricht flexibel und effizient vorzubereiten. Alle Audios, Filme und Clips können Sie per Klick abspielen und die Untertitel dazu einblenden. Sie können alle o. g. Medien über Beamer projizieren und für die Arbeit mit dem Interactive Whiteboard einsetzen.

Einführung

Intensivtrainer

Im Intensivtrainer finden die Lernenden zu jedem Kapitel auf 5 Seiten zusätzliche Übungen zu Wortschatz, Redemitteln und Grammatik. Die Übungen sind zu den Aufgaben und Übungen im Kurs- und im Übungsbuch gespiegelt; statt Phonetikübungen werden Übungen zu Rechtschreibung und Zeichensetzung angeboten. Am Ende jedes Kapitels werden Phänomene aus der Wortbildung erklärt und geübt. Der Intensivtrainer eignet sich insbesondere zur Wiederholung und zur Vertiefung zu Hause. Den Lösungsschlüssel finden die Lernenden direkt im Anhang.

Testheft

Im Testheft sind zu jedem Kapitel Lernfortschrittstests enthalten, die Wortschatz, Grammatik, Redemittel und alle vier Fertigkeiten prüfen. Darüber hinaus werden die Lernenden auf die gängigen Prüfungen von Goethe-Institut, telc und ÖSD vorbereitet.

Netzwerk neu im Netz

Das Netz ist beweglich: Wir laden Sie daher ein, **Netzwerk neu** immer wieder im Netz zu besuchen. Möglicherweise gibt es neue interessante Angebote für Sie und die Lernenden, die Sie noch nicht kennen!

www.klett-sprachen.de/netzwerk-neu

Das Angebot umfasst u. a. interaktive Online-Übungen, die Transkripte aller Hörtexte und Videos, Lösungen zum Kurs- und Übungsbuch, Kapiteltests, den Kapitelwortschatz, Glossare, Kopiervorlagen und Arbeitsblätter sowie eine Vorlage des Sprachenportfolios zum Ausfüllen und Bearbeiten und einen Einstufungstest.

Facebook- und Instagram-Profile

Die Facebook- und Instagram-Profile der WG, die die Lernenden durch die Bände A1 und A2 begleitet hat, bieten einen zusätzlichen Lernort, an dem die Lernenden die Fremdsprache in entspannter Atmosphäre ausprobieren können: www.facebook.com/beakretschmar
www.instagram.com/netzwerk.wg
Sie können mit einer der Hauptfiguren aus den WG-Filmen in Kontakt treten, mit Deutschen und Deutschlernenden auf der ganzen Welt kommunizieren – und das ganz ohne die „Kontrolle" durch eine Lehrkraft. Die WG-Bewohner posten zahlreiche Informationen aus dem deutschsprachigen Alltag, landeskundliche Infos, z. B. zu typischem Essen, lustige Videos mit deutschsprachiger Werbung, Kühlschrank-Rätsel usw. Darüber hinaus laden sie zu Aktivitäten ein, an denen sich die Lernenden aktiv beteiligen können, wie z. B. eine Befragung zu den beliebtesten deutschen Mädchennamen o. Ä. Die Lernenden werden immer wieder direkt angesprochen und motiviert, sich mit der WG auszutauschen.
Auch für Sie als Lehrkraft gibt es ein Facebook-Profil. Dort können Sie sich über aktuelle Veranstaltungen oder den Werdegang von **Netzwerk neu** informieren. Sie können mit dem **Netzwerk neu**-Team Kontakt aufnehmen, etwas posten oder auch mit anderen Lehrenden Erfahrungen austauschen und Ihre Meinung äußern: www.facebook.de/netzwerk.lehrwerk

Didaktische Schwerpunkte

Vernetzung der Komponenten

Alle Komponenten des Lehrwerks sind miteinander in einem Lernpaket vernetzt. Die Materialien zu **Netzwerk neu** sind keine Zusatzmaterialien im herkömmlichen Sinne, sondern bilden ein mit dem Kursbuch eng verbundenes Netzwerk. Ihr Einsatz ist aber nicht obligatorisch, auch allein mit Buch und Audioaufnahmen ist ein gelungener Unterricht gewährleistet.

Handlungsorientierung – Lerneraktivierung

In **Netzwerk neu** handeln die Lernenden von Anfang an auf Deutsch. Die Grundlage hierfür bildet die Auswahl von modernen, aktuellen Textsorten (Handy-Nachrichten, Blogs usw.) und lernerzentrierten Themen (Alltag, Hobbys, Arbeit, Gesundheit usw.) sowie die damit verbundene hohe Authentizität. Alle Aktivitäten sind auf reale Sprachhandlungen bezogen, die über jeder Seite stehen.
- Die Lernenden werden in Dialogen, Hörtexten und Filmszenen sowie in Lesetexten wie Forumsbeiträgen, Nachrichten usw. für die Alltagssprache sensibilisiert. Darüber hinaus werden Aspekte der gesprochenen Sprache und regionale Varianten in der Rubrik *Gut gesagt* (mit Hörbeispielen) an die Oberfläche geholt.
- Die Lernenden erhalten passend zu ihrem Niveau Anregungen zum Sprechen bzw. sprachlichen Handeln in verschiedenen Schwierigkeitsgraden (z. B. erstellen sie frei eigene Dialoge). Ein sorgfältig ausgewähltes und niveaugerechtes Chunk-Angebot sowie die dargestellten Redemittel helfen, schnell und effektiv Sicherheit im sprachlichen Handeln zu erlangen.
- Die Filmszenen und Redemittel-Clips greifen Sprachmaterial, Themen und Lernziele aus dem Kursbuch auf und geben den Lernenden ein Beispiel für das sprachliche Handeln in der Realität.
- **Netzwerk neu** bietet viele Sprech- und Schreibanlässe, bei denen die Lernenden als sie selbst handeln bzw. in denen sie in Kooperation und Interaktion mit anderen aktiv sind; das sichert auch ihr Interesse an den Lerninhalten.

Einführung

– Mit Hilfe der *Rückschau*-Seite im Übungsbuch können sich die Lernenden ihre Fähigkeit, konkret sprachlich zu handeln, bewusst machen und diese reflektieren.

Grammatik – kontextgebunden und kommunikationsrelevant

Die Grammatik wird in **Netzwerk neu** kontextgebunden und kommunikationsrelevant eingeführt. Sie ist in den Kapitelablauf integriert und an der Stelle gebrauchsfertig in einem Grammatik-Kasten präsentiert, wo sie von den Lernenden angewendet wird. Nur die Aspekte werden dargestellt, die für die Lösung der Aufgabe nötig sind. Das Neue wird sofort im Kursbuch geübt. Somit beginnt das Grammatiklernen mit leichter Anwendung und Erfolgserlebnissen. Im Übungsbuch wird die Grammatik kleinschrittig sowohl über induktive als auch deduktive Aufgaben vertieft. Bei Bedarf wird das komplette Paradigma erarbeitet. Ab B1 wiederholen die Lernenden zudem regelmäßig grammatische Themen aus A1 und A2. Auf der Übersichtsseite *kurz und klar* befindet sich in der Regel eine gesamte Darstellung des Paradigmas.

Wortschatz

Netzwerk neu hält Wortschatz und Redemittel immer im Kontext bereit. Beides wird im Lehrwerk mit der Lebenswelt und den Interessen der Lernenden verknüpft. Der Lernwortschatz wird im Kursbuch eingeführt, im Übungsbuch wird kein neuer Wortschatz vorausgesetzt. Nur größere Wortfelder werden im Kursbuch begonnen und im Übungsbuch ergänzt. Diese Aufgaben sind im Kurs- und Übungsbuch deutlich mit 🗐 gekennzeichnet. Die neuen Wörter aus diesen Übungen sind in den Lernwortschatz und die alphabetische Wortliste aufgenommen. Auf der zweiten Doppelseite in den Kursbuch-Plattformen wird der Wortschatz spielerisch verflüssigt.
Am Ende der Übungsbuchkapitel werden gängige Wortbildungsmuster vorgestellt und eingeübt.
Nicht zuletzt machen die untertitelten Versionen der Filme eine weitergehende Wortschatzarbeit möglich.

Mehrsprachigkeit und Muttersprache

In **Netzwerk neu** werden die Lernenden – in mit 💬 gekennzeichneten Aufgaben und Übungen – regelmäßig dazu angeregt, über Internationalismen bzw. Ähnlichkeiten mit anderen Fremdsprachen nachzudenken. Darüber hinaus stellen eine Vielzahl von Aufgaben einen Vergleich mit der Muttersprache oder anderen Fremdsprachen an (in Wortschatz und Grammatik). So wird eine Verknüpfung von neuem mit bereits vorhandenem Wissen erreicht und das neue Wissen besser im Gehirn verankert.

Sprachmittlung/Mediation

Sprachmittlungsaufgaben verlangen von den Lernenden eine anspruchsvolle sprachliche Vermittlungsleistung. Diese muss im Kurs vorbereitet und geübt werden. Das Kursbuch enthält in jedem Kapitel Aufgaben zur Sprachmittlung, die mit einem eigenen Pikto 🔍 gekennzeichnet sind. In den Plattformen gibt es zudem je zwei Aufgaben zur Wahl, die umfassender und mit Strategien versehen sind. **Netzwerk neu B1** orientiert sich damit am neuen Begleitband zum Gemeinsamen europäischen Referenzrahmen.

Sprachmittlung heißt prinzipiell, dass die Lernenden Informationen zunächst aufnehmen und diese dann mit eigenen Worten mündlich oder schriftlich weitergeben. Dies kann von einer Sprache in die andere erfolgen, innerhalb einer Sprache oder mit Hilfe einer dritten Sprache, z. B. Englisch. Es geht also auch darum, die jeweilige Sprache so zu verwenden, dass das Gegenüber die Informationen erfassen kann. Das kann auch bedeuten, dass man Dinge einfacher formuliert. Auf B1-Niveau kommt das Vermitteln in Diskussionen, das Anleiten von Zusammenarbeit in Gruppen sowie das Übermitteln von Konzepten und der eigenen, subjektiven Wahrnehmung von literarischen Texten hinzu.

Zusätzlich zu den gekennzeichneten Aufgaben steckt in fast jeder Projektaufgabe Sprachmittlung, da hier Informationen recherchiert und dann zusammengefasst weitergegeben werden; auch trainieren alle Aufgaben, die mit Informationslücken arbeiten, also etwa Aufgaben zum kooperativen Lesen, implizit Sprachmittlung.

In gemischtsprachlichen Kursen kann Sprachmittlung geübt werden, indem die Lernenden eine gemeinsame dritte Sprache nutzen. Sie als Lehrende müssen die Mittlersprache nicht beherrschen. Vielmehr liegt der Schwerpunkt darauf, dass die Lernenden das Verständnis sichern, Informationen gezielt für ihr Gegenüber filtern und gewichten und die erhaltenen Informationen in eigene Worte fassen, egal in welcher Sprache.

Binnendifferenzierung

Das Kursbuch bietet eine große Aufgabenvielfalt, die Binnendifferenzierung ermöglicht. Im Übungsbuch gibt es gekennzeichnete Übungen →•←, die die Lernenden mittels Lösungshilfen oder auch selbstständig bearbeiten können. Die Binnendifferenzierung findet aber nicht nur im Bereich der Fertigkeiten statt, sondern auch auf anderen Ebenen, z. B. bei den Sozialformen oder in der Phonetik. Projekte bieten die Möglichkeit, dass die Lernenden sich nach ihren Stärken und Interessen einbringen können. Darüber hinaus finden Sie im Lehrerhandbuch eine große Auswahl an Varianten, Erweiterungen und Alternativen zu

Einführung

den Aufgaben des Kursbuches sowie Kopiervorlagen für sprachlich stärkere und sprachlich schwächere Gruppen oder Lernende. Auch die weiteren Komponenten wie z. B. die interaktiven Tafelbilder, die Online-Übungen, die Untertitelung der Filme oder der Intensivtrainer eröffnen eine Vielzahl an Möglichkeiten zur Binnendifferenzierung. Der Online-Bereich bietet zudem Übungen und Vokabelspiele und Anregungen zur Binnendifferenzierung für Lehrende.

Netzwerk neu in zeitlich eingeschränkten Kursen und in Blended-Learning-Kursen

Grundsätzlich lässt sich **Netzwerk neu** auch in Kursen mit wenigen Unterrichtseinheiten (80–100 UE für Niveaustufe B1) einsetzen. Bestimmte Teile aus dem Kursbuch können nur kurz im Unterricht oder von den Lernenden zu Hause bearbeitet werden – sei es als Hausaufgabe im Buch oder Heft oder aber online über das Blended-Learning-Programm. Manches kann ganz wegfallen. Das gesamte Übungsbuch kann von den Lernenden eigenständig außerhalb des Unterrichts bearbeitet werden. In der LMS-Ausgabe des Übungsbuchs auf BlinkLearning sind alle Übungen so angelegt, dass die Lernenden eine direkte und schnelle Rückmeldung auf ihre Antworten bekommen und die Lehrenden gleichzeitig einen Überblick über die Leistungen Ihres Kurses behalten können.

Allerdings dient die Gesamtheit des Angebots im Kurs- und Übungsbuch einem vielseitigen und methodisch-didaktisch durchdachten Unterrichtsaufbau. Ein Weniger an Zeit bedeutet also ein Minimum oder auch Verlust an Übung und Transfer von Gelerntem, Handlungs- und Aufgabenorientierung, Fertigkeiten- und Strategietraining. Meist fordert die Reduzierung eine höhere Konzentration der Lernenden, mehr Spracharbeit außerhalb des Unterrichts und eine höhere Unterstützung des Lernprozesses durch andere Formen des (ungesteuerten oder gesteuerten) Lernens. **Netzwerk neu** ermöglicht dies in Form von vielen Zusatzangeboten, insbesondere auch im digitalen Bereich, etwa per LMS und Blended Learning. Die nach dem neuen Begleitband zum Gemeinsamen europäischen Referenzrahmen geforderten Inhalte und prüfungsrelevante Aufgaben werden in **Netzwerk neu** auch nach den vorgeschlagenen Streichungen vermittelt. Die Lehrkraft sollte dann darauf achten, dass die Sprachhandlungen und Inhalte erfolgreich angewendet werden können und die Vokabeln auf den Lernwortschatzseiten im Übungsbuch trotzdem komplett gelernt werden. Prinzipiell kann die *erste Doppelseite* jedes Kursbuch-Kapitels (Sprechanlass und themenhinführende Kommunikation) im Unterricht nur kurz bearbeitet werden. Alle *grau unterlegten Doppelseiten* enthalten weder Grammatik noch Aussprache und können somit ebenfalls meist weggelassen werden (verloren gehen dabei Fertigkeiten-, Strategietraining und Landeskunde). Werden sie in der folgenden Übersicht nicht als Kürzungsmöglichkeit aufgeführt, dann enthalten sie prüfungsrelevante Fertigkeiten oder Redemittel. Die *Filmseiten* können die Lernenden prinzipiell auch eigenständig zu Hause bearbeiten.

Kürzungsmöglichkeiten* im Kursbuch Netzwerk neu B1

Kapitel	1	2	3	P1	4	5	6	P2
kann entfallen	3c, 14–16	2, 3d, 9–13	2c, 3d, 8, 11–13	alles außer 5	3, 9e, 14–16	3, 13–15	2, 3e, 10–13	alles außer 8
zu Hause zu erledigen	6d, 9c, 13a–b, k&k**	7d, k&k	4d, 6d, k&k		5b, 6e, 10d, 13d, k&k	3, 8c, 12a, k&k	7b+d, 8d, 9e, k&k	

Kapitel	7	8	9	P3	10	11	12	P4
kann entfallen	1d, 8b, 12	5, 13–16	1c, 6, 10–16	alles außer 8	2c, 6, 13–15	3, 8e, 14–16	1d, 2, 12–14	alles außer 6
zu Hause zu erledigen	5c, 11, k&k	6a–d, k&k	2b, k&k		3b, 5b, 7b+c, 8b, 10b, 12a, k&k	4b, 6b, 7b, 8b, 12–13, k&k	4b, 5a, 8b, 10b, 11b+e, k&k	

* bzw. mögliche Teile für die Online-Phase eines Blended-Learning-Kurses **k&k = kurz-und-klar-Seite

Einführung

Hinweise zur Arbeit mit dem Lehrerhandbuch

Das Lehrerhandbuch enthält Unterrichtsvorschläge, die Sie bei der Planung und Durchführung des Unterrichts mit **Netzwerk neu** unterstützen. Sie verdeutlichen, wie die einzelnen Aufgaben miteinander verzahnt sind, geben Hinweise zur möglichen didaktischen Umsetzung im Unterricht und bieten Varianten, Erweiterungen und Alternativen an. Zu jedem Kapitel gibt es zwei Kopiervorlagen, zu jeder Plattform eine. Den Schlusspunkt setzt das *didaktische Glossar*: eine alphabetische Zusammenstellung aller → **Verweise** aus den *Erläuterungen zum Unterricht*. Die einzelnen Begriffe werden erklärt und mit praktischen Beispielen für den Einsatz im Unterricht ergänzt. Sie können das Glossar auch als Sammlung verstehen, die Sie jederzeit als Inspiration für Ihre Unterrichtsplanung zu Rate ziehen können.

Jedes Kursbuchkapitel wird in **Aufgabensequenzen** beschrieben. Eine Aufgabensequenz ist durch eine eigene Zwischenüberschrift gekennzeichnet und umfasst jeweils 1–2 zusammenhängende Sprachhandlungen und die dazugehörigen Lerninhalte (Wortschatz und Redemittel, Grammatik, Aussprache, Landeskunde, Strategie-/Fertigkeitentraining); diese sind einleitend über der zugehörigen Sequenz aufgeführt. Die Beschreibung gliedert sich in drei Spalten:

Die **1. Spalte** gibt die Nummer der Aufgabe im Kurs- oder Übungsbuch an. Zudem finden Sie hier bei Aufgaben oder Übungen zum Schreiben, zur Mehrsprachigkeit oder Sprachmittlung, mit zusätzlichem Wortschatz oder Projektaufgaben das entsprechende Pikto.

In der **2. Spalte** finden Sie zu jeder Kursbuchaufgabe eine Erläuterung, wie Sie und die Lernenden im Unterricht vorgehen können, sowie – wo nötig – die Lösung der Aufgabe. Zusätzlich erhalten Sie an vielen Stellen Vorschläge, wie Sie die Aufgabe variieren und/oder erweitern können. Gelegentlich finden Sie hier auch einen Hinweis auf sprachliche Details oder Zusatzinformationen, die man bei dem betreffenden Thema beachten sollte (z. B. auf welche Bereiche eines Grammatik-Themas an dieser Stelle bewusst noch nicht eingegangen wird) oder die an den Kurs weitergegeben werden können (z. B. dass eine neu eingeführte Regel im Gegensatz zur Schriftsprache in der Umgangssprache nicht oder anders umgesetzt wird).
Auch der Einsatz der **Kopiervorlagen** ist hier vermerkt. Verweise in den Erläuterungen wie z. B. → **ABC** weisen auf besondere und oft wiederkehrende Aktivitäten und Methoden hin, zum Beispiel zur spielerischen Aneignung von Wortschatz oder zu Möglichkeiten der Auswertung von Schreibaufgaben. Sie sind im *didaktischen Glossar* am Ende des Lehrerhandbuchs alphabetisch aufgelistet und erklärt.

Außerdem gibt es Vorschläge zum Einsatz der **Videos**: Ein Grammatik-, Redemittel- oder Phonetik-Clip oder eine bestimmte Filmszene (mit passender Aufgabe) ist nach einer konkreten Kursbuchaufgabe geeignet. (Die Erläuterungen und Lösungen zu den Film-Aufgaben befinden sich am Ende jedes Lehrerhandbuchkapitels.)
Schließlich finden Sie in den *Erläuterungen zum Unterricht* Hinweise auf diejenigen Übungen aus dem Übungsbuch, die Sie möglichst im Kurs bearbeiten sollten (v. a. zur Vorentlastung und Binnendifferenzierung, zur Wortschatzerweiterung, zum interaktiven Üben, zur Aussprache und Übungen mit Tipps zu Strategien o. Ä.).
Falls Sie im Unterricht mit den **interaktiven Tafelbildern** arbeiten möchten, ist deren Einsatzmöglichkeit ebenfalls kurz erläutert.
Zu einigen Aufgaben liefert das Lehrerhandbuch unter dem Hinweis *Info* auch landeskundliche Hintergrundinformationen, die Sie Ihren Lernenden weitergeben können, um ihnen das Verständnis einer Aufgabe oder eines Textes oder die Recherche für eine Projektaufgabe zu erleichtern.

In der **3. Spalte** stehen parallel zu den Erläuterungen diejenigen Materialien, die für den Unterricht benötigt werden: Audio- oder Phonetik-Pikto mit Trackangabe, Video-Pikto mit Szenenangabe, Papier, Kärtchen, Stifte, Kopien von Teilen des Kursbuchs, Kopiervorlagen usw. Ebenso stehen hier die Tafelbild-Piktos an der Stelle, an der sie im Kursbuch eingesetzt werden können.

Die *Erläuterungen zum Unterricht* gehen bei der Nennung konkreter Fragen oder sonstiger Beispiele davon aus, dass die Lernenden im Kurs von Ihnen gesiezt werden. Die *Sie*-Anrede ist jedoch nicht zwingend, in vielen Kursen ist es auch üblich, dass alle Lernenden und oft auch die Lehrenden einander duzen. Die Fragen und Beispiele müssen dann an die *Du*-Form angepasst werden.

Das **Netzwerk neu**-Team wünscht Ihnen und den Lernenden viel Erfolg und viel Vergnügen beim Lernen und Unterrichten mit **Netzwerk neu**!

Gute Reise! 1

Los geht's!

Sprachhandlungen Nachrichten aus dem Urlaub verstehen; Informationen über das Urlaubsverhalten verstehen
Lerninhalte WS: Urlaubsarten

Das sind wir	Vorgehen wie beschrieben, die TN schreiben gut lesbar in Großbuchstaben auf ihr Blatt Papier. Die Hashtags bieten Informationen, die in irgendeiner Weise zu den TN passen. Bilden Sie KG. Die TN zeigen sich ihre Blätter und versuchen herauszufinden, welchen Zusammenhang es zu den Hashtags gibt (s. Beispiel). Bilden Sie mehrmals neue KG, sodass die TN möglichst viele TN kennenlernen, ohne dass die Aktivität langweilig wird. **Erweiterung** Stellen Sie sich vor der Aktivität selbst mit einem Blatt vor und lassen Sie die TN raten. Dadurch wissen die TN, was sie machen sollen; die Aktivität verläuft dynamischer.	DIN-A4-Blätter
1 a	Schreiben Sie GUTE REISE in Großbuchstaben von oben nach unten in die Mitte der Tafel. Die TN kommen an die Tafel, wenn ihnen ein Wort oder ein Ausdruck einfällt, der zu diesem Thema passt und sich mit einem der Buchstaben verbinden lässt. Sie schreiben ihn an. Die TN sehen sich dann die 5 Fotos an, beschreiben sie und überlegen, wohin sie gern fahren würden. Führen Sie anschließend eine kurze Abstimmung durch und notieren Sie an der Tafel, wie viele TN sich für welches Urlaubsfoto entschieden haben. **Variante** Kopieren Sie die 5 Fotos, kleben Sie sie auf je ein DIN-A3-Papier und hängen Sie sie an unterschiedlichen Stellen im Kursraum auf. Bitten Sie die TN, zu überlegen, wohin sie im Urlaub am liebsten fahren würden, und sich zu dem entsprechenden Foto zu begeben. Alle TN, die sich für das gleiche Foto entschieden haben, arbeiten nun zusammen und sprechen einige Minuten darüber, warum sie sich für das Foto entschieden haben, was ihnen an dieser Art von Urlaub gefällt und ob sie schon so einen ähnlichen Urlaub gemacht haben. Danach notieren sie ihre Argumente auf dem Papier und stellen sie im PL vor.	Kopien der Fotos, DIN-A3-Papier
1 b	Je 2 TN notieren zu jedem der Fotos 5 passende Wörter. Sammeln Sie alle Wörter an der Tafel. Die TN können die Wörter auch auf Kärtchen schreiben, an der Tafel oder auf einem Plakat befestigen und dann gemeinsam thematisch (*Natur, Wetter, Gebäude, was nimmt man mit auf eine Reise dorthin* usw.) ordnen. **Variante** Wenn Sie die Fotos auf DIN-A3-Papier verwendet haben, legen Sie diese noch einmal im Kursraum aus. Je 2 TN gehen von Bild zu Bild und notieren passende Wörter dazu. Hängen Sie die Fotos auf und lassen Sie von jeweils einer/-m TN die notierten Wörter vorlesen. Ggf. ordnen Sie sie anschließend gemeinsam thematisch wie oben beschrieben.	ggf. Kärtchen, Plakate
ÜB1 a	Im Kurs oder als HA, um Wörter zum Thema *Urlaub in der Natur* zu erarbeiten.	
1 c	Bitten Sie die TN zu überlegen, welche Wörter (an der Tafel, auf dem Plakat oder den DIN-A3-Papieren der Variante von KB1a+b) in ihrer Muttersprache oder einer anderen ihnen bekannten Sprache ähnlich sind. Die TN notieren die fremdsprachigen Begriffe darunter.	
2	Je 2 TN lesen zusammen die Urlaubsgrüße und ordnen die Nachrichten dem passenden Bild zu. Vergleichen Sie im PL. (Sie können, wenn die Lösungen der TN noch nicht eindeutig sind, mit der Auflösung auch warten, bis die TN in KB3a die Texte gehört haben.) **Lösung** *A5, B4, C3, D1, E2* **Variante** Wenn Sie die Fotos auf DIN-A3-Papier aufgehängt haben: Kopieren Sie die Nachrichten. Die TN überlegen gemeinsam, zu welchen Fotos sie passen, und kleben sie zum Foto.	Kopien, Kleber
3 a	Die TN hören das Gespräch und notieren, welche Person über welche Reise spricht. **Lösung** *Maja: Foto A – Liam: Foto D – Thomas: Foto C*	🔊 1.1
3 b	Lesen Sie mit den TN die 4 unterschiedlichen Urlaubstypen und klären Sie ggf. Vokabular. Dann vorgehen wie beschrieben. Vergleichen Sie im PL. **Variante** für sprachlich schwächere TN: Jede/-r TN konzentriert sich nur auf eine Person. **Lösung** *Maja: Typ 3 (bucht sehr früh, mag gern Ferienhäuser) – Liam: Typ 1 (entscheidet spontan, reist gern allein und mit dem Rucksack) – Thomas: Typ 4 (fährt immer an den gleichen Ort, kennt den Ort und die Leute dort gut)*	🔊 1.1

1 Gute Reise!

3 c Je 4 TN berichten sich gegenseitig, wie sie normalerweise ihren Urlaub planen und verbringen, was ihnen gefällt und was sie im Urlaub gar nicht mögen. Vorgehen wie beschrieben. In schwächeren Gruppen können die TN auch erst Notizen machen und dann sprechen. Die TN überlegen gemeinsam, welcher Urlaubstyp sie sind und warum. Erstellen Sie eine → **Kursstatistik**: Wie viele TN gehören zu Typ 1, Typ 2 usw.? Welcher Urlaubstyp ist am häufigsten vertreten, welcher am wenigsten?
Variante Die TN schreiben einen kleinen Text über sich selbst. Die Zettel werden eingesammelt und neu verteilt. Die TN suchen die Person, die den Text geschrieben hat.
Erweiterung Bringen Sie Postkarten oder Fotos aus Zeitschriften mit, die verschiedene Arten von Urlaub repräsentieren. Bitten Sie die TN, sich für eine Postkarte / ein Foto zu entscheiden und zu begründen, warum diese/-s gut zu ihrer Vorstellung von Urlaub passt. Sie können anschließend mit den TN auch über beliebte Reiseziele in D-A-CH-Ländern sprechen, welche die TN schon besucht haben bzw. gerne noch kennenlernen möchten.
Hinweis Sie können bereits hier mit den TN die Filmszenen 1 bis 3 mit KB14–16 bearbeiten.

Postkarten, Zeitschriften

▶ 1–3

Die Urlaubsplanung
Sprachhandlungen über Vorlieben und Abneigungen sprechen
Lerninhalte GR: Infinitiv mit *zu*

4 a Die TN lesen den Chat und fassen danach im PL zusammen, welche Art von Urlaub Anna sich vorstellt und wie Paula gern Urlaub machen möchte.
Hinweis Bei Chats wird oft verkürzt formuliert. Hier sind die Sätze *(Ich) hab' schon genug Stress im Büro, (Treffen wir uns) Heute Nachmittag (im) Reisebüro?* und *(Ich) Muss aber heute bis 20 Uhr arbeiten* verkürzt. *Ich hab's* steht für *Ich habe es*.
Lösung Anna möchte einen interessanten Stadturlaub machen und viel unternehmen, Paula möchte faulenzen und sich erholen.

4 b Die TN lesen den Chat noch einmal und kreuzen die richtigen Aussagen an.
Lösung 1, 2, 4, 6
Erweiterung Je 2 TN lesen den Chat gemeinsam, wenn sie möchten, Rücken an Rücken.

4 c Fragen Sie die TN, was alle Sätze in KB4b gemeinsam haben (*enthalten einen Infinitiv + zu*). Bitten Sie die TN festzustellen, wo der Infinitiv mit *zu* steht.
Lösung Er steht am Satzende, bei trennbaren Verben steht *zu* nach dem Präfix.

4 d Erklären Sie den TN, dass die Struktur *Infinitiv mit „zu"* nach bestimmten Ausdrücken steht. Die TN markieren in KB4a+b alle Formulierungen, auf die ein Infinitiv mit *zu* folgt, und ordnen sie (im Infinitiv) in die Tabelle ein. Vergleich im PL. Lesen Sie dann mit den TN den Grammatik-Kasten. Weisen Sie die TN darauf hin, dass *zu* bei trennbaren Verben nach dem Präfix eingeschoben wird; bei allen anderen Verben steht es vor dem Infinitiv. Machen Sie mit den TN Beispiele wie: *Ich habe heute keine Lust einzukaufen. Ich habe vor, Pizza zu bestellen.*
Hinweis Die komplexen Regeln für die Zeichensetzung bei den Infinitivgruppen müssen die Lerner auf diesem Niveau noch nicht wissen. Im Prinzip ist ein Komma vor der Infinitivgruppe immer richtig, denn auch wo kein Komma nötig ist, ist es trotzdem erlaubt. Wenn ein einfacher Infinitiv (ohne weitere Wörter) folgt, wird das Komma meistens weggelassen, z. B. *Er empfiehlt uns[,] zu warten.*
Lösung Verben: …, *vorhaben, versuchen*; Adjektiv + sein/finden: *schön sein*; Nomen + haben/machen: *Spaß machen, (keine) Lust haben*

ÜB 5 b+d In den Tipp-Kästen finden die TN noch einmal die Information, dass *zu* bei den trennbaren Verben nach dem Präfix steht. Weiterhin werden die TN darauf hingewiesen, dass nach Modalverben nie ein *zu* beim Infinitiv zu finden ist.

5 a Lesen Sie mit den TN die Redemittel für Satzanfänge in der Sprechblase und machen Sie noch einmal deutlich, dass danach ein Infinitiv mit *zu* folgt (bei gleichem Subjekt). Die TN bilden mit Hilfe der Vorgaben 6 Fragen mit Infinitiv + *zu* zum Thema *Vorlieben* und notieren sie auf einem Zettel. Schreiben Sie vorher ggf. einige Fragen als Beispiel an die Tafel, z. B. *Findest du es auch langweilig, am Strand zu liegen?*

Zettel

Gute Reise! 1

Variante Die TN formulieren an der Tafel 10 Sätze, bei denen das Subjekt fehlt, z. B. *... hat Lust, am Wochenende auszuschlafen*, usw. Weiter dann unter KB5b (Variante).
Lösungsvorschlag *Ist es für dich wichtig, im Urlaub Sport zu machen? Macht es dir Spaß, am Strand zu liegen? Findest du es langweilig, eine Stadt zu besichtigen? Hast du Lust, shoppen zu gehen? Planst du, eine Party zu feiern? Versuchst du zu surfen?*

5 b Die TN machen einen → **Kursspaziergang**. Dazu gehen sie mit ihrem Notizzettel und einem Stift durch den Raum und stellen jede der 6 Fragen einer anderen Person. Sie notieren den Namen der/-s befragten TN und deren/dessen Antwort. Beispiel: *Findest du es interessant, eine Stadt zu besichtigen? Nein, ich finde das ein bisschen langweilig.* Die TN berichten dann im PL, was sie erfahren haben, z. B. *Pablo findet es wichtig, im Urlaub auszuschlafen.*
Variante (Fortführung): Die TN machen jetzt den Kursspaziergang und füllen mit den Antworten die Subjekte aus. Je 4 TN berichten dann einander, was sie erfahren haben.
Erweiterung Geben Sie je 2–3 TN ein DIN-A3-Blatt, Zeitschriften, Schere und Klebstoff. Die TN gestalten ein Werbeplakat eines Reisebüros, mit dem sie eine Reise anpreisen. Sie schneiden Fotos aus, kleben sie auf das Blatt und beschriften sie mit Sätzen, in denen möglichst viele Infinitive mit *zu* vorkommen, z. B. *Lieben Sie es, in der Sonne zu liegen? Haben Sie keine Lust, Museen zu besuchen?* usw. Hängen Sie die Plakate im Kursraum auf. Jede/-r TN geht zu dem Plakat mit der Reise, die sie/ihn am meisten überzeugt hat, und begründet das kurz. Die „Reiseveranstalter" mit den meisten „Kunden" erhalten einen kleinen Preis.

DIN-A3-Blätter, Zeitschriften, Scheren, Kleber, Preis

Im Reisebüro

Sprachhandlungen Gespräche über die Reiseplanung verstehen und führen
Lerninhalte WS: Reiseangebote

6 a Erklären Sie, dass die TN nun das Gespräch im Reisebüro hören. Überlegen Sie vorher im PL, welche speziellen Fragen Anna und Paula stellen könnten. Die TN hören dann den ersten Teil des Gesprächs im Reisebüro und ergänzen die Informationen. Vergleichen Sie im PL.
Lösung Rügen: *zwischen 700 und 840 Euro pro Woche; direkt am Strand* – Berlin: *710 Euro pro Person; 1 Woche* – Schifffahrt durch den Spreewald: *1250 Euro pro Person; 5 Tage*

🔊 1.2

6 b Vorgehen wie beschrieben. Die TN vergleichen erst in der KG und dann im PL.
Lösung Rügen: *entspannen, Fahrrad fahren, auf dem Weg dorthin einen Stopp in Berlin einlegen* – Berlin: *sich erholen, Sport machen (das Schwimmbad und den Fitnessraum nutzen), Touren machen (z. B. Tagestour in den Spreewald), faulenzen (am Wannsee)* – Spreewald: *schöne kleine Orte besuchen, auf einem Schiff sein*

🔊 1.2

6 c Je 3–4 TN überlegen gemeinsam, für welchen Urlaub Anna und Paula sich wahrscheinlich entscheiden und warum. Ein/-e Gruppensprecher/-in erläutert die Ergebnisse kurz im PL. Danach hören die TN das Ende des Gesprächs. Welche KG hatte die richtige Vermutung?
Lösung *Sie wählen das Wellnesshotel in Berlin.*

🔊 1.3

6 d Bilden Sie 3 Gruppen. Jede wählt ein Reiseziel aus KB6a aus. (Oder die TN entscheiden sich zuerst für ein Reiseziel und so bilden sich die Gruppen.) Dann vorgehen wie beschrieben. Die Gruppen präsentieren ihr Ergebnis im PL (→ **Präsentation von Ergebnissen: Mini-Präsentation**). Fragen Sie die TN, welches der Reiseziele sie persönlich wählen würden.

Plakat

7 Das KB ist geschlossen. Fragen Sie die TN, was Leute normalerweise interessiert, wenn sie in ein Reisebüro gehen (*Reiseziele, wie kommt man hin, wie wohnt man, Preis, was ist inklusive, Sonderangebote, Reiseversicherung* usw.). Sammeln Sie die Vorschläge an der Tafel. Bitten Sie die TN, jetzt das Buch zu öffnen. Lesen Sie mit den TN die Redemittel für Gespräche im Reisebüro und klären bzw. ergänzen Sie ggf. Vokabular. Je 2 TN arbeiten zusammen und wählen eine Rolle (Kunde/Kundin oder Reisebüromitarbeiter/-in). Sie bereiten ihren Part für Situation A vor und spielen sie dann. Anschließend tauschen die beiden TN für Situation B die Rollen. Sprachlich schwächere Gruppen können den Dialog erst schreiben und dann spielen. Lassen Sie einige Gespräche im PL vorspielen (→ **Dialoge auswendig lernen**).

1 Gute Reise!

Variante Schreiben Sie die Redemittel auf Kärtchen oder kopieren Sie die Redemittel-Sprechblase und schneiden Sie sie auseinander. Stellen Sie für jeweils 2 TN ein Set Redemittelkarten/-kopien her. Die TN ordnen die Redemittel nach den Sätzen, die der Kunde / die Kundin sagt, und denen, die die Person im Reisebüro sagt. Danach vergleichen sie mit dem KB. Die TN einigen sich, wer in dem nachfolgenden Rollenspiel den Kunden / die Kundin und wer das Reisebüro übernehmen möchte. Jetzt spielt jedes Team das Gespräch im Reisebüro und achtet darauf, dass möglichst viele Redemittel benutzt werden.

Alternative Je 4 TN (2 Paare) arbeiten zusammen. Ein Paar spielt die Situation, das zweite Paar beobachtet und gibt anschließend → **Feedback** dazu, wie das Gespräch verlaufen ist (*flüssig, authentisch, kohärent* …) oder ob den TN immer wieder gemachte Fehler aufgefallen sind (*Stellung des Verbs, Konjugation,* …). Dann tauschen die 2 Paare ihre Aufgaben.

Erweiterung Je 3–5 TN arbeiten zusammen, 2–4 TN übernehmen die Rolle der Kunden, 1–2 TN die Rolle des Reisebüros. Kopieren Sie die **Kopiervorlage**. Jede Gruppe erhält ein Set der Rollenkarten zu den Reisezielen für den/die Mitarbeiter/-in des Reisebüros und eine Rollenkarte zu den Personen. Die Kunden erklären dem Reisebüro, was für eine Reise sie machen möchten; das Reisebüro versucht ihnen 1–2 passende Angebote zu machen. Die TN verwenden dabei die Redemittel aus KB7. Da es verschiedene Rollenkarten für die Kunden gibt, können die Rollenspiele auch im PL als kleine „Theaterstücke" vorgespielt werden.

Hinweis Wenn die Situation *Reisebüro* für die TN nicht relevant ist, kann die Aufgabe auch in die Reiseplanung von zwei Freunden abgewandelt werden, die gemeinsam entscheiden, wohin sie fahren. Die Redemittel müssen dann in der *du*- oder *wir*-Form verwendet werden.

Kärtchen oder Kopien der Redemittel-Sprechblase

KV

Reiseziele in Deutschland

Sprachhandlungen Informationen zu Reisezielen verstehen; eine Urlaubsgeschichte schreiben
Lerninhalte GR: Nebensatz mit *da/weil*; Nebensatz mit *obwohl* | Aussprache: *n, ng, nk*

8 a	Schreiben Sie *beliebte Reiseziele in Deutschland* in einem Wortigel an die Tafel. Die TN nennen beliebte Orte, Sehenswürdigkeiten und Regionen für den Wortigel. Fragen Sie die TN, welche Ziele sie schon besucht haben und welche sie noch interessieren würden.
8 b	Bitten Sie die TN, die Forumstexte zu überfliegen und die vorgestellten Orte zu benennen (*Rothenburg ob der Tauber, Würzburg, Ostsee: Heringsdorf*). Lassen Sie die TN die Orte auf einer Landkarte suchen. Danach vorgehen wie beschrieben. Vergleichen Sie im PL. **Lösung** Rothenburg: +) *sehr schöne Altstadt*; –) *sehr viele Touristen, man fühlt sich wie in einem Museum* // Würzburg: +) *interessanter als Rothenburg: größer, mehr Stadtatmosphäre* // Heringsdorf: +) *schöne Strände, renovierte Strandpromenade, gute Freizeitmöglichkeiten, Alltag ist weit weg*; –) *Wasser meistens kalt, viel Regen* **Info** In D-A-CH gibt es mehrere Orte namens Rothenburg; *ob der Tauber* (abgekürzt *o. d. T.*) bedeutet, dass es diejenige Stadt ist, die ob(erhalb) des Flusstals des Flusses Tauber liegt.
8 c	Die TN ordnen – ggf. in PA – die passenden Aussagen zu. **Lösung** *1D, 2A, 3E, 4B, 5C*
8 d	Ein/-e TN liest die Sätze aus 8c noch einmal vor, die anderen markieren *da, weil* und *obwohl*. Lesen Sie mit den TN den Grammatik-Kasten. Erklären Sie, dass alle Konjunktionen einen Nebensatz einleiten, dabei drücken *weil* und *da* einen Grund, *obwohl* einen Widerspruch oder Kontrast aus. Erinnern Sie die TN daran, dass sie die Nebensätze mit *weil* schon aus **Netzwerk neu A2** kennen und es sich hier um eine Wiederholung handelt. Erinnern Sie die TN auch noch einmal daran, dass ein Nebensatz dem Hauptsatz auch vorangestellt werden kann. Bilden Sie die Nebensätze der Nummer 1 gemeinsam mit den TN an der Tafel. Danach machen die TN in EA oder PA die Nummer 2. Vergleich im PL. **Lösung** *1. Rothenburg ist bei Touristen sehr beliebt, weil/da es eine kleine, schöne Stadt ist. …, obwohl die Geschäfte und Restaurants teuer sind. …, weil/da man tolle Fotos machen kann. 2. Melina hatte schöne Tage auf Usedom, weil das Essen gut geschmeckt hat. …, obwohl es am Strand sehr windig war. … obwohl es manchmal geregnet hat.*

Gute Reise! 1

8 e Bitten Sie die TN, die Sätze wie im Beispiel zu beenden. Legen Sie vorher fest, ob der Nebensatz auch vorangestellt oder nur nachgestellt sein kann. Einige Beispiele werden vorgelesen.
Variante Schreiben Sie die im KB vorgegebenen Sätze auf je ein DIN-A3-Blatt und legen Sie die Blätter auf die Tische im Kursraum. Die TN gehen durch den Raum und schreiben ihre Ideen jeweils in Form eines Aussagesatzes auf die Blätter (z. B. auf das Blatt mit dem Satz *Es ist ziemlich teuer*: *Mein Hobby ist Golf spielen.*). Hängen Sie die Blätter auf und lassen Sie die TN die Sätze mit *obwohl* bilden: *Obwohl es ziemlich teuer ist, ist mein Hobby Golf spielen.*
Erweiterung Stellen Sie drei Stühle nebeneinander. Befestigen Sie am rechten Stuhl ein Schild mit WEIL/DA, am linken ein Schild mit OBWOHL. Setzen Sie sich in die Mitte und beginnen Sie einen Satz, z. B. *Ich bin müde, …* Die 2 TN, die am schnellsten eine Idee haben, setzen sich auf die anderen Stühle und vervollständigen den Satz, z. B. *…weil ich 10 Stunden gearbeitet habe* und *… obwohl ich lange geschlafen habe.* Sie entscheiden, welcher Satz Ihnen besser gefällt. Diese/-r TN setzt sich nun in die Mitte und beginnt einen neuen Satz usw.
Erweiterung Die TN arbeiten in KG mit der **Kopiervorlage**. Es gibt verschiedene Möglichkeiten der Binnendifferenzierung:
a) Die TN können einfach die Kopie benutzen und abwechselnd Sätze formulieren oder
b) Sie kopieren die KV auf Karton für jede KG und zerschneiden die Sätze. Die TN ordnen die Karten zu, bevor sie Sätze formulieren.
c) Sie können eine spielerische Variante machen: Dabei ist ein/-e TN der/die Spielleiter/-in und bekommt die fettgedruckten Sätze. Die anderen Sätze werden gemischt und an die anderen Spieler/-innen verteilt. Die fettgedruckten Sätze werden nun von der Spielleitung nacheinander ausgelegt und die TN versuchen so schnell wie möglich eine Karte mit einem passenden Satz dazuzulegen. Wenn sie den Satz richtig formulieren, gewinnen sie einen Punkt.

DIN-A3-Blätter

KV

9 a Lesen Sie mit den TN die Ausdrücke und klären Sie ggf. Vokabular. Dann vorgehen wie beschrieben. Lesen und hören Sie anschließend mit den TN den *Gut gesagt*-Kasten und klären Sie ggf. die Begriffe. Fragen Sie die TN, ob sie noch mehr Ausdrücke kennen und was sie selbst sagen, wenn bei ihnen etwas nicht gut läuft. Fragen Sie auch, wie man in den Sprachen der TN sagt, dass etwas nicht gut läuft, und bitten Sie die Ausdrücke zu übersetzen.
Variante Kopieren Sie die Bildgeschichte für jede KG und zerschneiden Sie sie. Die TN überlegen, wie der richtige Ablauf der Geschichte ist. Sie können auch die Ausdrücke kopieren und zerschneiden, so dass die TN sie zu den Bildern legen können.
Lösungsvorschlag siehe KB9b
Hinweis Sie können bei dieser Aufgabe alternativ das interaktive Tafelbild nutzen:
Die TN ordnen gemeinsam die Wörter den Bildern der Bild-Geschichte zu. Anschließend wählen sie in PA je ein Bild aus. Nun erzählen sie sich, was sie auf dem Bild sehen, und machen daraus eine kleine Geschichte. Die Ergebnisse werden dann im PL zusammengetragen.

1.4

9 b Vorgehen wie beschrieben.
Lösungsvorschlag *B: Aber dann gibt es viel Verkehr auf der Autobahn. Sie sind genervt, da sie stundenlang im Stau stehen müssen. – C: Endlich sind sie angekommen. Sie packen ihr Zelt aus dem Kofferraum aus und bauen es auf der nassen Wiese auf, obwohl sie dabei im Regen stehen müssen. Danach müssen sie sich umziehen und sie sind sehr müde. Die Stimmung ist schlecht. – D: Am nächsten Morgen wollen sie eine Radtour machen. Aber Kevin ist verzweifelt, da sein Reifen kaputt ist und er sein Fahrrad reparieren muss. – E: Obwohl alles schiefgeht, sind die beiden gut gelaunt. Sie ändern ihren Plan und machen eine Wanderung. Vielleicht erleben sie heute ja ein Abenteuer! – F: Am Abend machen sie ein Feuer, weil sie mit anderen Leuten auf dem Campingplatz grillen. Das Feuer brennt gut und es ist schön warm. Sie sind fröhlich, weil sie zusammen singen und reden.*

9 c Die Paare aus KB9b bleiben zusammen. Vorgehen wie beschrieben. Lassen Sie zwei besonders gelungene Geschichten im PL vorlesen. → **Schreibaufgaben auswerten**
Variante Die TN versehen stattdessen die Bildergeschichte mit Sprech- und Denkblasen.

1 Gute Reise!

10 a Lesen Sie den TN 1a–c laut vor (*Affin – Affing – Affink*) und bitten Sie sie, auf die unterschiedliche Aussprache zu achten. Die TN sprechen die Ortsnamen im Chor nach. Danach vorgehen wie beschrieben. Vergleich im PL. Die TN lesen abwechselnd die drei Varianten vor und achten auf die korrekte Aussprache der unterschiedlichen Laute.
Hinweis Nutzen Sie im Anschluss als Vorbereitung für KB10b den Phonetik-Clip. Besprechen sie mit den TN ggf. die dort erklärte unterschiedliche Aussprache von *ng* und *nk* in Wörtern mit und ohne Vorsilbe noch ausführlicher.
Lösung *1b, 2c, 3c, 4a, 5a, 6b*

1.5
P1

10 b Die TN hören die Wörter und sprechen sie nach.
Erweiterung Schreiben Sie die Wörter einzeln auf DIN-A4-Papier. Die TN stellen sich im Kreis auf und werfen sich einen Ball zu. Halten Sie nacheinander ein Papier hoch. Wer den Ball gefangen hat, liest das Wort laut vor.

1.6

10 c Vorgehen wie beschrieben. Anschließend tauschen die Teams die Sätze aus und korrigieren.
Variante Schreiben Sie jedes Wort auf ein Kärtchen und geben sie je 4 TN ein Set. Je 2 TN ziehen zuerst 2 Wörter, die sie im ersten Satz verwenden, dann kommen die anderen 2 TN an die Reihe. Danach ziehen beide Paare je 2 Wörter für den zweiten und dann für den dritten Satz. Danach weiter wie oben beschrieben. – In **ÜB10** finden Sie weitere Ausspracheübungen.

Unterwegs: Ohren auf!

Sprachhandlungen/Strategie Durchsagen verstehen
Lerninhalte Strategie: Durchsagen verstehen

11 a Projizieren oder zeigen Sie ein Foto von einem Bahnhof. Fragen Sie die TN, was ihnen spontan dazu einfällt. Bitten Sie die TN, kurz die Augen zu schließen, sich die Szene auf dem Bahnhof vorzustellen und zu überlegen, was man hier alles hören kann (*Durchsagen, Leute sprechen, Kinder schreien, ein Zug fährt ein, …*). Notieren Sie die Vorschläge der TN an der Tafel. Bitten Sie die TN dann, sich vorzustellen, sie wären am Bahnhof und möchten mit dem ICE 241 nach Stuttgart fahren. Erklären Sie, dass sie gleich 3 Durchsagen hören werden. Die TN hören diese und entscheiden, welche Durchsage in ihrer Situation wichtig ist. Lesen und klären Sie mit den TN den Strategie-Kasten. Was haben sie (nicht) berücksichtigt? Lassen Sie ggf. noch einmal hören. Bitten Sie die TN, die Strategie auch bei KB11b anzuwenden.
Lösung *Durchsage 2*

Foto eines Bahnhofs

1.7

11 b Vorgehen wie beschrieben.
Lösung *Gleis 17; Verspätung: 8 Minuten*

1.8

12 a Vorgehen wie beschrieben, notieren Sie die Ideen an der Tafel (z. B. *auf dem Flughafen, im Zug, in der U-Bahn, im Supermarkt …*). Überlegen Sie gemeinsam zu jedem Punkt, welche Informationen es da normalerweise gibt und welche davon wichtig sind (z. B. *Im Supermarkt hört man oft Sonderangebote. Sie sind nur wichtig, wenn ich das Produkt auch brauche …*).
Erweiterung Die TN sprechen über Erfahrungen mit Durchsagen in D-A-CH und in ihren Heimatländern.

12 b Sehen Sie mit den TN zuerst die 4 Zeichnungen ohne den Text an. Die TN beschreiben, wo sich Liz befindet. Lesen Sie gemeinsam mit den TN die Situation und die Aufgabe dazu. Die TN hören die 4 Durchsagen und notieren die richtige Antwort.
Lösung *1 Band 15; 2 17.44 Uhr; 3 richtig; 4 a*

1.9–12

12 c Die TN hören die Durchsage. Bitten Sie die TN sich vorzustellen, sie warten mit einem/-r Freund/-in, der/die kein Deutsch versteht, an der Haltestelle. Die TN machen sich nach dem Hören kurze Notizen, wie sie ihm/ihr die wichtigsten Informationen aus der Durchsage in ihrer Muttersprache weitergeben würden. TN mit gleicher Muttersprache können sich anschließend austauschen. Bei unterschiedlichen Muttersprachen können sie sich nach der Aufgabe kurz im PL austauschen, auf welche Informationen die TN sich konzentriert haben und was sie für besonders wichtig bzw. weniger wichtig hielten.

1.13

Gute Reise! 1

Urlaub oder Arbeit?

Sprachhandlungen einen Blogeintrag verstehen
Lerninhalte Landeskunde: Arbeiten auf der Alm | Wortbildung: Infinitiv als Nomen (im ÜB)

13 a Die TN beschreiben, was sie auf jedem Foto sehen und was sie damit verbinden. Schreiben Sie *auf der Alm* an die Tafel. Erklären Sie den Begriff. Fragen Sie die TN, was man auf der Alm alles machen kann/muss und was davon eher Arbeit und was eher Urlaub ist. Danach lesen sie den Blog von Timo. Je 2 TN besprechen, welches Foto dazu passt und warum (nicht). Fragen Sie die TN, ob sich ihre Vermutungen bestätigt haben.
Lösung *Foto B (einsame Hütte)*
Variante Je 4 TN arbeiten zusammen. Kopieren Sie für jede KG den Text und zerschneiden Sie ihn in 4 Abschnitte. Jede/-r TN bekommt einen Abschnitt, liest ihn und fasst ihn in der KG zusammen. Die TN müssen dabei auch darauf achten, dass die Reihenfolge stimmt (→ **Kooperatives Lesen**). Danach entscheidet die KG gemeinsam, welches Foto passt.   *Kopie des Textes*
Info Diese Art von „Almurlauben" ist gegenwärtig sehr beliebt. Die Menschen verlassen für einen Sommer ihr normales Leben und helfen auf einer Alm mit – bei allen anfallenden Arbeiten: Tiere versorgen, Käse und Butter machen, Zäune reparieren, Wanderer verpflegen usw. Informationen z. B. unter: https://www.tirol.at/reisefuehrer/almurlaub/freiwilligenarbeit-auf-der-alm oder https://www.almwirtschaft.com/ (Stellenangebote unter „Anzeigen")

13 b Die TN lesen den Blog noch einmal und kreuzen an, ob die Aussagen richtig oder falsch sind.
Lösung *1r, 2f, 3r, 4r, 5f*
Variante Wurde in KB13a die Variante gemacht, erzählen die TN erst ihren Abschnitt, besprechen dann in der KG, was richtig/falsch ist, und lesen zur Kontrolle den Gesamttext.
Erweiterung Die TN schreiben einen Blog einer fiktiven Person, der der gleiche Almurlaub überhaupt nicht gefallen hat.

13 c Die TN besprechen in KG, worauf sie im Urlaub Wert legen und was ihnen bei der Arbeit wichtig ist (z. B. *Urlaub: gutes Wetter, viel an der frischen Luft sein, lange schlafen …; Arbeit: Kontakt mit Menschen haben, abwechslungsreiche Aufgaben …*). Danach überlegen sie, ob sie sich auch vorstellen könnten, im Urlaub zu arbeiten, und warum (nicht). Bitten Sie die TN, auch zu überlegen, ob sie in ihrem Land ähnliche Angebote kennen, die Urlaub mit Arbeit verbinden. Wenn die TN so etwas schon gemacht haben oder jemanden kennen, der das gemacht hat, können sie über die Erfahrungen berichten. Jeweils ein/-e KG-Sprecher/-in fasst die Ergebnisse der Diskussion anschließend im PL zusammen.
Variante Bilden Sie 2 Gruppen: Eine sammelt in ca. 3–5 Minuten alles, was ihr zum Thema *Urlaub* einfällt, die andere alles zum Thema *Arbeit*. Notieren Sie die Ideen an der Tafel. Fragen Sie die TN, ob bzw. wie Urlaub und Arbeit zueinanderpassen können. Erinnern Sie daran, dass Timo im Urlaub auf der Alm arbeitet. Sammeln Sie mit den TN mehr Beispiele, wo beides verbunden wird (*Erntehelfer, Animateur im Ferienclub, Reiseleiter …*).
Erweiterung Je 2–3 TN recherchieren im Internet und stellen ein Urlaubsangebot vor, das mit Arbeit verbunden ist (*Wo? Wie ist die Arbeit? Verdient man etwas? Vor- und Nachteile* usw.). Jede KG versucht, die anderen TN von ihrem Angebot zu überzeugen. Am Ende entscheidet sich jede/-r TN für ein Angebot. Die KG, die die meisten TN überzeugt, gewinnt.
Hinweis Weitere Infos z. B. unter www.travelworks.de; www.bergwaldprojekt.ch; https://www.endlich-animateur.de/; https://www.farmarbeit.de/wwoofing.html

ÜB **Wortbildung** Bearbeiten Sie das Thema *Infinitiv als Nomen* im Kurs, denn die TN stoßen in deutschen Texten sehr häufig auf solche Nomen. Lesen Sie mit den TN den Kasten und gehen Sie auch auf die Großschreibung ein. Die TN machen die Übung und korrigieren dann im PL.

1 Gute Reise!

Film: Ranger im Nationalpark Schwarzwald
Der Ranger | Der Nationalpark | Leben im Park

14 a Zeigen Sie den TN die Landkarte, z. B. auf der Umschlaginnenseite, und suchen Sie gemeinsam den Schwarzwald. Auf genaueren Karten können die TN zudem schauen, welche Städte sich innerhalb oder in der Nähe des Schwarzwaldes befinden. Fragen Sie, ob die TN diese Region schon einmal besucht haben und was sie darüber wissen. Betrachten Sie anschließend mit den TN die drei Fotos. Was wird dargestellt und was wissen die TN vielleicht schon darüber? Welche anderen Assoziationen haben die TN zum Schwarzwald?
Info Der Schwarzwald liegt in Baden-Württemberg im Südwesten von Deutschland. Er ist Deutschlands größtes und höchstes Mittelgebirge und verläuft über ca. 160 km östlich des Rheins. Der höchste Berg ist der Feldberg mit 1493 m. – Die *Schwarzwälder Kuckucksuhr* ist eine Wanduhr mit Pendeln und einem Fensterchen, aus dem meist zur vollen Stunde ein Vogel erscheint und Kuckuck ruft. Sie wird in Handarbeit im Schwarzwald gefertigt. – Der *Bollenhut* gehört zu einer Schwarzwälder Tracht. Traditionell besteht er aus einem hellen Strohhut mit 14 Bollen (= Kugeln). Bei unverheirateten Frauen sind diese rot, bei verheirateten schwarz. – Die *Schwarzwälder Kirschtorte* besteht aus dunklem Biskuitboden, Kirschen, Sahne, Schokoraspeln und Kirschwasser (= Schnaps).

14 b Schreiben Sie *Nationalpark* in einem Wortigel an die Tafel. Notieren Sie, was den TN dazu einfällt. Fragen Sie, ob die TN noch andere Nationalparks in Deutschland kennen (z. B. *Bayrischer Wald*, *Harz*, *Müritz*, *Niedersächsisches Wattenmeer*; Information z. B. unter https://www.travelbook.de/natur/nationalparks-deutschland). Lassen Sie sich auch berichten, ob und welche Naturparks es in den Heimatländern der TN gibt.
Info In D-A-CH versteht man unter einem *Nationalpark* ein Schutzgebiet, das nur der natürlichen Entwicklung unterliegen soll und vor Umweltverschmutzung und menschlichen Eingriffen geschützt wird.

15 a Die TN sehen die Filmszene und beantworten die Fragen.
Lösung *Er ist (hauptamtlicher) Ranger im Schwarzwald. Er macht es gerne, weil er gerne draußen in der Natur ist und sich für die Interaktion von Pflanzen und Tieren (und Menschen) interessiert.*

15 b Die TN sehen die Filmszene noch einmal und ordnen zu. Vergleich im PL.
Variante zur Binnendifferenzierung: Die TN sehen die Filmszene mit Untertiteln.
Lösung *1C, 2D, 3B, 4E, 5A*

15 c Die TN betrachten die 3 Verbotsschilder und formulieren mit eigenen Worten, was man laut diesen nicht machen darf. Klären Sie dann genauer, was im Film zu Schild A gesagt wird.
Lösung A: *Man darf nur auf bestimmten Wegen mit dem Fahrrad fahren.* B: *Man darf kein Feuer machen.* C: *Man darf nicht zelten/lagern/übernachten.*
Erweiterung Die TN besprechen, ob sie diese Regeln sinnvoll finden und warum (nicht).

16 a Die TN sehen die Filmszene und besprechen in PA, welche der Erklärungen richtig ist.
Lösung A

16 b Vorgehen wie beschrieben. Vergleich zuerst in PA und ggf. nach nochmaligem Sehen im PL.
Erweiterung Bei Interesse der TN können Sie Flora und Fauna des Schwarzwaldes noch stärker thematisieren. Zeigen Sie noch einmal die Filmszenen 2+3. Die TN notieren die genannten Pflanzen (*Moos, Sauerklee, Tanne, Blaubeere, Vogelbeere*) und Tiere (*Rotwild/ Hirsch, Wolf, Libelle, Frosch, Forelle*). Suchen Sie Fotos im Internet, fragen Sie die TN, ob sie die Tiere und Pflanzen kennen und ob diese auch in ihren Heimatländern heimisch sind.
Lösung *1 F. H. hat Geoökologie studiert (ein Studium im „grünen"/ökologischen Bereich) und sich dann beim Nationalpark beworben. 2 Mit der Kamera werden Tiere fotografiert („Fotofalle"), um festzustellen, ob es mehr oder weniger werden und ob neue Arten dazukommen. 3 Viele Orte, wo er Ruhe hat und die Natur beobachten kann, z. B. am See.*

16 c Die TN stellen einen Naturpark in Deutschland oder einem anderen Land vor, indem sie u. a. auf die angegebenen Punkte eingehen. Sie können ein Plakat dazu entwerfen und Fotos präsentieren. Machen Sie eine → **Ausstellung** im Kursraum oder im Schulgebäude.

Das ist ja praktisch! 2

Los geht's!

Sprachhandlungen über praktische Dinge sprechen; einen Kommentar über Techniknutzung schreiben
Lerninhalte WS: Technik und Geräte

1 a	Projizieren Sie die Fotos an die Tafel oder die Wand, decken Sie dabei die Bezeichnungen der Gegenstände ab. Die TN betrachten die Fotos und beschreiben die abgebildete Situation und was sie erkennen können. Finden die TN heraus, welches Thema alle Fotos gemeinsam haben? Decken Sie dann die Beschriftungen auf. Die TN sprechen im PL darüber, ob sie diese Dinge praktisch finden oder nicht (und warum), und welche Vorteile die Dinge haben. Variante Bilden Sie 5 Gruppen und teilen Sie jeder eines der Fotos zu. Bitten Sie jede Gruppe über folgende Fragen zu sprechen: *Welcher Gegenstand ist abgebildet? Was macht man mit diesem Gegenstand? Was machte man, bevor es diesen Gegenstand gab? Was ist mit diesem Gegenstand einfacher/besser …? Gibt/Gab es auch Nachteile? Wie könnte man den Gegenstand noch verbessern?* Jede Gruppe stellt ihre Ergebnisse kurz im PL vor.
1 b	Die TN ordnen in PA die Slogans den Fotos zu. **Lösung** *1E, 2A, 3C, 4B, 5D* Erweiterung Die TN überlegen sich in GA „bessere" Werbeslogans zu den Gegenständen. Lassen Sie die TN diese vorlesen und alle über den jeweils originellsten Slogan abstimmen.
ÜB **1 a+b**	Die TN lösen die Übung in PA. Hier finden sich zusätzliche wichtige Wörter als Vorbereitung für KB1c. Machen Sie mit den TN den Sprachvergleich.
1 c 🎵	Die TN hören, was die Personen sagen, und schreiben die erhaltenen Informationen auf. Die TN vergleichen erst in PA und dann gemeinsam im PL. 🔊 1.14 Variante Die TN notieren beim ersten Hören nur die genannten Gegenstände, beim zweiten und ggf. dritten Hören, was man damit machen kann und was die Anrufer gut finden. **Lösung** *Türöffner mit Fingerabdruck; Schlüssel vergessen ist kein Problem mehr, man muss keine Tasche mitnehmen / nichts tragen – Steh-Sitz-Tische; man kann beim Arbeiten stehen / man ist abends nicht so müde und hat weniger Rückenschmerzen – Lastenfahrrad; Platz für den Einkauf, ist billiger als ein Auto und gut für Umwelt und Gesundheit – Sprachassistent; spielt Musik, redet, macht Spaß) – (Bluetooth-)Kopfhörer; tolle Qualität: Musik hören macht Spaß, braucht kein Kabel, gut zum Tanzen (z. B. in der Silent Disco)*
2	Die TN sprechen in KG über jeweils 3 Dinge, die sie persönlich wichtig finden. Vergleichen Sie dann im PL und erstellen Sie gemeinsam eine → **Kursstatistik**. Variante Sammeln Sie mit den TN an der Tafel Gegenstände, die sie praktisch finden. Sie können auch einige Oberbegriffe (*Kommunikationswege, Musik, Fortbewegung, Sport, Spielsachen, Wohnen* usw.) als Hilfe vorgeben. Die TN sprechen in KG darüber, was sie besonders praktisch finden und warum. Die TN entscheiden sich für drei der notierten Gegenstände, über die sie im PL sprechen möchten. Schreiben Sie die genannten Gegenstände an die Tafel und machen Sie mit den TN eine → **Kursstatistik**. Erweiterung Die TN schreiben im Kurs oder als HA einen Aufsatz über einen Gegenstand, den sie besitzen und sehr praktisch finden. Die TN können den Gegenstand, wenn das möglich ist, und sie möchten, auch in den Unterricht mitbringen und vorstellen.

Ich lasse alles reparieren

Sprachhandlungen über Kaufverhalten und Dienstleistungen sprechen
Lerninhalte GR: Verb *lassen*

3 a	Schreiben Sie die Überschrift an die Tafel und lassen Sie die Einleitung vorlesen. Die TN lesen die Artikel und ordnen zu, was zu wem passt. **Lösung** *1 Makoto M., 2 Lisana P., 3 Caroline K.*

2 | Das ist ja praktisch!

3 b Vorgehen wie beschrieben.
Lösung Lisana: *Im Internet findet man zu jedem Problem eine Anleitung. Eine Reparatur in der Werkstatt kostet viel Geld. Es macht Spaß.*
Makoto: *Reparieren ist teuer und lohnt sich nicht. Er kauft sich lieber ein moderneres und technisch besseres neues Gerät. Es gibt Sonderangebote (also ist ein neues Gerät nicht unbedingt teurer als die Reparatur)*
Caroline: *Ein neues Handy ist teurer als die Reparatur. Reparieren ist besser für die Umwelt.*

3 c Betrachten Sie mit den TN die Bilder und lesen Sie gemeinsam die Sätze im Grammatik-Kasten. Ordnen Sie gemeinsam zu. Fragen Sie: *Was ist der Unterschied?* (Bei den Sätzen mit *lassen* übernimmt eine andere Person die Aufgabe). Fragen Sie die TN, wie man das in ihrer Sprache ausdrückt. Die Konjugation von *lassen* finden die TN auf der *kurz-und-klar*-Seite. Zeigen Sie, dass *lassen* eine Satzklammer bildet. Weisen Sie darauf hin, dass im Perfekt in Kombination mit einem weiteren Verb *lassen* am Satzende im Infinitiv steht. Diese Konstruktion ist für die TN nicht neu, sie kennen sie von den Modalverben, z. B. bei *Er hat den Test machen müssen*, wobei auch beide Verben im Infinitiv am Ende des Satzes stehen.
Lösung C – A – B

ÜB 3 b Hier finden die TN auch die anderen Formen von *lassen* und können die vollständige Grammatik-Übersicht im Grammatik-Kasten ergänzen.

3 d Schreiben Sie verschiedene Dinge an die Tafel, z. B. *Handy, Waschmaschine, Schuhe, Kleidung, Computer, Koffer, Uhr, Tasse, …* Fragen Sie im PL: Was von diesen Dingen würden die TN reparieren, was würden sie neu kaufen, wenn sie kaputt wären, und warum.
Hinweis Hier können Sie die Bearbeitung der Filmszenen 4–5 mit K12 und 13 einplanen. ▶ 4–5

3 e Die TN machen einen → **Kursspaziergang** und fragen sich gegenseitig wie im Beispiel.
Hinweis Die Antwort kann immer mit *das* erfolgen (*Ich mache das selbst. / Ich lasse das machen.*) oder die TN verwenden die Personalpronomen (*Ich lasse ihn/es/sie reparieren.*).
Erweiterung Nutzen Sie den Sprechanlass, um die Strukturen auch freier auf die Lebenswirklichkeit der TN anzuwenden. Bitten Sie die TN, nicht nur in einem Satz zu antworten, sondern etwas mehr dazu zu erzählen (z. B.: *Wenn ich Urlaub mache, lasse ich meine Fische von meiner Mutter füttern. Ich bringe ihr dann etwas aus dem Urlaub mit. Oder: Ich lasse meine Kinder immer den Weihnachtsbaum schmücken, das macht ihnen viel Freude.*)

Ich möchte das umtauschen

Sprachhandlungen Folgen ausdrücken; etwas reklamieren
Lerninhalte WS: Reklamieren | GR: Folgen ausdrücken: *deshalb/deswegen/darum/daher, sodass / so … dass*

4 a Die TN ordnen den Wörtern die passenden Fotos zu. Erklären Sie den TN, dass *daher, darum* und *deswegen* die gleiche Bedeutung haben und lesen Sie dazu ggf. den Tipp im **ÜB4a**.
Lösung C die Powerbank, E der Kopfhörer, D das Ladekabel, B der Lautsprecher, A der USB-Stick

4 b Vorgehen wie beschrieben. Zur Kontrolle können die TN ein weiteres Mal hören.
Lösung 1C, 2E, 3B, 4A, 5D 🔊 1.15

4 c Bitten Sie die TN, die Sätze in KB4b noch einmal vorzulesen. Markieren sie gemeinsam die Ausdrücke, die eine Folge ausdrücken (*darum, deswegen, …*). Fordern Sie die TN nun auf, den Grammatik-Kasten zu lesen und zu überlegen, nach welchen Konnektoren ein Hauptsatz (Verb in Position 2) und nach welchen ein Nebensatz (Verb am Ende) folgt.
Lösung Hauptsatz, Nebensatz

4 d Die TN ergänzen in PA abwechselnd die Sätze.
Variante Die TN ergänzen die Sätze in EA und vergleichen bei einem → **Kursspaziergang**.
Erweiterung Die TN schreiben einen Satzanfang auf ein Kärtchen (z. B. *Ich konnte gestern die Hausaufgaben nicht machen, …*). Sie gehen nun zu möglichst allen anderen TN und lesen ihren Satz

Das ist ja praktisch! 2

vor, die anderen ergänzen mit einem Konnektor aus KB4c (z. B. ...*deswegen war die Lehrerin böse auf mich,* / ... *sodass ich das neue Thema noch nicht genug geübt habe*). Am Ende können die TN im PL berichten, welche Antwort ihnen am besten gefallen hat.

5 a Die TN hören das Gespräch und nennen im PL, was Max möchte. Klären Sie ggf. Wortschatz.
Lösung *Er möchte einen Lautsprecher umtauschen (zurückgeben).*
1.16

5 b Die TN hören noch einmal das Gespräch und kreuzen die Sätze an, die sie hören. Zeigen Sie danach den Redemittel-Clip und lassen Sie die TN zusammenfassen, was sie gesehen haben. Sie können auch gezielt Fragen stellen, z. B.: *Was funktioniert nicht? Wen ruft die Frau an?*
R1
Variante Die Hälfte der TN konzentriert sich beim Ankreuzen auf Max, die andere auf die Verkäuferin. Dann Vergleich mit einer/-m Partner/-in aus der anderen Gruppe bei nochmaligem Hören. Klären Sie anschließend ggf. Wortschatzfragen.
Alternative Schreiben Sie die Sätze auf DIN-A4-Blätter und verteilen Sie sie an die TN. Die TN stehen auf, wenn ihr Satz im Audiotext genannt wird.
Lösung Kunde/Kundin: ...*funktioniert nicht (richtig); ... ist kaputt; Ich möchte ... umtauschen.* Verkäufer/in: *Kann ich Ihnen helfen?; Kann ich... bitte mal sehen?; Haben Sie ... kontrolliert/geladen?; Haben Sie den Kassenzettel noch; Möchten Sie ein neues Gerät oder das Geld zurück?*

ÜB 5 a+b Die TN machen in PA die Übungen zur Erweiterung des Wortschatzes.

5 c Die TN machen in PA zwei Rollenspiele zum Thema *Reklamation* und verwenden dazu die Redemittel aus KB5b. Geben Sie den TN genug Zeit, die Situationen zu lesen. Klären Sie ggf. Wortschatz. Lassen Sie zum Schluss einige Szenen im PL vorspielen (→ **Dialoge auswendig lernen**).
Variante Kopieren Sie die **Kopiervorlage**. Je 2 TN wählen eine Reklamationssituation aus und bereiten einen passenden Dialog vor. Sie können dafür die Redemittel aus KB5b verwenden bzw. zur Situation passend abändern. Lassen Sie einige Dialoge vorspielen.
KV
Erweiterung für sprachlich stärkere Gruppen: Die TN schreiben vor oder nach dem Rollenspiel einen → **Rechts-Links-Dialog**.

Smart wohnen

Sprachhandlungen Informationen über neue Technik verstehen; Gründe und Gegengründe ausdrücken; einen Kommentar schreiben
Lerninhalte GR: Genitiv; Präpositionen *wegen* und *trotz* + Genitiv | Aussprache: *ts* und *tst*

6 a Schreiben Sie *Smartes Wohnen: Häuser/Wohnungen der Zukunft* an die Tafel. Fragen Sie die TN, ob sie sich unter *smartem Wohnen* etwas vorstellen können bzw. den Begriff *smart* kennen (*erlesen/ elegant/schick aussehend und clever/einfallsreich/gewitzt ausgedacht*). Die TN sehen sich dann das Foto an. Fragen Sie, welche technischen Neuerungen es beim Wohnen in der Zukunft geben könnte und was Häuser/Wohnungen zukünftig vielleicht alles können.
Erweiterung Die TN stellen sich vor, sie wären Architekt/-innen, die das Haus der Zukunft entwerfen sollen. Je 3 TN zeichnen dieses möglichst fantasievoll auf DIN-A3-Papier und beschriften es mit allen technischen Neuerungen und Möglichkeiten. Dann stellen die TN ihr Haus im PL vor. Hängen Sie die Zeichnungen auf. Die TN stimmen ab, welches Haus ihnen am smartesten erscheint. Verleihen Sie der Gewinner-KG einen „Architektur-Preis". Bewahren Sie die Zeichnungen ggf. als Grundlage für die Kommentare in KB7d auf.
DIN-A3-Papier, Preis
Info Der Ausdruck *smartes Wohnen* (auch *intelligentes Wohnen*) bezeichnet Wohnformen, in denen vieles (z. B. Haustechnik, Unterhaltungselektronik, Elektrogeräte) über den Computer / das Smartphone geregelt und auf die Benutzer individuell eingestellt wird.

6 b Vorgehen wie beschrieben. Je 2 TN diskutieren darüber, wie sie die Möglichkeiten in den Wohnungen finden und was ihnen am besten gefällt. Anschließend berichten sie im PL.
Lösung *auf einem Bildschirm sehen, wer klingelt; Öffnen der Tür durch Berühren des Bildschirms; Besucher können Videonachricht aufnehmen, wenn niemand zu Hause ist; mit dem Handy den Kühlschrank kontrollieren; einen Monitor (mit Tagesablauf und Nachrichten der Mitbewohner) für*

2 Das ist ja praktisch!

den Informationsaustausch innerhalb der Familie nutzen; Bildschirme als Bilder; Bildmotive, Licht, Heizung, Alarmanlage und Jalousien über Apps steuern.

6 c Lesen Sie mit den TN den Grammatik-Kasten zum Genitiv. Erklären Sie, dass es sich beim Genitiv um einen Kasus handelt, der eine Zugehörigkeit oder einen Besitz ausdrückt. Lesen Sie mit den TN, was sich bei den Genitivformen im Vergleich zum Nominativ verändert (*die Artikel und die Endung bei Maskulinum und Neutrum*). Erklären Sie, dass die Endung *-s* bei den meisten einsilbigen Nomen und bei Nomen, die auf *-s, -ß, -sch, -st* und *-(t)z* enden, zu *-es* wird. Bitten Sie die TN zu überlegen, ob ihnen der Genitiv schon in einer anderen Form bekannt ist (Genitiv-s bei Eigennamen: *Lisas Fahrrad*). Die TN nennen einige Beispiele. Gehen Sie zum Schluss auf den Grammatik-Kasten ein und erklären Sie, dass man den Genitiv oft mit *von* + Dativ umschreibt. Die TN sollen zudem das Fragewort *wessen* kennen. Die TN lesen nun die Sätze 1–5 und suchen im Text nach den fehlenden Informationen. Dann ergänzen sie die Lücken. Notieren Sie die Wörter zur Kontrolle an der Tafel.
Lösung *2 des Bildschirms (Zeile 9), 3 der Mitbewohner (Zeile 19/20), 4 des Raums (Zeile26), 5 der App (Zeile 31)*

ÜB 6 c+d Die TN finden alle Informationen zu den Genitiv-Endungen im Tipp-Kasten und wenden sie an. In ÜB6d erarbeiten sie das gesamte Spektrum der Genitivformen in einer Tabelle.

6 d Je 2 TN überlegen gemeinsam, was ihre Hightech-Wohnung können sollte, und bilden aus den vorgegebenen Wörtern schriftlich Sätze, indem sie den Genitiv benutzen wie im Beispiel. Es können auch Nonsens-Sätze sein. Anschließend gehen je 3–4 Paare zusammen. Sie lesen sich ihre Sätze vor und wählen aus den Vorschlägen die drei aus, die ihnen am besten gefallen. Schreiben Sie diese Sätze alle an die Tafel. Die TN wählen daraus erneut die 5 besten Ideen im PL, z. B. durch Handheben bzw. Klebepunkte o. Ä. Lesen Sie eine der 5 besten Ideen noch einmal vor (*Ich möchte …*) und fragen Sie *Wessen Idee ist das?* Der/Die TN meldet sich (und sagt ggf. *Das ist meine Idee*). Antworten Sie dann: *Das ist Antonios Idee.*
Erweiterung Je 3 TN entwerfen eine Werbebroschüre für eine Hightech-Wohnung, in der sie die 5 gewählten Ideen vorstellen.
Erweiterung Die TN spielen ein Genitiv-Domino (→ **Domino**). Kopieren Sie dazu die Domino-Karten der **Kopiervorlage** auf Karton und schneiden Sie sie aus. Spielen Sie gemeinsam im PL (ggf. können Sie die Karten dafür größer kopieren) oder geben Sie je 4–6 TN ein Set. Die TN verteilen die Karten gleichmäßig, legen nacheinander eine passende Karte an und formulieren eine Genitivkonstruktion. Wenn ein/-e Spieler/-in keine passende Karte anlegen kann, setzt er/sie aus. Wer zuerst alle Karten abgelegt hat, hat gewonnen. **KV**

7 a Vorgehen wie beschrieben.
Lösung *Julius M. V.: kritisch, aber auch positiv; Claudia C.: positiv; Niko Berger: kritisch*

7 b Die TN lesen die Nebensätze A–D und noch einmal die markierten Ausdrücke in den Kommentaren. Je 2 TN überlegen, was zusammenpasst, und notieren den passenden Buchstaben. Wiederholen Sie ggf. mit den TN die Bedeutung der Konnektoren *weil* und *obwohl* und den Satzbau, der sich daraus ergibt (*Verb am Ende*). Schreiben Sie jeweils einen Ausdruck mit *wegen* und einen mit *trotz* und die dazugehörigen Nebensätze an die Tafel und bitten Sie die TN, diese miteinander zu vergleichen. Was ist gleich? (*die Bedeutung*) Was ist unterschiedlich? (*die Funktion im Satz: Nebensatz ↔ Satzglied im Hauptsatz*). Erläutern Sie, dass *weil* und *obwohl* Konnektoren sind, die einen Nebensatz einleiten, das Verb steht am Ende; *wegen* und *trotz* sind Präpositionen, die eine präpositionale Wortgruppe im Genitiv einleiten. Sie sind ein Teil des Hauptsatzes und werden deshalb nicht mit Komma abgetrennt wie der Nebensatz. Sagen Sie den TN, dass beides gleichbedeutend ist und man entscheiden kann, ob man solche Informationen kompakter (als präpositionale Wortgruppe) oder ausführlicher (als Nebensatz) formulieren möchte.
Bitten Sie zum Schluss die TN, die Adjektive in den markierten Ausdrücken mit Genitiv zu unterstreichen. Welche Endungen haben die Adjektive im Genitiv? (*-en*). Vergleichen Sie dazu auch schon den Grammatik-Kasten in KB7c.

24

Das ist ja praktisch! 2

Hinweis Die präpositionale Wortgruppe mit den Präpositionen *wegen* oder *trotz* wird in der gesprochenen Sprache oft auch mit dem Dativ gebildet. Folgt auf *wegen* nur ein Personalpronomen, wird es immer im Dativ angeschlossen: z. B. *wegen dir* (aber *wegen seiner Mutter*).
Lösung *Julius M. V.: D – Claudia C.: C – Niko Berger: A*

7 c Je 2 TN ergänzen die Sätze mit *wegen* oder *trotz* + Adjektiv + Nomen im Genitiv. Machen Sie den ersten Satz ggf. gemeinsam mit den TN im PL.
Lösung *1 trotz der sparsamen Spülmaschine, 2 wegen des neuen Handys. 3 trotz des smarten Kühlschranks, 4 wegen des großen Bildschirms*
Erweiterung Die TN formulieren die Satzglieder mit Präposition zu Nebensätzen um, z. B. *Herr Knapp spült das Geschirr von Hand, obwohl er eine sparsame Spülmaschine hat.*

7 d Die TN schreiben selbst einen Leserkommentar zum Thema *Smartes Wohnen: Wohnen in einem Haus der Zukunft*. Dabei beschreiben sie, welche Möglichkeiten *smartes Wohnen* bietet, welche Vor- bzw. welche Nachteile für die Bewohner auftreten können, welche Kosten entstehen usw. Anschließend → **Schreibaufgaben auswerten**.
Variante Die TN schreiben den Kommentar und benutzen dabei möglichst auch die Präpositionen *wegen* und *trotz* und die Nebensatzkonnektoren *weil* und *obwohl*.
Alternative Wenn Sie mit den TN die Erweiterung zu KB6a gemacht haben, können Sie die Zeichnungen als Grundlage für die Kommentare nutzen. Legen Sie die Blätter im Kursraum aus und ein leeres DIN-A3-Blatt daneben. Die TN gehen durch den Raum und sehen sich die einzelnen Häuser nochmals an. Danach schreiben sie auf die leeren Blätter ihre Kommentare beziehungsweise ergänzen und beziehen sich auf die Kommentare der anderen TN.

ggf. Zeichnungen aus KB6a, DIN-A3-Papier

8 a+b Lesen Sie zuerst gemeinsam den Tipp-Kasten. Sprechen Sie die Wörter daraus vor, damit die TN die Laute unterscheiden können. Die TN sprechen diese Wörter nach. Dann hören sie die Wörter aus der Audiodatei und markieren, ob sie *ts* oder *tst* hören. Vergleichen Sie im PL. Die TN hören die Wörter noch einmal und sprechen nach.
Alternative Die TN hören zuerst die Audiodatei und versuchen, die Wörter richtig aufzuschreiben. Sie überlegen in PA oder im PL, wo sie *ts* und wo *tst* gehört haben, und vergleichen dann mit dem Buch. Weiter wie oben beschrieben.
Lösung *1 ts, 2 tst, 3 tst, 4 ts, 5 ts, 6 ts*
Hinweis Sie können hier ein interaktives Tafelbild einsetzen: Die TN üben die Aussprache von *ts* und *tst*. Sie sortieren die vorgegebenen Wörter nach der Aussprache in die Tabelle. Die einzelnen Wörter können vor dem Verschieben oder – zur Kontrolle – danach einzeln angehört werden. Die TN können im Anschluss weitere Wörter sammeln und zuordnen.

1.17

8 c Lesen Sie den TN die beiden Sätze mehrmals vor und werden Sie dabei immer schneller. Die TN wiederholen die Sätze und versuchen dann alleine immer schneller zu werden.
Variante Die TN stellen sich im Kreis auf. Der/Die erste TN spricht den ersten Satz sehr langsam, der/die nächste ein bisschen schneller usw. Wenn ein/-e TN den Satz nicht mehr schneller sprechen kann, beginnt er/sie mit dem zweiten Satz.
Erweiterung Die TN überlegen in KG weitere Sätze mit *ts* und *tst*. Sie können das KB zu Hilfe nehmen und dort passende Wörter suchen.

ÜB 8 Hier finden die TN weitere Übungen zur Aussprache.

Schöne bunte Werbung?

Sprachhandlungen Werbeanzeigen vergleichen; die eigene Meinung zu Werbung äußern; über Werbestrategien sprechen
Lerninhalte WS: Werbung | Landeskunde: Werbung in Deutschland | Strategie: Stichpunkte notieren | Wortbildung: Nomen mit *-er* und *-erin* (im ÜB)

9 a Geben Sie den TN ca. 5 Minuten Zeit, um zu überlegen, wo und für welche Produkte sie in den letzten Tagen Werbung gesehen oder gehört haben. Lesen Sie dazu auch das Beispiel. Sammeln Sie im PL.

2 Das ist ja praktisch!

	Erweiterung Hängen Sie ca. 20 Werbeanzeigen aus deutschsprachigen Zeitschriften für verschiedene Produkte im Kursraum auf. Legen Sie Musik auf. Die TN gehen durch den Raum und sehen sich die Anzeigen an. Nehmen Sie die Anzeigen ab und fragen Sie die TN, an welche Produkte sie sich erinnern können und wie diese dargestellt werden. Überlegen Sie mit den TN im PL, weshalb einige Produkte besser im Gedächtnis geblieben sind als andere.	Werbeanzeigen, Musik
9 b	Vorgehen wie beschrieben. **Info** *MVG* steht für die Münchner Verkehrsgesellschaft, die für U-Bahnen, Bus und Tram zuständig ist. Bei *Ritter Sport* handelt es sich um eine bekannte deutsche Schokolade in vielen Geschmacksrichtungen, die durch ihre quadratische Form bekannt ist. *Edeka* ist eine deutsche Supermarkt-Kette. Das *Sommer-Ticket* ist ein Sparangebot der Deutschen Bahn (Abkürzung *DB*), mit dem man sehr günstig durch Deutschland reisen kann. **Erweiterung** Je 3–4 TN schneiden ein Produkt aus einer Zeitschrift aus, kleben es auf ein DIN-A3-Blatt und formulieren dazu einen möglichst originellen Werbespruch. Hängen Sie die Texte im Kursraum auf. **Lösung** *A: für das Fahren im öffentlichen Nahverkehr der MVG, B: für Schokolade, C: für einen Supermarkt, D: für das Sommer-Ticket der Deutschen Bahn*	Schere, Klebstoff, Papier
9 c	Lesen Sie mit den TN die Ausdrücke und klären Sie ggf. unbekanntes Vokabular. Bitten Sie die TN, in PA damit ihre Meinung zu der vorgestellten Werbung zu formulieren. **Erweiterung** Wenn die TN die Erweiterung zu KB9b gemacht haben, können sie auch zu dieser selbst erstellten Werbung ihre Meinung sagen.	
9 d	Lesen Sie mit den TN die Redemittel. Dann vorgehen wie beschrieben. Ermutigen Sie die TN dazu, die Redemittel aus dem Kasten zu verwenden. **Variante** Machen Sie mit den TN eine → **Redemittelkärtchen-Diskussion**. Schreiben Sie dazu die Redemittel auf Kärtchen (oder kopieren und zerschneiden Sie die Redemittel-Sprechblase) und geben Sie je 4–5 TN ein Set. Erweitern Sie ggf. noch durch Redemittel zum Widersprechen und Einlenken. (Die TN können diese vorher im PL sammeln.) Die TN teilen die Redemittelkärtchen unter sich auf und beginnen die Diskussion. Wer einen Ausdruck benutzt, darf dieses Kärtchen abgeben. Die Diskussion darf erst beendet werden, wenn alle Redemittelkärtchen abgelegt sind. **Erweiterung** Die TN besprechen, welche der Anzeigen auch in ihrem Land funktionieren würde und warum (nicht).	Kärtchen oder Kopien der Redemittel
10 a	Vorgehen wie beschrieben. Am besten bieten sie dafür einen späteren Kurstermin an, damit die TN Zeit zum Sammeln und Informieren haben. Weisen Sie die TN darauf hin, dass ihnen KB9c+d für die Vorstellung helfen können. Lesen Sie außerdem den Kasten *Gut gesagt: Markennamen für Produkte*. Hören Sie mit den TN den Dialog und lesen Sie die Beispiele. Fragen Sie, ob es diese Tendenz auch in den Ländern der TN gibt; die TN nennen ggf. Beispiele.	1.18
10 b	Fragen Sie die TN, wie sie normalerweise Stichpunkte notieren *(kurz, keine vollständigen Sätze, …)*. Machen Sie ein Beispiel anhand der ersten drei Sätze. Lesen Sie dann mit den TN den Strategie-Kasten vor Bearbeitung der Aufgabe. Die TN lesen den Text über Werbung, markieren, was ihnen wichtig erscheint, und notieren Stichpunkte. **Hinweis** In **ÜB11** finden die TN im Strategie-Kasten *Stichpunkte notieren* weitere Hilfen. **Lösung** Ziele der Werbung: *Produkte verkaufen, soll gefallen/auffallen, Wünsche wecken, in Erinnerung bleiben, (Kauf-)Verhalten beeinflussen* – Sprache: *witzig, Slogans, Wortspiele, neue Wörter, manchmal ohne Bild nicht verständlich, persönliche Anreden, Imperative, Fragen, meist einfach und kurz* – Werbetricks: *mit Bildern arbeiten, Emotionen wecken, Lust auf etwas machen, witzige Sprache verwenden, direkt ansprechen, Gefühle ansprechen, überraschen, gute Laune machen, neugierig machen, originelle Fotos …*	

Das ist ja praktisch! 2

10 c Vorgehen wie beschrieben.
Erweiterung Die TN entwerfen in KG einen Werbespot für das Fernsehen und nehmen diesen mit einem Handy oder einer Kamera auf. Sie nutzen dabei die in KB10b erwähnten Mittel und Wege, wie Werbung funktioniert. Alternativ können die TN auch eine Produktpräsentation erarbeiten, die sie vor „Journalisten" oder für die „eigene Firma" halten, um zu überzeugen, dass das neue Produkt auf den Markt kommen soll.

11 Lesen Sie mit den TN die Fragen. Die TN erzählen, wie das in ihrem Land ist, und diskutieren gemeinsam im PL. In heterogenen Kursen können TN aus dem gleichen Land zuerst gemeinsam in KG Ideen sammeln.

ÜB **Wortbildung** Lesen Sie mit den TN den Kasten, danach lösen die TN A und B.

Film: Zu Besuch im Repair Café
Das Repair Café | So geht's

12 a Schreiben Sie *Repair-Café* an die Tafel und lassen Sie die TN spekulieren, was das sein könnte und was man dort machen kann.

12 b Zeigen Sie als Einstieg einen Teil der Filmszene ohne Ton und fragen Sie, worum es hier gehen könnte. *Warum kommen die Leute? Was sagt der Mann?* Die TN sehen die Filmszene dann ganz und ergänzen in PA die Sätze. Danach sehen sie die Filmszene noch einmal (oder in schwächeren Kursen noch mehrmals) und korrigieren. Vergleichen Sie ggf. mit den Spekulationen aus KB12a. Wo haben die TN richtiggelegen?
Lösung *1 … man etwas reparieren will. 2 … alle Dinge reparieren. 3 … öffnet einmal pro Monat. 4 … sind keine Profis. 5 … etwas beim Reparieren kaputt geht. 6 …, Dinge nicht in der Mülltonne landen.*
Info Mit dem Begriff *Hilfe zur Selbsthilfe* ist gemeint, dass die Hilfe darin besteht, Mittel und Wege aufzuzeigen, wie man Probleme selbst und ohne fremde Hilfe lösen kann. ▶ 4

13 a Die TN sehen die Filmszene und überlegen dann in KG, was zu wem passt.
Variante Die TN lesen zuerst die Vorgaben. Je 3 TN arbeiten dann zusammen, jede/-r TN konzentriert sich beim Ansehen der Filmszene auf eine Person oder Personengruppe.
Lösung Nora: *2, 5*; die Helfer/-innen: *3, 6*; Iolanda: *1, 4* ▶ 5

13 b Die TN sehen die Szene noch einmal und kreuzen die richtige Lösung an.
Erweiterung für sprachlich starke TN: Stellen Sie noch weitere Fragen zu der Szene, z. B. *Welche Interessen haben die Macher des Repair-Cafés nicht? (Sie haben keine wirtschaftlichen Interessen, wollen keine Leistung gegen Geld anbieten.)*
Lösung *1b, 2b, 3a* ▶ 5

13 c Die TN besprechen im PL, wie sie die Idee des Repair-Cafés finden. In KG sammeln sie anschließend, was sie selbst gut können und wobei sie anderen Menschen helfen könnten. (Die Ideen müssen sich nicht auf ein Repair-Café beziehen. Es kann allgemein etwas sein wie z. B. *Ich kann Englisch mit euch üben.* oder *Ich kann gut nähen*.) Dann führen die TN ein Gespräch im PL darüber.
Erweiterung Die TN entwerfen in KL ein Konzept für ein Café, in dem anderen Menschen Hilfe angeboten wird, z. B. basierend auf den gesammelten Ideen (z. B. *ein Café, in dem Konversation in Fremdsprachen angeboten wird; ein Café, in dem man zusammen näht, häkelt oder strickt …*). Die TN können auch ein Plakat entwerfen, auf dem sie ihr Café vorstellen.

13 d Die TN recherchieren ähnliche Projekte am Kursort und stellen sie vor.
Variante Die TN stellen Projekte aus anderen Städten oder ihren Heimatländern vor, in denen sich Menschen gegenseitig kostenlos helfen und/oder etwas für die Umwelt tun.

3 Veränderungen

Los geht's!

Sprachhandlungen über Veränderungen berichten; Berichte über Veränderungen im Leben verstehen
Lerninhalte WS: Ereignisse im Leben

1 a	Projizieren Sie die Fotos an die Tafel oder die Wand und fragen Sie die TN, welche Themen darauf dargestellt sind (*Fotos von früher und heute zu den im KB genannten Themenbereichen*). Lassen Sie die TN vermuten, aus welcher Zeit die Schwarz-weiß-Fotos ungefähr stammen (*Bäckerei: ca. 1965, Klinik: 1930er Jahre, Schule: 1930*). Lesen Sie mit den TN die angegebenen Wörter und klären Sie ggf. Vokabular oder bieten Sie den TN an, mit dem Wörterbuch zu arbeiten. Je 6 TN arbeiten zusammen. Dabei entscheiden sich innerhalb der KG jeweils 2 TN für einen der Themenbereiche und notieren in Stichpunkten gemeinsam mithilfe der Stichwörter, welche Unterschiede es zwischen der Vergangenheit und der Gegenwart gibt, z. B. *Früher: Lehrer/-innen forderten viel Disziplin, heute: Lehrer/-innen meistens nicht mehr so streng.*
	Variante Kopieren Sie die Fotos aus dem KB und zerschneiden Sie sie in die 6 Einzelfotos. Mischen Sie sie und geben Sie nach der Bildung der 6er-KG jeder KG ein Set. Jede/-r TN zieht ein Foto und macht sich einige Minuten lang in Stichpunkten Notizen dazu. Danach bilden alle TN mit demselben Foto eine Gruppe und vergleichen ihre Aufzeichnungen. **Kopien der Fotos**
1 b	Jedes Paar berichtet nun den anderen beiden Paaren von seinen Fotos und den Veränderungen, die sie zwischen der Vergangenheit und der Gegenwart herausgefunden haben. Fordern Sie die TN dazu auf, die Ausdrücke aus der Redemittel-Sprechblase zu verwenden. Vergleichen Sie die Ergebnisse anschließend im PL.
	Variante (Fortführung): Bitten Sie die TN, sich eine/-n Partner/-in zu suchen, der/die das Foto aus dem gleichen Themenbereich, aber aus einer anderen Zeit hat. Die Paare erzählen sich, was sie mit ihrer KG zu dem jeweiligen Foto erarbeitet haben. Projizieren Sie jetzt die Fotos an die Tafel oder an die Wand und fragen Sie im PL, was die TN zu jedem Foto erzählen können.
2 a	Vorgehen wie beschrieben. **Lösung** Ernst Lüdke: *Schule* – Isabel Eickhoff: *Arbeitswelt Bäckerei* – Emma Lawson: *Medizin* 🔊 1.19–21
2 b	Die TN hören die Radiosendung in Abschnitten und notieren zu jedem Abschnitt 2–3 Informationen. Danach vergleichen sie ihre Notizen in PA und anschließend im PL. 🔊 1.20–21 **Lösung** Ernst Lüdke – früher: *große Klassen; strenge Lehrer; Disziplin sehr wichtig; es gab Strafen; Schüler hatten Angst; Lehrer redet, Schüler hören zu / schreiben* – heute: *Medien wie Tablets, Computer; Kinder arbeiten selbstständig; es gibt Gruppenarbeit* Isabel Eickhoff – früher: *Familienbetriebe, fast alles von Hand gemacht; Arbeitszeiten nicht ideal; viele interessante Arbeitsschritte* – heute: *meist Großbäckereien; Arbeit dort ist automatisiert; nur wenige Arbeiter/Bäcker; Arbeit in Schichten; Arbeit monoton (wenige Arbeitsschritte pro Person); Großbäckereien sind billiger (und oft nicht schlechter); Kunden schätzen Qualität der Familienbetriebe weiterhin* Emma Lawson – heute: *können viele Krankheiten heilen, die früher tödlich waren; bessere Hygiene; bessere Medikamente wie Antibiotika; Ausbildung besser und schwieriger, weil Pfleger/-innen viele Geräte bedienen müssen* – früher: *mehr Pflegepersonal; viele Frauen, aber keine Ärztinnen; weniger Stress*
2 c 👥+	Die TN überlegen in KG (ggf. nach Herkunftsländern bzw. Kulturkreis), wie sich in den letzten 50 Jahren Arbeit, Medizin, Freizeit oder Schule in ihrer Heimat verändert haben, und recherchieren dazu Informationen im Internet. Sie besprechen, was sie dabei gut finden und was schlecht. (Wenn die TN möchten, können sie auch noch andere Punkte, wie z. B. *Wohnen, Kommunikation, Familie* usw. miteinander vergleichen.) Ggf. geben Sie den TN vor der Aufgabe Zeit zum Überlegen und fürs Notizenmachen. Stärkere TN können gleich Stichpunkte notieren, schwächere TN schreiben ganze Sätze, aus denen sie dann Stichwörter bilden. Die TN stellen ihre Ergebnisse nach Themen geordnet im PL vor und benutzen auch hier die Ausdrücke aus der Redemittel-Sprechblase in KB1b. Bei sprachhomogenen Kursen kann jede KG über ein anderes Thema sprechen.
	Alternative für Auslandskurse. Die TN recherchieren in KG zu einem Thema und gestalten ein Plakat mit Fotos und Stichwörtern und/oder Beschreibungen.

Veränderungen 3

Erweiterung Je 2–3 TN machen zusammen ein Drei-Generationen-Projekt. Dafür überlegen sie sich Fragen zu einem der Themenbereiche (z. B. *Arbeitswelt: Von wann bis wann musste man früher normalerweise arbeiten? Was hat man verdient? …*). Danach befragen sie unterschiedliche Personen, die drei unterschiedlichen Generationen angehören, und stellen deren Antworten in einer → **Mini-Präsentation** im PL vor.

ÜB 2 Zur Wortschatzerweiterung. Sprechen Sie mit den TN darüber, dass im Deutschen oft Wörter aus dem Englischen oder andere Internationalismen (Wörter, die in vielen Sprachen ähnlich sind) verwendet werden. Bitten Sie die TN, den Text zu lesen und alle Wörter zu markieren, die sie aus einer anderen Sprache schon kennen (z. B. *Fitness, Vitamine*). Vergleich im PL. Danach lesen die TN noch einmal und kreuzen die richtige Lösung an.

Plötzlich war alles anders
Sprachhandlungen Berichte über Veränderungen im Leben verstehen; über Vergangenes berichten
Lerninhalte GR: Präteritum

3 a Projizieren Sie die Mindmap *Veränderungen im Leben* an die Tafel oder die Wand. Die TN lesen die Unterpunkte und suchen gemeinsam weitere Punkte, die zu großen oder plötzlichen Veränderungen im Leben führen können (z. B. *Reisen, Krankheiten, neue Bekanntschaften* usw.). Je 3–4 TN überlegen anschließend, wie man jeden Unterpunkt noch weiter untergliedern kann. Sammeln Sie im PL und halten Sie die Ergebnisse in der Mindmap fest.

ÜB 3 a+b Als HA oder im Kurs, wenn die TN noch mehr Input für KB3a brauchen. Sie können mit den genannten Ereignissen die Mindmap ergänzen oder ÜB3a+b vor KB3a bearbeiten.

3b Die TN lesen die Einleitung zu einem Zeitschriftenartikel. Sie überlegen, ob sie ähnliche (Lebens-)Geschichten kennen, und berichten davon im PL.
Erweiterung Je 3 TN überlegen sich gemeinsam zu einer in KB3a skizzierten Veränderungsmöglichkeit einen konkreten Fall (z. B. *Eine Frau erbt. Sie arbeitete in einer Bäckerei. Jetzt macht sie ihr eigenes Café auf.*). Die KG stellen ihre Geschichten im PL vor.

3 c Vorgehen wie beschrieben.
Lösung Text A: *1 Er war Berufssoldat (Z. 7). 2 Er fühlte sich nicht mehr glücklich, suchte beruflich andere Herausforderungen (Z. 8/9). Er sah einen Bericht über ein Schutzprojekt für Wildtiere in Afrika (Z. 10/11). Bei zwei Aufenthalten in Afrika lernte er das Leben aus der Perspektive eines Wildhüters kennen (Z. 12–14, Z. 19). 3 Er ist Fotograf und Buchautor (Z. 21).* – Text B: *1 Sie war eine erfolgreiche Bahnradfahrerin (zweifache Olympiasiegerin und vielfache Weltmeisterin) (Z. 28/29). 2 Sie hatte beim Training einen Unfall und sitzt seither im Rollstuhl (Z. 30–32). 3 Sie ist in verschiedenen Projekten tätig (Z. 38). Sie ist politisch engagiert und ist im Stadtrat Erfurt (Z. 39). Sie arbeitet als Polizistin (Z. 40).*

3 d Vorgehen wie beschrieben.
Alternative Die TN arbeiten in 2 Gruppen. Bitten Sie die TN, sich vorzustellen, sie seien Journalisten, die für eine Zeitung eine der beiden Personen (S. Hilpert oder K. Vogel) interviewen möchten. Jede Gruppe überlegt sich Interviewfragen zu einem der beiden Texte, die andere Gruppe sucht anschließend die Antworten aus dem Text. Lassen Sie das Interview im PL vorspielen. Im Anschluss äußern sich die TN darüber, welche Person sie interessanter finden und warum.
Hinweis Sie können danach die Bearbeitung der Filmszenen mit KB11–13 einplanen. ▶ 6–8

4 a Hängen Sie die Fotos der beiden in KB3 behandelten Personen auf. Weisen Sie die TN noch einmal darauf hin, dass es bei beiden Personen große Veränderungen im Leben gegeben hat. Bitten Sie die TN, kurz mit einigen Sätzen die aktuelle Situation der beiden Personen zu schildern, und fragen Sie dann, welche Tempusform sie dafür benutzt haben (*Präsens*). Fragen Sie anschließend, welche Tempusform im Text verwendet wird, um das Leben der beiden Personen früher zu schildern (*Präteritum*). Bitten Sie die TN, ihren Text noch einmal zu lesen und alle Verben, die nicht im Präsens stehen, zu markieren. Lesen Sie danach mit den TN den Grammatik-Kasten und erarbeiten Sie gemeinsam die Bildung des Präteritums von regelmäßigen und unregelmäßigen Verben.

Kopie der Fotos aus KB3b

3 Veränderungen

Weisen Sie auch auf die Mischformen hin (*denken–dachte, wissen–wusste, bringen–brachte, rennen–rannte* usw.), deren Endung regelmäßig ist, während sich der Stamm aber wie bei den unregelmäßigen Verben verändert (Vokalwechsel + ggf. Veränderung der Konsonanten im Stamm). Nennen Sie als (weitere) Beispiele die Mischverben von der *kurz-und-klar*-Seite. Je 2 TN sortieren die Verben in die richtige Gruppe ein. Weisen Sie darauf hin, dass man Verben am besten immer zusammen mit dem Präteritum und dem Perfekt bzw. Partizip II lernt, z. B. *denken – dachte – hat gedacht, fahren – fuhr – ist gefahren* (vgl. auch Tipp-Kasten bei **ÜB4d**).

Variante Statt die Verben im Präteritum zu markieren, können die TN die Verben auf Kärtchen schreiben, nach Gruppen ordnen und aufkleben.

Lösung regelmäßige Verben: *fühlen – er fühlte, suchen – er suchte, kennenlernen – er lernte kennen, ausprobieren – er probierte aus, arbeiten – er arbeitete, sammeln – er sammelte, fotografieren – er fotografierte, sich ereignen – er ereignete sich, stürzen – sie stürzte, sich verletzen – sie verletzte sich, sich verändern – es veränderte sich, kämpfen – sie kämpfte, ehren – sie ehrte, bewundern – sie bewunderten*
unregelmäßige Verben: *sein – er/sie war, sehen – er sah, gefallen – es gefiel, gehen – er ging, gewinnen – sie gewann, bleiben – es blieb*
Mischverben: *wollen – er wollte, wissen – er wusste*

Kärtchen, Plakat oder DIN-A3-Papier Klebstoff

4 b
Fragen Sie die TN, welche andere Tempusform der Vergangenheit sie kennen (*Perfekt*), und wiederholen Sie ggf. die Bildung (*haben* oder *sein + Partizip II*). Fragen Sie die TN, ob sie sich vorstellen können, welche Form wann verwendet wird. Lesen Sie gemeinsam mit den TN im Grammatik-Kasten die Regeln für den Gebrauch von Präteritum und von Perfekt. Thematisieren Sie an dieser Stelle ggf. auch den Grammatik-Kasten aus **ÜB4g**. Die TN überprüfen ihre Vermutungen. Fragen Sie die TN, welche Vergangenheitsformen es in ihrer Sprache gibt und wie sie sich voneinander in der Verwendung unterscheiden. Gibt es Gemeinsamkeiten mit dem Deutschen oder mit anderen Sprachen? Wenn Sie eine sprachlich homogene Gruppe haben, können die TN auch mit anderen Sprachen, die sie kennen, vergleichen. Wichtig ist, dass die TN erkennen, dass sich (anders als in manchen anderen Sprachen wie z. B. im Englischen) im Deutschen der Gebrauch von Präteritum bzw. Perfekt nach der Verwendungssituation bzw. Stilebene richtet (mündlich, kolloquial ↔ schriftlich, literarisch).

Hinweis Sollten die TN als Tempusform in ihrer Sprache eine Form der Vorvergangenheit erwähnen, erwähnen Sie, dass diese auch im Deutschen existiert und in einem späteren Kapitel eingeführt wird.

Erweiterung Unregelmäßige Vergangenheitsformen müssen gelernt und automatisiert werden, daher bieten sich Übungen an, die den Lernenden helfen, die Formen spielerisch auswendig zu lernen. Die TN arbeiten in KG. Kopieren Sie für jede KG die Kärtchen der **Kopiervorlage** auf Karton. Die TN ordnen erst den Infinitiven die passenden Präteritumformen und das Partizip II zu, danach spielen sie → **Trio** (siehe → **Paare finden**), bis ihnen die Formen geläufig sind.

KV

Erweiterung Im Anschluss sollen die TN versuchen, sich an die eingeübten Formen zu erinnern. Je 3 TN arbeiten zusammen. Kopieren Sie für jede KG die zweite **Kopiervorlage** (*Vergangenheits-Dreierlei*) und zerschneiden Sie sie. Jede/-r TN bekommt eine Tabelle und ist „Experte"/„Expertin" für diese Zeitform. Nun beginnt TN 1 und vervollständigt die erste Zeile, z. B. *ich esse – ich aß – ich habe gegessen*. TN 2 und TN 3 kontrollieren jeweils die Formen, die sie selbst haben. Danach vervollständigt TN 2 die nächste Zeile komplett usw.

KV

Erweiterung Die TN schreiben Lernkarten (auf einer Seite das Verb im Infinitiv, auf der Rückseite das Präteritum) und üben mit einem/-r Partner/-in.

4 c Machen Sie vor KB4c Übungen zur Festigung der Verbformen (z. B. die Erweiterungen zu KB4b oder/und **ÜB4**). In KB4c machen die TN PA und gehen vor wie beschrieben (sie können dazu die Verben der Kopiervorlage oder die Liste mit unregelmäßigen Verben im Anhang verwenden). Anschließend lesen sie sich die Sätze gegenseitig vor, der/die Partner/-in formuliert die Sätze im Präteritum.
Variante Die TN machen die Aufgabe schriftlich.

Veränderungen 3

4 d Die TN wählen eine der vorgegebenen Überschriften und schreiben einen Fantasietext dazu. Danach tauschen sie mit einem/-r anderen TN und korrigieren sich gegenseitig. Überlegen Sie vorab gemeinsam mit den TN, auf welche Fehlerquellen sie beim gegenseitigen Korrigieren besonders achten können (Verbstellung, Konjugationen, korrekter Kasus etc.) und wie sie sinnvoll und respektvoll → **Feedback geben**. Lassen Sie einige Artikel im PL vorlesen oder hängen Sie sie im Kursraum auf.
Variante Je 2 TN arbeiten zusammen. Jede/-r TN schreibt eine fiktive (und möglichst originelle) Überschrift für einen Zeitungsartikel auf ein Blatt Papier und tauscht diese dann mit dem/der Partner/-in. Diese/-r schreibt den passenden Zeitungsartikel zur Überschrift und verwendet dabei das Präteritum. Verweisen Sie die TN noch einmal auf die Liste der unregelmäßigen Verben im Anhang des KB. Anschließend tauschen die TN ihre Texte aus und korrigieren sich gegenseitig. Überlegen Sie vorher gemeinsam, worauf man beim Korrigieren besonders achten sollte.
Variante Jede/-r TN schreibt eine Überschrift für einen Zeitungsartikel auf ein Blatt Papier und gibt das Blatt dann an den/die TN rechts von ihm/ihr weiter. Diese/-r schreibt einen Satz und gibt das Blatt wieder weiter, so lange bis alle Blätter durch den gesamten Kurs gewandert sind. Der/Die letzte TN korrigiert die Geschichte (→ **Gruppengeschichte**).

Die Sache mit dem Glück

Sprachhandlungen über Glück sprechen; Zeitangaben machen; eine Radiosendung verstehen; von Veränderungen erzählen
Lerninhalte WS: Glück | GR: Zeitangaben: Präpositionen mit Dativ und Genitiv | Aussprache: mehrere Konsonanten hintereinander

5 a Fragen Sie die TN, was ihnen spontan zum Thema *Glück* einfällt und schreiben Sie das Wort in einem Wortigel an die Tafel. Notieren Sie die Vorschläge. Sammeln Sie mit den TN im PL Dinge, die glücklich machen, und schreiben Sie diese ebenfalls an die Tafel (z. B. *ein Spaziergang in der Natur, eine neue Liebe, interessante Reisen, ein guter Film, Schokolade* usw.). Jede/-r TN erstellt nun seine persönliche Top-5-Liste. Die TN vergleichen erst in KG und dann im PL.
Variante Die TN sammeln zuerst in KG Dinge, die glücklich machen. Jede KG einigt sich auf 3 Favoriten und schreibt diese an die Tafel. Machen Sie mit den TN eine → **Kursstatistik**. Jede/-r TN vergibt 3 Punkte für das, was ihn/sie am glücklichsten macht, 2 Punkte für das Zweitwichtigste und einen Punkt für das Drittwichtigste. Was steht an oberster Stelle?
Erweiterung Fragen Sie die TN, ob sie Sprüche oder Zitate zum Thema *Glück* kennen, entweder aus dem Deutschen oder in ihrer Muttersprache. Lassen Sie sich beschreiben, was diese Zitate aussagen; die TN suchen Parallelen zwischen den verschiedenen Muttersprachen und dem Deutschen.
Die TN können auch Zitate oder Sprüche im Internet recherchieren, z. B. unter http://sprichwoerter.woxikon.de; www.sprichwoerter.net; https://zitatezumnachdenken.com/gluck
Hinweis Bei dieser Aufgabe können Sie das interaktive Tafelbild nutzen, mit dem die TN die Umfrage zum Thema *Was macht glücklich?* durchführen und die Ergebnisse präsentieren. Die TN sammeln zunächst, was sie glücklich macht, und einigen sich auf die acht wichtigsten Ergebnisse. Diese tragen sie in die linken Textfelder ein. Die Umfrage wird anschließend im PL durchgeführt und das Ergebnis der Abstimmung mit Hilfe der Barometer rechts festgehalten. Am Ende werden die Ergebnisse präsentiert.

5 b Die TN lesen im Forum die Beiträge zum Thema *Was bedeutet Glück für euch?* Sie markieren dabei alles, was die Personen glücklich macht. Schreiben Sie die Resultate an die Tafel und vergleichen Sie mit den TN mit den Ergebnissen von KB5a. Fragen Sie die TN, was von den genannten Themen sie auch glücklich machen würde.
Lösung borntolive: *gutes Wetter, in der Natur sein, lachen mit Kollegen, Zeit zum Frühstücken –*
paracelsus: *Gesundheit, Radtour machen, auf Festivals fahren, Orte in der Stadt entdecken –*
glückspilz: *guter Job, tolle Familie, freie Tage, Schönes in der Umgebung, gutes Essen –*
felixus: *verliebt sein, liebevolle Nachrichten, gemeinsamer Urlaub –*
aurelia: *Berlin / neuer Wohnort mit seinen Konzerten und Modegeschäften; alles haben, was man will*

3 Veränderungen

5 c Die TN lesen die Forumsbeiträge noch einmal und markieren alle Zeitangaben. Dann ordnen sie die Zeitangaben nach Dativ und Genitiv und ergänzen die Regel im Grammatik-Kasten.
Lösung Zeitangaben in den Beiträgen: *morgens, während der Arbeit, vor der Arbeit, vor einem Jahr, im Urlaub, Nach der langen Krankheit, außerhalb des Urlaubs, am Abend, innerhalb einer Stunde, jeden Tag, bis zu unserem ersten gemeinsamen Urlaub, nur noch sechs Tage, Ab diesem Sonnabend, Seit meinem Umzug, Während eines Konzertes*
Dativ: *ab, vor, nach, an, bis zu, seit*; Genitiv: *innerhalb, während, außerhalb*

5 d Die TN lesen die Vorgaben und ergänzen mit eigenen Ideen. Sie können vorher gemeinsam die Fragen an der Tafel formulieren (*Was machst du während des Urlaubs? Wann machst du Sport? Was machst du am Wochenende? Wann triffst du am liebsten deine Freunde? Was machst du in drei Wochen? Wann bist du glücklich?*). Vergleichen Sie die Antworten im PL.
Lösungsvorschlag *1 Während des Urlaubs bin ich viel in der Natur. 2 Nach der Arbeit mache ich Sport. 3 Am Wochenende will ich ausschlafen. 4 Ab 17 Uhr treffe ich am liebsten meine Freunde. 5 In drei Wochen heirate ich. 6 Seit meinem Umzug bin ich glücklich.*

5 e Die TN wählen jeweils 5 Ausdrücke mit Zeitangaben und formulieren Fragen dazu. Danach führen Sie ein Interview in PA.
Erweiterung Die TN finden sich in neuen Paaren zusammen und stellen die Fragen noch einmal. Die TN können das Interview so oft mit wechselnden Partner/-innen führen, bis sich die Strukturen gut eingeprägt haben.

6 a Erklären Sie den TN, dass sie gleich einen Ausschnitt aus einer Radiosendung zum Thema *Neue Liebe, neues Glück* hören werden. Bitten Sie sie, dazu zuerst die Einführung zu lesen und kurz im PL zusammenzufassen (*ein Mann lernt im Urlaub eine deutsche Frau kennen und zieht zu ihr nach Leipzig*).

6 b+c Lesen Sie mit den TN die Aussagen und klären Sie ggf. Vokabular. Die TN hören die Radiosendung und notieren, in welcher Reihenfolge die Aussagen vorkommen. Die TN vergleichen ihre Lösungen im PL und hören die Radiosendung noch einmal zur Kontrolle.   1.22
Lösung *2A, 5B, 6C, 4D, 1E, 3F*
Erweiterung Schreiben Sie die Aussagen auf jeweils ein DIN-A3-Blatt und legen Sie die Blätter im Kursraum aus. Machen Sie mit den TN einen → **Stummen Dialog**. Die TN gehen dabei durch den Raum, lesen die Aussagen und kommentieren sie schriftlich. Sie gehen auch auf die Kommentare der anderen TN ein, so dass eine Art Dialog miteinander entsteht.   DIN-A3-Papier

6 d Die TN hören die Situationen und lesen die Sätze im Gut-gesagt-Kasten *Zuneigung ausdrücken*. Fragen Sie die TN, welche Ausdrücke es dafür in ihrer Sprache gibt. Je 3–4 TN erzählen anschließend, ob sie ähnliche Liebesgeschichten wie die von Davide Romano kennen. Sie sprechen auch darüber, was sie selbst für eine/-n Partner/-in aufgeben würden oder ob sie anders handeln würden. Jeweils ein/-e TN jeder KG fasst die Ergebnisse im PL zusammen.   1.23
Variante zur Auswertung: Erstellen Sie ein → **Sterndiagramm** an der Tafel. Schreiben Sie in die Zacken Dinge, die man für eine/-n Partner/-in aufgeben oder ändern kann, z. B. *die Arbeit aufgeben, in eine andere Stadt ziehen, den Kontakt zu Freunden abbrechen* usw. Stimmen Sie im PL ab, wer dies machen würde, und tragen Sie die Ergebnisse im Sterndiagramm ein.

ÜB 6 c Vokabelerweiterung zum Thema *Grenzüberquerung*. Lösen Sie die Aufgabe ggf. im PL.

7 a Schreiben Sie *tschechisches Streichholzschächtelchen* an die Tafel und bitten Sie die TN, die beiden Wörter nachzusprechen. Fragen Sie, was daran schwer war. Erklären Sie, dass im Deutschen Verbindungen mit vielen Konsonanten sehr oft vorkommen, besonders bei zusammengesetzten Wörtern. Die TN hören dann die Wörter mit mehreren Konsonanten hintereinander und sprechen sie erst langsam und dann immer schneller nach.   1.24
Hinweis Im Phonetik-Clip erhalten die TN Tipps, wie man solche schwierigen Wörter leichter aussprechen kann. Üben Sie ggf. mit den TN das Aufteilen von Wörtern in Silben (und Fugenlaut) und erklären Sie, was ein Zungenbrecher ist. Bitten Sie die TN, Zungenbrecher aus ihren Sprachen vorzustellen und zu erklären, warum diese schwer auszusprechen sind.   P2

Veränderungen 3

Info Als einziges nicht abgeleitetes oder zusammengesetztes Wort mit den meisten Konsonanten hintereinander (8) wird im Duden *der Borschtsch* (eine russische Suppe) genannt. Bei Zusammensetzungen dagegen finden sich viele Wörter mit 8 Konsonanten, wie z. B. *Weihnachtsschmuck, Herbstschwimmfest, angstschlottern, Unterrichtsschritt.*

7 b Vorgehen wie beschrieben in PA oder KG. Dazu können die TN auch ein Wörterbuch benutzen. Danach tauschen sie die Wörter mit einer anderen KG bzw. einem anderen Paar aus. Diese anderen TN haben einige Minuten Zeit zum Üben und lesen die Wörter dann im PL vor. Ggf. kann mehrfach getauscht werden. — *Wörterbuch*
Variante Die KG, die das Wort mit den meisten Konsonanten hintereinander findet, gewinnt. Sammeln Sie alle Wörter an der Tafel. Die TN stellen sich anschließend im Kreis auf und werfen sich einen Ball zu. Wer den Ball fängt, liest ein Wort laut vor. Usw. — *Ball*
Erweiterung Notieren Sie von jeder KG einige Wörter an der Tafel. Die TN erfinden in KG eine kurze Geschichte, in der möglichst alle Wörter vorkommen. Die nächste KG übt die Geschichte erst und liest sie dann im PL vor.

ÜB 7 Hier finden die TN weitere Übungen zur Aussprache.

Und dann hat sich viel verändert …

Sprachhandlungen einen Gegenstand oder ein Ereignis beschreiben
Lerninhalte Strategie: eigene Texte nach einem Muster schreiben

8 a Bringen Sie 3 Gegenstände mit in den Unterricht, die eine Bedeutung für Sie haben und für eine Veränderung in Ihrem Leben stehen. Das könnten z. B. ein Fächer (für Ihre Entscheidung, als Au-pair nach Spanien zu gehen), eine Kunstpostkarte (für Ihre Entscheidung, Kunstgeschichte zu studieren) oder ein Kinderschuh (für Ihre Entscheidung, ein Kind zu bekommen) sein. Lassen Sie die TN die Gegenstände beschreiben und überlegen, was diese mit Ihrem Leben zu tun haben und welche Veränderungen sie ausdrücken könnten. Erzählen Sie den TN, wenn Sie möchten, wie Ihr Leben vor und nach diesen Veränderungen ausgesehen hat. Betrachten Sie mit den TN anschließend die Fotos im KB. Vorgehen wie beschrieben. Schreiben Sie die Vorschläge an die Tafel.
Erweiterung Die TN schreiben in KG eine Fantasiegeschichte über das Leben von Frau Fessler, in der die Gegenstände auf den Fotos in wichtigen Momenten vorkommen.

8 b Die TN hören das Gespräch und kreuzen *richtig* oder *falsch* an.
Lösung *1r, 2f, 3f, 4f, 5r, 6r* — 1.25

9 a Die TN lesen den Blogeintrag und markieren positive und negative Aspekte. Vergleich im PL.
Lösung positiv: *Tasche hat eine Geschichte; schnell eine Stelle gefunden; erstes Gehalt; sie konnte sich die Tasche leisten; hat sie jeden Tag benutzt* – negativ: *hatte nur wenig Geld; das Geschäft gibt es heute leider nicht mehr; die Tasche war relativ teuer …*
Hinweis D-Mark und Pfennig waren bis zum 31.12.2001 die Währung in Deutschland, danach wurde der Euro eingeführt.

9 b Erklären Sie den TN, dass sie Ausdrücke aus dem Text verwenden können, um einen eigenen Text zu dem Thema zu verfassen. Solche Ausdrücke, die man bei unterschiedlichen Themen immer wieder verwenden kann, nennt man *Textbausteine*. Lesen Sie dazu mit den TN auch den Strategie-Kasten. Die TN lesen danach den Text noch einmal und markieren die Ausdrücke, die sich gut für eigene Texte eignen.

9 c Die TN schreiben einen kurzen Text und verwenden dazu möglichst die vorgegebenen Redemittel bzw. Textbausteine für schriftliche Texte. Sie können die Texte einsammeln und korrigieren oder im PL vorlesen (lassen). Sie können die korrigierten Texte auch selbst vorlesen, ohne den/die Verfasser/-in zu nennen, die anderen TN raten, wer den Text geschrieben hat. Die TN können ihre beschriebenen Gegenstände auch in den Unterricht mitbringen und vorzeigen, wenn der Kurs richtig geraten hat. Wenn sie möchten, können sie noch mehr über den Gegenstand berichten oder Fragen der anderen TN beantworten.

3 Veränderungen

Höflich, höflich
Sprachhandlungen über gutes Benehmen sprechen
Lerninhalte WS: Höflichkeit | Landeskunde: Höflichkeit in D-A-CH | Wortbildung: Komposita I (im ÜB)

10 a Die TN sammeln zuerst in KG, was nach ihrem Empfinden zu einem guten Benehmen zählt, und vergleichen bzw. diskutieren dann im PL.

10 b Schreiben Sie *Begrüßungen / Tür aufhalten / niesen* und *duzen oder siezen* auf jeweils ein Blatt Papier und hängen Sie jedes Blatt in jeweils eine Ecke des Kursraums. Teilen Sie den Kurs in 4 Gruppen und bitten Sie die Gruppen, in eine der 4 Ecken zu gehen. Die TN sprechen 3 Minuten darüber, was sich zu ihrem Thema bezüglich guten Benehmens sagen lässt und was sich zwischen früher und heute vielleicht verändert hat. Nach Ablauf der 3 Minuten gehen alle Gruppen in die nächste Ecke und sprechen dort weiter usw. → **Eckensprechen**
Die TN lesen anschließend den Artikel und sprechen dann in PA darüber. Sie machen Notizen zu den wichtigsten Informationen und sprechen mit einem anderen Paar darüber.
Erweiterung Die TN sprechen über weitere Punkte, die sich ihrer Meinung nach im Laufe der Zeit verändert haben, sie können dabei auch die Ideen aus KB10a besprechen.
Lösung Begrüßungen: *alte Regel gilt immer noch, aber nicht mehr so streng; in Gruppen darf man der Reihe nach begrüßen; Chef/-in oder Gastgeber/-in begrüßt man zuerst; man küsst/umarmt nur (gute) Freunde.*
Tür aufhalten: *Mann oder Frau halten der direkt nachfolgenden Person die Tür auf und lassen die andere Person zuerst eintreten.*
Niesen: *Man wünscht weiterhin der Person, die niesen musste, „Gesundheit!". Der/Die Niesende kann höflich „Entschuldigung" sagen.*
Du/Sie: *Siezen nur noch in formellen Situationen und Hierarchien obligatorisch; unter Studierenden und jüngeren Personen duzt man sich. Wird man in Hierarchien vertrauter miteinander, bietet die höhergestellte/ältere/weibliche Person das Du an und man duzt diese Personen nicht, bis das nicht passiert ist. Man duzt sich dann ein Leben lang.*

10 c Die TN vergleichen die besprochenen Punkte mit ihren Heimatländern oder auch mit anderen Ländern und Kulturen, die sie kennen. TN in Inlandskursen können auch berichten, womit sie sich in D-A-CH-Ländern schwergetan haben; TN in Auslandskursen können vielleicht von Urlauben oder Geschäftsreisen in die D-A-CH-Länder berichten.
Erweiterung Die TN schreiben einen Text oder entwerfen ein Plakat dazu, was in ihren Heimatländern für ein gutes Benehmen wichtig ist.

10 d Die TN fassen für eine/-n Freund/-in, der/die kein Deutsch versteht, die wichtigsten Regeln für gutes Benehmen in D-A-CH zusammen. TN mit gleichen Muttersprachen können zusammenarbeiten, wenn Sie die Aufgabe im Unterricht behandeln möchten. Bei unterschiedlichen Muttersprachen könnten die TN die wichtigsten Infos z. B. auch auf Englisch oder Französisch weitergeben. Wenn Sie diese Mediationsaufgabe als HA aufgeben möchten, können Sie die TN bitten, jemandem im Heimatland eine E-Mail oder eine Handynachricht zu diesem Thema zu schreiben oder am Telefon zu berichten, was in D-A-CH üblich ist. Besprechen Sie in der nächsten Unterrichtsstunde, wie die informierten Personen reagiert haben, was ihnen komisch vorkam oder was sie als normal empfunden haben.

ÜB **Wortbildung** Lesen Sie mit den TN den Kasten, danach machen die TN Teil A. Weisen Sie darauf hin, dass im Teil B Komposita aus 3 Nomen entstehen. Machen Sie die Übung im PL.

Veränderungen 3

Film: Boxen – mehr als nur ein Sport
Das ist mein Ding | Egal, was die Gesellschaft davon hält | Durch Ausprobieren verliert man nichts

11 a	Schreiben Sie *Sportarten* an die Tafel und lassen Sie sich von den TN ihre Ideen diktieren. Betrachten Sie dann gemeinsam das Foto. Fragen Sie die TN, um welchen Sport es sich hierbei handelt und welche Assoziationen sie dazu haben. Die TN nennen alle Wörter, die ihnen im Zusammenhang mit *Boxen* einfallen und beschreiben diese Sportart. Fragen Sie die TN, ob sie selbst schon einmal geboxt haben oder jemanden kennen, der diese Sportart ausübt. **Lösungsvorschlag** *der Boxring, das blaue Auge, den Gegner k. o. schlagen, für Geld kämpfen, der Schweiß, der Champion, der Faustschlag, brutal, der Boxprofi, …* Hinweis Sie können die TN darauf aufmerksam machen, dass einige im Deutschen häufig verwendete Redewendungen auf den Boxsport zurückgehen, z. B. angezählt werden/sein (= wohl bald aufgeben müssen), in den Seilen hängen (= nach großer Anstrengung erschöpft sein), k. o. sein (= erschöpft sein), das Handtuch werfen (= vor der Zeit aufgeben). Info Berühmte deutsche Boxer waren Max Schmeling (1905–2005) und in jüngerer Zeit Henry Maske, Graciano Rocchigiani und Axel Schulz. Zu Frauen im Boxsport siehe z. B. https://www.faz.net/aktuell/stil/frauenboxen-in-deutschland-zu-besuch-bei-17-boxerinnen-16180942.html	
11 b	Die TN sehen die Filmszene und ergänzen den Steckbrief von Doha. ▶6 **Lösung** *aus Berlin, seit 4 Jahren, Abitur* Info Doha nennt hier den Berliner Verein *Seitenwechsel* und in Filmszene 7 das Projekt *BoxGirls*; beide Initiativen haben sich der Stärkung speziell von Mädchen und sozialen Randgruppen verschrieben. Weitere Informationen unter https://www.seitenwechsel-berlin.de/sportangebote/boxen/ und https://boxgirlsberlin.wordpress.com/boxgirls-berlin/uber-boxgirls/
11 c	Lesen Sie gemeinsam die Begriffe und klären Sie ggf. Vokabular. Die TN sehen die Filmszene noch einmal und notieren alles, was zum früheren Leben von Doha passt. ▶6 **Lösung** *Probleme in der Schule haben, als Streberin gelten, nicht gut genug sein, (sich ängstlich fühlen, schwach sein)*
11 d	Vorgehen wie beschrieben. Weisen Sie darauf hin, dass nicht alle Begriffe passen. Die TN können die Begriffe beim Sehen zuerst nur markieren und danach in die Tabelle übertragen. ▶7 **Lösung** *Unterstützung bekommen, bessere Noten bekommen* – schon in Filmszene 6: *die eigene Stärke finden*
12 a	Die TN sehen die Filmszene und fassen dann im PL zusammen wie beschrieben. ▶8 **Lösung** *man bekommt mehr Selbstbewusstsein, man vergisst Stress und Probleme, es geht nicht um Gewalt, sondern um Respekt vor dem Gegner/der Gegnerin …*
12 b	Die TN sehen die Filmszene noch einmal und kreuzen an, ob die Aussagen richtig oder falsch sind. ▶8 **Lösung** *1r, 2r, 3f, 4r, 5f, 6r*
12 c	Die TN sprechen in KG über die vorgegebenen Fragen. Erweiterung Die TN machen eine → **Mini-Präsentation** über eine Sportart, die sie eventuell geprägt oder beeinflusst hat. Dabei können sie z. B. auf folgende Fragen eingehen: *Was brauche ich für diesen Sport? Wie wird er ausgeübt? Welche wichtigen Regeln gibt es? Habe ich diesen Sport schon einmal praktiziert oder kenne ich jemanden, der ihn ausübt? Welche Prominente üben diese Sportart aus? Welche Erfahrungen macht man bei diesem Sport? Warum ist diese Sportart interessant?* Die TN können statt der Präsentation auch einen Text zum Thema schreiben, z. B. als HA (→ **Schreibaufgaben auswerten**).
13 a	In KG vorgehen wie beschrieben. Jede KG schreibt die 4 Sportarten, auf die sich die TN geeinigt haben, auf ein Blatt Papier und hängt es im Kursraum auf. *Papier*
13 b	Lesen Sie die Lösung (siehe letzte Seite im Buch) vor und überprüfen Sie, welche KG dem Ergebnis am nähesten gekommen ist. Verteilen Sie ggf. kleine Preise. Die TN vergleichen mit den eigenen Heimatländern. Sind dort ähnliche Sportarten attraktiv oder ist es ganz anders? *ggf. kleine Preise*

1 Plattform

Wiederholungsspiel

1 Die TN spielen in PA das Wiederholungsspiel wie in der Anleitung erklärt. Ein/-e TN kann die Expert/-innen-Rolle übernehmen und die Lösungen anhand des Expertenblatts überprüfen – oder die Spielenden schauen bei Unsicherheiten selbst auf dem Expertenblatt nach.
Lösung Siehe Expertenblatt auf der **Kopiervorlage**.

2 Spielfiguren, Münze KV

Schreibwerkstatt

2 Projizieren Sie das Bild an die Tafel oder an die Wand. Bitten Sie die TN, möglichst genau zu beschreiben, was sie darauf erkennen können und um welche Situationen es sich handelt. Je 2 TN ergänzen anschließend Sätze für die Sprechblasen, notieren sie mit Ziffer auf einem Blatt Papier und vergleichen ihre Ideen danach mit einem oder zwei anderen Teams. Wenn Sie das Bild einmal pro Gruppe groß kopieren, können die TN ihre Sätze direkt in die Kopie schreiben und ihre Ergebnisse im Kursraum aushängen.

3 Fragen Sie die TN, welche (sprachlichen) Möglichkeiten sie kennen, eine Geschichte für die Leser/-innen interessant und spannend zu gestalten. Sammeln Sie die Vorschläge an der Tafel. Lesen Sie dann gemeinsam die Tipps im Strategie-Kasten und vergleichen Sie mit den Ideen der TN. Lesen Sie mit den TN danach die vorgegebenen Sätze. Jede/-r TN wählt einen Anfangssatz und einen Schlusssatz aus und schreibt eine Geschichte dazu. Sprachlich schwächere TN können zuerst Stichpunkte notieren, um zu strukturieren, wie die Geschichte vom Anfang bis zum Ende verläuft. Sie können auch das Gerüst einer Geschichte gemeinsam als Beispiel im PL erstellen. Jede/-r TN liest seine Geschichte anschließend im PL vor. Die TN wählen die Geschichte, die ihnen am besten gefällt.
Variante Die TN schreiben die Geschichte in KG.
Alternative Die TN arbeiten allein oder in einer KG von 2–4 TN. Projizieren Sie die Kopiervorlage an die Tafel oder an die Wand oder kopieren Sie sie für alle TN bzw. für jede KG. Jede/-r TN oder jede KG würfelt je einmal für jedes Thema und stellt so das ganz persönliche Gerüst für die eigene Geschichte zusammen. Entscheiden Sie mit den TN, ob dazu noch ein Anfangs- und Schlusssatz gewählt werden soll.
Hinweis Die Ergebnisse können korrigiert werden wie unter → **Schreibaufgaben** auswerten vorgestellt; wichtig ist bei kreativen Schreibanlässen aber vor allem der Inhalt.

KV

4 Fragen Sie die TN, ob sie in der Schule Gedichte gelernt haben und ob sie sich noch an eines erinnern können. Fragen Sie die TN auch, welche Arten von Gedichten ihnen bekannt sind, und notieren Sie einige Vorschläge an der Tafel (*Sonett, Haiku, Ballade, …*). Fragen Sie dann, ob die TN wissen, was ein *Elfchen* ist. Projizieren Sie die beiden Elfchen an die Tafel oder an die Wand und lassen Sie sie von 2 TN vorlesen. Versuchen Sie, falls den TN Elfchen noch nicht bekannt sind, gemeinsam den Aufbau eines Elfchens zu beschreiben oder lesen Sie mit den TN die Erklärung im Tipp-Kasten. Fragen Sie, welches Elfchen den TN besser gefällt.
Die TN schreiben allein oder zu zweit ein Elfchen und hängen es dann im Kursraum auf. Alle TN gehen durch den Raum und lesen die Elfchen. Besprechen Sie im PL, für welche Themen sich die (meisten) TN entschieden haben. (Ggf. können Sie den TN, wenn sie unsicher sind, auch Themen zur Auswahl stellen, z. B. *Natur, Reisen, Lernen, die Stadt* usw.)
Variante Die TN schreiben *Kurs-Elfchen* (vgl. → **Gruppengeschichte**): Jede/-r TN schreibt nur das erste Wort und gibt das Papier dann an den/die nächste/-n TN weiter. Diese/-r schreibt die nächste Zeile mit den 3 Wörtern und gibt es wieder weiter usw. Die TN lesen die so entstandenen Elfchen im PL vor. Bei Interesse erstellen Sie daraus einen Kurs-Gedichtband.

Preis

Plattform 1

Sprachmittlung

5 Lesen Sie mit den TN die beiden Situationen und lassen Sie die TN individuell wählen. In beiden Situationen sprechen die TN über ein Thema und belegen ihre Meinung mit Beispielen. Lesen Sie dazu mit den TN den Strategie-Kasten und die Redemittel in der Sprechblase.
In Situation A sprechen die TN auf Deutsch. Ein/-e TN kann die Rolle des deutschen Gegenübers übernehmen. Wenn es realistischer sein soll, können auch Sie in die Rolle schlüpfen oder die TN machen die Aufgabe außerhalb des Unterrichts mit einem/-r Deutschen in ihrem Bekanntenkreis und berichten dann im Kurs.
Situation B findet zunächst in der Muttersprache statt, TN mit gleicher Muttersprache arbeiten zusammen. Wenn sie keine oder zu wenige TN mit gleichen Muttersprachen haben, können die TN auch in einer anderen gemeinsamen Sprache kommunizieren oder die TN machen die Aufgabe außerhalb des Unterrichts mit Familienangehörigen oder Freunden (ggf. auch telefonisch) und berichten dann auf Deutsch im PL.

Berlin und seine Geschichte

6 a Schreiben Sie *Berlin* an die Tafel und fragen Sie die TN, ob sie schon einmal dort waren und was sie über Berlin und seine Geschichte wissen. Betrachten Sie mit den TN die Fotos und lassen Sie beschreiben, was die TN auf den Fotos sehen. Dann vorgehen wie beschrieben. Sie können auch die wichtigsten Ereignisse mit Jahreszahl auf Kärtchen schreiben und diese mit Wäscheklammern an einer Wäscheleine im Kursraum befestigen
Erweiterung Die TN erstellen einen Zeitstrahl mit wichtigen Ereignissen für die Hauptstadt ihres Heimatlandes und stellen ihn im PL vor.
Lösung *1961 Mauerbau, 1989 Mauerfall, 1990 Wiedervereinigung*

ggf. Wäscheleine, Wäscheklammern

6 b Die TN lesen den Blog und ordnen die Fotos zu. Vergleich im PL.
Erweiterung Fragen Sie die TN, wer diese Orte schon einmal besucht hat und wie sie ihm/ihr gefallen haben.
Lösung *E1, A2, D3, C4, B5*

6 c Vorgehen wie beschrieben.
Variante Die TN wählen 2 Orte aus, machen einen → **Kursspaziergang** und versuchen TN zu finden, die sich für die gleichen Orte entschieden haben. Gemeinsam sprechen sie darüber.
Erweiterung Die TN recherchieren über ein zu Berlin passendes und für sie interessantes Thema im Internet und stellen ihre Ergebnisse in der nächsten Stunde vor. (Wenn den TN wenig einfällt, können Sie Themen vorschlagen, z. B. *die Geschichte des Reichstags, die Verhüllung des Reichtags durch das Künstlerpaar Christo und Jeanne-Claude etc.*)

6 d Die TN stellen ihre Lieblingsstadt vor. Sie wählen dazu vier Sehenswürdigkeiten, suchen Fotos (ggf. als HA), schreiben passende Texte und gestalten ein Plakat, das im Kursraum ausgehängt wird.

Plakate, Schere, Klebstoff

37

4 Arbeitswelt

Los geht's!
Sprachhandlungen über Berufe sprechen und schreiben
Lerninhalte WS: Arbeit und Arbeitssuche

1 a	Je 2 TN sammeln gemeinsam Berufe und notieren zu jedem Beruf eine typische Aktivität. **Variante** Je 2 TN versuchen in einem Wettspiel, in 3 Minuten die meisten Berufsbezeichnungen zu finden. Sie können auch die → **ABC**-Methode verwenden. Sammeln Sie danach alle Berufe für alle TN sichtbar. Je 3–4 TN wählen 5 Berufe aus und notieren je eine dafür typische Aktivität. Danach lesen sie die Aktivität im PL vor. Wer errät den Beruf? **Hinweis** Sie können als Kapiteleinstieg mit dem interaktiven Tafelbild noch einmal die bis dahin gelernten Berufe wiederholen und auffrischen. Es werden nacheinander Bilder mit Berufen sichtbar, die die TN erkennen und benennen müssen. Steigern Sie das Tempo in mehreren Runden. Die TN können auch in zwei Gruppen gegeneinander spielen. Die Gruppe, die den Beruf zuerst richtig nennt, bekommt jeweils einen Punkt.
1 b	Projizieren Sie die Fotos. Die TN sehen sie an und beschreiben sie. Lesen Sie mit den TN die vorgegebenen Aktivitäten und klären Sie ggf. Vokabular. Die TN ordnen die Aktivitäten in PA den Fotos zu (manche passen mehrfach). Dann sprechen die TN in KG mit den Aktivitäten über die Berufe und ergänzen ggf. eigene Ideen. Die TN stellen je einen Beruf im PL vor. **Hinweis** In **ÜB1** finden die TN weiteren Wortschatz zum Thema. **Lösung** A: *bei jedem Wetter im Freien sein, früh am Morgen anfangen, Briefe und Pakete zustellen, Kontakt mit Menschen haben, Post austragen;* B: *am Computer arbeiten, exakte Analysen machen, gut verdienen, im Labor arbeiten, studieren;* C: *etwas von Technik und Elektronik verstehen, eine Ausbildung machen, Metall bearbeiten;* D: *früh am Morgen anfangen, keine geregelten Arbeitszeiten haben, Kontakt mit Menschen haben, Trinkgeld bekommen, viele Stunden im Auto sitzen, in der Nacht arbeiten, Personen von A nach B bringen*
1 c	Vorgehen wie beschrieben. **Lösung** *Mechatronikerin (geregelte Arbeitszeiten, Liebe zur Technik, Gehalt nicht sehr hoch)* **Variante** Kopieren Sie das Interview und schneiden Sie Fragen und Antworten auseinander. Geben Sie je 3 TN ein Set. Die TN ordnen Fragen und Antworten zu, dann weiter wie oben. *Kopie des Interviews*
2 a	Vorgehen wie beschrieben. Vergleichen Sie im PL. **Lösung** *Briefträgerin, Taxifahrerin, Chemikerin, Mechatronikerin* 🔊 1.26
2 b	Vorgehen wie beschrieben. Anschließend berichten die TN innerhalb ihrer KG und ergänzen ihre Notizen zu den anderen Berufen. **Lösung** Briefträgerin: *um halb 5 aufstehen und um halb 6 in der Postzentrale sein; gegen Mittag ist man fertig* – Taxifahrerin: *man kann durch das Trinkgeld gut verdienen; Kontakt mit Menschen; Arbeitszeit flexibel: am Abend und in der Nacht möglich* – Chemikerin: *Abitur und Studium notwendig; man ist angestellt (zwei Jahre in einer großen Firma); Tests / Kontrollen und Analyse von Stoffen im Labor; keine Abwechslung (hat sie nicht glücklich gemacht)* – Mechatronikerin: *körperlich schwere Arbeit, man wird schmutzig; man muss genau sein / sehr exakt arbeiten, man muss immer eine Lösung finden / kreativ sein; man muss Spaß an Technik haben, 3 Jahre Ausbildung und Berufsschule* **Erweiterung** Die TN spielen Beruferaten. Ein TN beschreibt einen Beruf in 4–5 Sätzen, ähnlich wie in KB2b; die anderen raten, um welchen Beruf es sich handelt. 🔊 1.26
3	Geben Sie den TN 5 Minuten Zeit, sich Gedanken zu machen, was in ihrem Beruf wichtig ist und was man gut können muss. Arbeiten die TN (noch) nicht oder möchten sie nicht über ihren Beruf sprechen, können sie zu ihrem Wunsch-Beruf Notizen machen. Danach stellen die TN ihren (Wunsch-)Beruf im PL vor. Wenn der Kurs sehr groß ist, in KG arbeiten. **Variante** Die TN erklären, was für ihre Arbeit wichtig ist und was man gut können muss, ohne den Beruf zu nennen. Die anderen TN raten in KG oder im PL. **Alternative** Die TN interviewen eine/-n Partner/-in wie in **ÜB3b** vorgesehen und ergänzen das Interview um die Fragen aus KB3. Im Anschluss stellen sie sich gegenseitig im PL vor.

Arbeitswelt 4

3   *Erweiterung*   Die TN machen einen Test zur Berufsberatung. Kopieren Sie für jede/-n TN die **Kopiervorlage**. Die TN beantworten die Fragen und werten ihre Antworten aus. Machen Sie eine → **Kursstatistik**. Welche Berufe werden Ihren TN geraten? Wie sieht die Realität aus?
     Hinweis   Sie können bereits hier die Filmszenen 9–11 mit KB14–16 einsetzen.

KV

▶ 9–11

Gespräche bei der Arbeit
Sprachhandlungen   Gespräche bei der Arbeit verstehen; Irreales ausdrücken
Lerninhalte   GR: Konjunktiv II; irreale Bedingungssätze mit Konjunktiv II

4 a   Projizieren Sie die 3 Fotos. Fragen Sie die TN, wo sich die Leute befinden (*bei der Arbeit, im Büro*). Die TN beschreiben, was sie auf den Fotos sehen. Dann vorgehen wie beschrieben.
     Lösung   *A3, B1, C2*
     Alternative   für sprachlich stärkere TN: Sammeln Sie bei der Beschreibung der Fotos Wortschatz an der Tafel. Je 2 TN schreiben kurze Dialoge zu den einzelnen Fotos und tragen sie im PL vor. Danach hören sie die Dialoge aus dem KB und ordnen sie den Fotos zu.

🔊 1.27–29

4 b   Die TN lesen die Fragen und die Antworten. Dann vorgehen wie beschrieben.
     Lösung   *1c, 2a, 3b*

🔊 1.27–29

4 c   Vorgehen wie beschrieben. Vergleichen Sie im PL.
     Lösung   *Foto A: 1, 6; Foto B: 3, 5; Foto C: 4, 2*

4 d   Die TN markieren in den Sätzen 1.–6. die Verbformen des Konjunktiv II (Infinitiv + konjugiertes Verb). Die TN kennen den Konjunktiv II bereits aus **Netzwerk neu A2** (Kapitel 11), der Grammatik-Kasten ist daher nur zur Wiederholung gedacht. Fragen Sie die TN, woher sie den Konjunktiv II bereits kennen bzw. wofür man ihn nach ihrem bisherigen Wissen benutzt (*höfliche Bitten, Fragen, Wünsche*). Wiederholen Sie gemeinsam mit den TN die Bildung (*würde* + Infinitiv bei den meisten Verben bzw. *hätte* bei *haben*, *wäre* bei *sein*). Konjugieren Sie alle Modalverben gemeinsam. Weisen Sie darauf hin, dass *wollen* und *sollen* im Gegensatz zu den anderen Formen im Konjunktiv keinen Umlaut haben.
     Lösung   *1 arbeiten müsste – würde … mitkommen; 2 könnte … vorbereiten – finden würde; 3 hätte – würde … trinken; 4 wäre – würde … bitten; 5 wäre – wäre; 6 könnte … mitnehmen – bleiben müsste. – Regel: hätte, wäre; könnte, müsste; würde*

5 a   Erklären Sie den TN, dass der Konjunktiv II auch für irreale Bedingungen verwendet werden kann. Lesen Sie dazu mit den TN den unteren Teil des Grammatik-Kastens. Analysieren Sie gemeinsam die Wortstellung der Konditionalsätze. Klären Sie die Bedeutung (*wenn* + Konjunktiv II: die Bedingung ist nicht wahr, *wenn ich Zeit hätte* heißt also tatsächlich *ich habe keine Zeit*). Weisen Sie auch darauf hin, dass im Deutschen sowohl im Haupt- als auch im Nebensatz Konjunktiv II stehen muss. Eventuell bietet sich ein Sprachvergleich mit der Muttersprache bzw. anderen Fremdsprachen der TN in PA an (**ÜB5e**). Dann arbeiten je 2 TN zusammen: Ein/-e TN liest einen Satzanfang (1.–6.), der/die andere setzt den Satz beliebig fort, danach tauschen sie.
     Variante   Schreiben Sie die Satzanfänge auf Kärtchen. Stellen Sie 3 Stühle nebeneinander. Ein/-e TN setzt sich auf den Stuhl in der Mitte und liest ein Kärtchen vor. Die ersten beiden TN, die Ideen haben, wie man den Satz fortführen kann, setzen sich auf die Stühle rechts und links und sagen ihre Variante. Der/Die TN in der Mitte wählt, welcher Satz gewinnt. Der/Die betreffende TN setzt sich nun in die Mitte und liest das nächste Kärtchen vor. Usw. Verwenden Sie bei großen Kursen die Satzanfänge mehrmals oder ergänzen Sie eigene Ideen.
     Variante   für sprachlich stärkere TN: Alle TN stellen sich im Kreis auf. Lesen Sie den ersten Satzanfang vor und werfen Sie den Ball TN 1 zu, TN 1 ergänzt den Satz und wirft den Ball TN 2 zu. Diese/-r ergänzt denselben Satzanfang auf andere Weise. Die TN werfen sich den Ball so lange zu, bis jemandem keine Ergänzung mehr einfällt und er/sie ausscheiden muss. Lesen Sie dann den zweiten Satzanfang vor usw.

Kärtchen, 3 Stühle

4 Arbeitswelt

Erweiterung Alle TN stellen sich im Kreis auf. TN1 bildet einen Satzanfang mit *wenn*, TN2 beendet ihn und beginnt mit der gleichen Idee einen neuen Satz, den TN3 beendet usw., z. B.: TN1: *Wenn ich sehr müde wäre, …* TN2: *…, würde ich einen Kaffee trinken. Wenn ich einen Kaffee trinken würde, …* TN3: *…, würde ich Lust auf ein Stück Kuchen bekommen.* Usw.

5 b Vorgehen wie beschrieben.
Variante Jede/-r TN schreibt 3 Sätze auf je ein Kärtchen. Die TN lesen ihre Sätze laut vor und kleben sie auf ein Plakat. Die TN bewerten die Sätze mit Klebepunkten (3 für die beste Idee, 2 für die zweitbeste usw.). Die TN mit den besten Ideen erhalten einen kleinen Preis.

Kärtchen, Plakat, Klebepunkte, Preis

Wenn etwas schiefgeht …
Sprachhandlungen sich entschuldigen; auf Entschuldigungen reagieren
Lerninhalte Aussprache: freundlich oder unfreundlich?

6 a Projizieren Sie die beiden Fotos. Die TN beschreiben diese und spekulieren, welches Problem es in den beiden Situationen gibt (*beim Friseur: z. B. Frisur nicht mehr schön; Frisur/Farbe falsch; …; im Paketlager/in der Poststelle: z. B. der Fahrer kommt nicht/hatte einen Unfall; bestellte Ware fehlt/wurde nicht abgeholt; …*).
Erweiterung Je 2 TN wählen eine Situation und schreiben einen Dialog. Einige Paare lesen oder spielen ihren Dialog vor. Die TN können auch einen → **Rechts-Links-Dialog** schreiben.

ÜB 6 a+b Im Kurs; hier lernen die TN weiteren Wortschatz.

6 b Die TN hören die beiden Gespräche und fassen zusammen, wie die Personen reagieren. Danach vergleichen sie mit ihren Vermutungen aus K6a.
Lösung *Frau Schütz ist verärgert und sagt, dass die Haarfarbe so nicht bleiben kann. Die Friseurin bietet an, die Haare nachzutönen. Frau Schütz lässt sich die Haare noch einmal neu färben.*
Herr Kreidel beschwert sich, dass die Ware noch nicht angekommen ist. Die Ware wird dringend gebraucht.
Frau Hobel vermutet ein Problem mit dem Kurierdienst und verspricht, sich in einer halben Stunde noch einmal zu melden.

1.30–31

6 c Die TN lesen die Pannen am Arbeitsplatz im PL laut vor. Klären Sie ggf. Vokabular. Fragen Sie die TN, ob ihnen oder Bekannten von ihnen einige dieser Pannen auch schon passiert sind. Welche Panne finden die TN am peinlichsten, welche vielleicht nicht so schlimm? Lesen und bearbeiten Sie danach den Kasten *Gut gesagt*. Die TN hören die Sätze und sprechen sie nach. Erklären Sie, dass *doch* in diesen Beispielen eine Modalpartikel (auch „Abtönungspartikel" genannt) ist. Es ist also ein Wort, das der/die Sprecher/-in benutzt, um die Aussage emotional „abzutönen" oder zu „färben". Sprechen Sie den TN die Sätze einmal mit und einmal ohne *doch* vor. Wie empfinden die TN den Unterschied?
Erweiterung Je 2 TN wählen eine Situation aus und schreiben ein Gespräch mit den vorgegebenen Ausdrücken. Achten Sie darauf, dass jede Situation bearbeitet wird. Die TN lernen das Gespräch auswendig (→ **Dialoge auswendig lernen**, → **Emotionen sprechen**), üben es und spielen es im PL vor.
Erweiterung Je 2 TN spielen ihre Situation pantomimisch im PL vor. → **Pantomime**

1.32

6 d Besprechen Sie die Redemittel im PL. Ziehen Sie eventuell KB7a+b vor, um die TN für die freundliche/unfreundliche Intonation zu sensibilisieren. Die TN wählen in PA zwei Situationen aus KB6c aus. Sie planen ihre Gespräche und üben sie (→ **Freies Sprechen**, → **Emotionen sprechen**). Jedes Paar spielt ein Gespräch im PL vor, die anderen geben → **Feedback**.
Erweiterung Verteilen Sie Zettel an die TN, auf denen entweder *Lüge* oder *Wahrheit* steht. Je nachdem schreiben die TN einen Text über eine Panne, die ihnen wirklich passiert ist, oder sie erfinden eine Geschichte. Jede/-r TN liest seine/ihre Geschichte vor, die anderen TN raten, ob das die Wahrheit oder eine Lüge ist.

Arbeitswelt 4

6 e ✏️	Vorgehen wie beschrieben. Da mit Missgeschicken und Peinlichem je nach Kultur unterschiedlich umgegangen wird (z. B. weil man durch eine peinliche Situation „das Gesicht verlieren" kann), können Sie KB6e (eventuell alternativ zur Aufgabenstellung) auch für ein interkulturelles Training nutzen: Wie ist das im eigenen Land, wie in D-A-CH? Regen Sie ggf. an, Strategien zu beschreiben und zu besprechen, wie man mit solchen Pannen oder Fehlern umgehen kann und wie man in D-A-CH normalerweise damit umgeht. So werden die TN für interkulturelle Missverständnisse sensibilisiert.
7 a+b	Vorgehen wie beschrieben. **Variante** zu 7b: Die TN spielen die Dialoge freundlich oder unfreundlich, die anderen raten. 🔊💬 1.33

Die richtige Bewerbung

Sprachhandlungen Bewerbungstipps verstehen; über Bewerbungen sprechen
Lerninhalte WS: Bewerbung | GR: Pronomen und Pronominaladverbien; Verben mit Präposition und Nebensatz

8 a	Schreiben Sie *die Bewerbung* an die Tafel. Sammeln Sie mit den TN, was sie alles brauchen und was sie alles machen müssen, um sich um eine Stelle zu bewerben. *(Bewerbungsschreiben, Lebenslauf mit Foto, Zeugnisse, Arbeitszeugnisse).*	Kärtchen/ Zettel
8 b	Vorgehen wie beschrieben. Die TN vergleichen erst in PA und dann im PL. Gibt es Unterschiede zwischen Deutschland und den Herkunftsländern der TN? **Lösung** *seriöse E-Mail-Adresse verwenden; nicht die E-Mail-Adresse des aktuellen Arbeitgebers; aussagekräftiges Bewerbungsschreiben mit allen Informationen, die für die Firma wichtig sind; Lebenslauf mit Foto; Muster verwenden, aber nicht abschreiben; Foto vom Profi; Zeugnisse; relevante Bescheinigungen; für Online-Bewerbung alles in einem PDF-Dokument zusammenfassen; nach ca. zwei Wochen den/die Personalchef/in anrufen und nachfragen; eventuell an einem Bewerbungstraining teilnehmen; sich auf das Vorstellungsgespräch vorbereiten* **Variante** Je zwei TN arbeiten zusammen. TN1 liest bis Zeile 10, TN2 von Zeile 10 bis zum Ende. Sie machen zu ihrem Teil eine Checkliste und danach informieren sie sich gegenseitig.	
9 a	Die TN lesen den Text von KB9b noch einmal und markieren die angegebenen Verben und die dazugehörigen Präpositionen. Dann tragen sie die Präpositionen neben den Verben ein. **Lösung** *2 zu, 3 um, 4 auf, 5 für, 6 für, 7 mit, 8 an, 9 auf*	
9 b	Beschriften Sie 4 Blätter mit jeweils einem der folgenden Sätze: *Rufen Sie den Personalchef an. Mit ihm können Sie sprechen, wenn Sie Fragen haben. Viele Institutionen bieten Bewerbungstrainings an. Daran kann jeder teilnehmen.* Bitten Sie die TN zu überlegen, welche 2 jeweils zusammengehören, und danach, wie sie das entschieden haben (*bei den ersten 2 Sätzen geht es um den Personalchef, also um eine Person, bei den anderen beiden um das Bewerbungstraining*). Lenken sie dann die Aufmerksamkeit der TN auf die Präpositionen *mit* und *an* in den Sätzen. Formulieren Sie davon ausgehend gemeinsam die Regeln für das Bezugnehmen auf vorher bereits Genanntes in Verbindung mit einer Präposition: *Folgt auf die Präposition eine Person, ersetzt man die Person durch ein Pronomen; folgt eine Sache oder ein Ereignis, verwendet man ein Pronominaladverb:* da(r)- + *Präposition*). Lesen Sie mit den TN den Grammatik-Kasten und vollziehen Sie gemeinsam die Regeln nach. **Lösung** *Personen; Dinge und Ereignisse*	DIN-A4-Papier
9 c	Vorgehen wie beschrieben. **Lösung** *2 Probleme in seiner Firma, 3 die Chefin, 4 eine freie Stelle, 5 Vorstellungsgespräch*	
9 d	Bevor die TN 9d machen, festigen Sie die Verben und Präpositionen mit einem → **Wortschatz in zwei Kreisen**. Dann arbeiten je 2 TN zusammen. Sie ergänzen die Fragen, stellen sie sich gegenseitig und beantworten die Fragen mit einem Pronominaladverb. **Variante** Die TN machen einen → **Kursspaziergang** und stellen unterschiedlichen TN jeweils eine Frage. Die TN antworten mit dem Pronominaladverb.	
9 e	Vorgehen wie beschrieben. In großen Kursen bietet es sich an, diese Aufgabe in KG zu machen und dann abschließend die Gruppenergebnisse ins PL zu bringen.	

4 Arbeitswelt

10 a Die TN lesen die beiden Kommentare zum Artikel. Klären Sie ggf. neuen Wortschatz (*einen netten Eindruck machen, sich (nicht) kleinmachen, jn. von etwas überzeugen*).

10 b Vorgehen wie beschrieben. Thematisieren Sie die Satzstellung. Wiederholen Sie gemeinsam die Bedingungen für einen Infinitivsatz (*die Subjekte in den beiden Satzteilen müssen gleich sein und es gibt keine konjugierte Verbform, sondern einen Infinitiv; im Gegensatz dazu können bei* dass*-Sätzen die Subjekte gleich oder unterschiedlich sein, das konjugierte Verb kommt an das Ende des Nebensatzes*). Machen Sie den Unterschied zwischen den beiden Sätzen deutlich. (*Folgt auf ein Verb mit Präposition ein Nebensatz, so steht im Hauptsatz statt der Präposition das dazugehörige Pronominaladverb*).
Hinweis In sprachlich stärkeren Gruppen können Sie den Grammatik-Clip zur Einführung oder als HA nach dem Prinzip des → **Flipped Classroom** einsetzen, bevor Sie KB10b im Unterricht machen. In schwächeren Gruppen eignet sich der Clip nach KB10b zur Festigung.

▶ G1

10 c Erarbeiten Sie die Verben mit Präpositionen vorab im PL. Dann bilden je zwei TN die fünf Sätze wie beschrieben. Vergleichen Sie die Sätze im PL und klären Sie offene Fragen.
Lösung 2 Denken Sie daran, alle Unterlagen in einem Dokument zu schicken. 3 Ich warte seit vier Wochen darauf, dass sich die Firma bei mir meldet. 4 Meine Freundin kümmert sich darum, eine Stelle im Ausland zu bekommen. 5 Ich ärgere mich darüber, dass ich noch keine gute Stelle gefunden habe.

10 d Vorgehen wie beschrieben.
Variante Je zwei TN schreiben vier Sätze und machen ein → **Satzdomino** aus den Sätzen. Die Paare tauschen untereinander die Satzdominos, spielen sie und korrigieren ggf. die Sätze.
Erweiterung Die TN machen einen → **Klassenspaziergang**. Beispiel: TN 1: *Ich freue mich darauf, dass das Wochenende endlich anfängt. Und du?* TN 2: *Ich freue mich auf die Ferien. Ich ärgere mich darüber, dass … Und du?* Oder mit Fragen: TN1: *Worüber freust du dich?* TN 2: *Ich freue mich auf die Ferien. Und du?* etc. Diese Sprechübung können Sie auch als Kettenspiel machen.
Erweiterung für sprachlich stärkere TN: Je 2 TN stellen sich abwechselnd Fragen mit den Verben aus dem KB und *wo(r)*-. Sie antworten mit *da(r)*- + Nebensatz (z. B. *Worüber ärgerst du dich? – Ich ärgere mich oft darüber, dass Politiker viel versprechen und wenig halten*.)
Erweiterung Sprachlich schwächere TN spielen zu viert zusammen → **Paare finden** zum Thema *Verben mit festen Präpositionen*. Kopieren Sie die Kärtchen der **Kopiervorlage** auf Karton. Geben Sie jeder KG ein Set der oberen Kärtchen. Die TN ordnen in KG die Verben zu der passenden Präposition. Danach geben Sie jeder KG die Kärtchen des unteren Teils der **Kopiervorlage**. Die KG ordnen die 3 jeweils zusammenpassenden Karten einander zu und ergänzen gemeinsam die Sätze. Machen Sie ggf. zusammen ein Beispiel. Vergleich im PL.

KV auf Karton

Jobsuche
Sprachhandlungen am Telefon nach Informationen fragen; Informationen geben
Lerninhalte WS: Stellenanzeigen | Landeskunde: Bewerbung in Deutschland

11 a Schreiben Sie *die Arbeit* und *der Job* an die Tafel. Fragen Sie die TN, ob sie den Unterschied zwischen einer Arbeit und einem Job kennen (*ein Job ist im Gegensatz zu einer festen Arbeit(sstelle) etwas Vorübergehendes, also typisch für Schüler oder Studierende oder wenn man sich etwas dazuverdienen möchte. Ein Job ist meist zeitlich befristet und erfordert meist keine besonderen beruflichen Qualifikationen*). Dann vorgehen wie beschrieben.
Hinweis In der Umgangssprache wird das Wort *Job* manchmal auch für eine feste Arbeit verwendet: *Eva hat einen tollen Job: Sie ist Chemieprofessorin!* Außerdem kann *Job* auch einfach eine kleine Aufgabe bezeichnen: *Es ist Jonas' Job, die Spülmaschine auszuräumen.*

DIN-A4-Papier

11 b Vorgehen wie beschrieben.
Lösung Marco möchte neben dem Studium Geld verdienen, er muss einen Teil seiner Miete selbst zahlen. Er möchte dreimal in der Woche nachmittags oder am Wochenende arbeiten, vielleicht in einem Büro oder einem Hotel.

🔊 1.34

Arbeitswelt 4

11 c Schreiben Sie einen Wortigel *Jobsuche* für alle sichtbar an. Fragen Sie die TN, welche Möglichkeiten sie kennen, einen Job zu finden (*Internet, Schwarzes Brett, in Geschäften fragen, Aushang im Schaufenster, Freunde fragen ...*). Notieren Sie die Ideen an der Tafel.

12 a Die TN lesen zunächst in EA die 3 Stellenanzeigen. Danach liest je ein/-e TN eine Stellenanzeige laut im PL vor. Klären Sie ggf. Vokabular. Bitten Sie die TN, die wichtigsten Punkte zu unterstreichen. Die TN hören das Telefongespräch und beantworten die Fragen.
Lösung B; 15 Stunden pro Woche; Stundenlohn: 14,50 Euro
Erweiterung für sprachlich stärkere TN: Arbeit in PA. Die Paare hören das Gespräch noch einmal und machen Notizen zu weiteren interessanten Informationen. Dann formulieren sie drei offene Fragen. Diese tauschen sie mit einem anderen Paar. Nach der Beantwortung kontrollieren die Paare gegenseitig, ob die Antworten stimmen. Bei Bedarf spielen Sie das Gespräch noch einmal ab oder die TN hören es individuell.

1.35

12 b Die TN lesen zuerst die Ausdrücke im Redemittel-Kasten. Dann vorgehen wie beschrieben.
Lösung Interessent: *Ich habe gelesen, dass Sie ... suchen. Ist das noch aktuell? – Ich würde gern wissen, ... – Können Sie mir auch sagen, ...?* – Mitarbeiterin der Firma: *Ja, die Stelle ist noch nicht besetzt. – Haben Sie denn schon einmal in diesem Bereich gearbeitet? – Ich würde vorschlagen, Sie kommen persönlich bei uns vorbei.*
Variante für sprachlich schwächere TN: Bilden Sie 2 Gruppen. Gruppe 1 konzentriert sich nur auf die Aussagen des Interessenten, Gruppe 2 auf die der Firmenmitarbeiterin.

1.35

12 c Vorgehen wie beschrieben.
Variante Je 4 TN arbeiten zusammen. Jede KG wählt eine der drei Anzeigen von KB12a. 3 TN der KG spielen Interessent/-innen und der/die vierte TN spielt den/die Mitarbeiter/-in der Firma. Sie bereiten sich wie beschrieben auf die Rollen vor.

12 d Zunächst spielen die TN ihre Gespräche in PA. Danach spielen Paare, die möchten, eines ihrer Gespräche im PL vor, die anderen geben → **Feedback**.
Variante Wenn Sie in KB12c die Variante gemacht haben, dann spielt jede KG die drei Gespräche. Jede KG überlegt anschließend, was positiv oder negativ aufgefallen ist und entscheidet, welche/-r Bewerber/-in am geeignetsten ist. Jede „Firma" stellt anschließend im PL ihre/-n beste/-n Bewerber/-in vor und begründet ihre Wahl.

Das Vorstellungsgespräch
Sprachhandlungen einen Text strukturieren; Tipps austauschen
Lerninhalte Strategie: Texte strukturieren | Landeskunde: Vorstellungsgespräch in Deutschland | Wortbildung: Komposita II (im ÜB)

13 a Schreiben Sie *Das Vorstellungsgespräch* an und fragen Sie die TN, was dabei wichtig ist. Bitten Sie die TN, Ideen zu formulieren, und notieren Sie diese. Projizieren Sie dann die 4 Bilder. Die TN sehen die Bilder an und versuchen herauszufinden, was die Personen falsch machen. Weisen Sie ggf. auf weitere „Fehler" hin, die Bewerber/-innen unbewusst begehen könnten, weil es in ihren Kulturen normal oder höflich ist, in D-A-CH aber unüblich oder gar unhöflich ist (z. B. *jemanden mitbringen, Augenkontakt vermeiden, ...*).
Lösung A: Bewerber reagiert aggressiv auf eine ihm unangenehme Frage. B: Körperhaltung ist zu entspannt. C: Kleidung ist unpassend. D: Bewerber ist nicht pünktlich.
Erweiterung Die TN überlegen im PL, wie die Personen es richtig machen sollten.

13 b Fragen Sie die TN nach Möglichkeiten, wie man längere Texte strukturieren kann (*wichtige Stellen markieren, Mindmap erstellen* usw.). Lesen Sie dazu mit den TN den Strategie-Kasten. Erklären Sie den TN, dass sie den Text nun so bearbeiten werden. Die TN lesen den Text und markieren sechs inhaltliche Abschnitte.
Lösung Abschnitt 2: Zeile 7–17 – Abschnitt 3, Zeile 17–26 – Abschnitt 4, Zeile 26–30 – Abschnitt 5, Zeile 30–35 – Abschnitt 6, Zeile 35–48

4 Arbeitswelt

13 c Vorgehen wie beschrieben. Die TN lesen ihre Stichpunkte im PL vor und ordnen die Bilder zu.
Lösung (Stichworte sind Lösungsvorschläge) *Abschnitt 2: Vorbereitung, Planung, Bild D – Abschnitt 3: erster Eindruck, Kleidung, Bild C – Abschnitt 4: Körpersprache, Interesse, Bild B – Abschnitt 5: Benehmen, höflich, Bild A – Abschnitt 6: Einstellung, optimistisch (kein Bild).*

13 d Je 3–4 TN recherchieren im Internet, was sonst noch wichtig für ein erfolgreiches Vorstellungsgespräch ist, und erstellen ein Plakat mit Tipps. Bei heterogenen Gruppen können TN aus den gleichen Ländern oder Kulturkreisen zusammenarbeiten und ein Plakat mit Regeln für Vorstellungsgespräche in ihrem Land erstellen. Hängen Sie die Plakate im Kursraum auf. Die TN gehen durch den Raum und vergleichen sie. Diskutieren Sie mit den TN im PL: *Welche Tipps sind besonders wichtig? Welche Vorschläge sind am besten?* Vergleichen Sie ggf. die Regeln für Vorstellungsgespräche in Deutschland und in anderen Ländern.

13 e **Sprachmittlung** Vorgehen wie beschrieben.

ÜB 13 **Wortbildung** Lesen Sie mit den TN die beiden Kästen. Dann bearbeiten die TN A und B. Korrigieren Sie anschließend im PL.

Film: Arbeiten im Ausland
Digitale Nomaden | Leben und Arbeiten | Das Leben als digitaler Nomade

14 a Schreiben Sie *digitale Nomaden* an die Tafel. Dann vorgehen wie beschrieben.

14 b Die TN lesen die vorgegebenen Stichpunkte und beschreiben in KG die Bilder. Klären Sie ggf. Vokabular. Dann sehen die TN die Filmszene und erklären mit Hilfe der Stichpunkte und Bilder den Begriff *digitale Nomaden*. ▶9
Lösung *Traditionell sind Nomaden Menschen, die zwar nach Essen und Sicherheit suchen, aber an keinem festen Ort bleiben. Durch die Technik gibt es heute viele neue Möglichkeiten. Es hat sich eine neue Form des Nomadentums entwickelt: Digitale Nomaden reisen um die Welt, bleiben an keinem festen Ort, denn sie brauchen nur ein Laptop und schnelles Internet. Ihr Geld verdienen sie online.*
Hinweis Anhand des Wortes *Nomadentum* können Sie die TN mit dem Suffix *-tum* vertraut machen: Nomen auf *-tum* sind immer männlich oder sächlich und bezeichnen meist die Gesamtheit all dessen, was dazugehört, wie z. B. *das Altertum, das Christentum, der Reichtum* usw. – oder aber die Gesamtheit eines Besitzes oder Territoriums: *das Herzogtum, das Bistum.*

14 c Vorgehen wie beschrieben.
Lösung *niedrige Lebenskosten, mildes Klima, buntes Kulturangebot*

15 Vorgehen wie beschrieben, anschließend sprechen die Paare über die drei Fotos. ▶10
Lösung *35 Jahre alt, lebt und arbeitet seit drei Monaten in Porto, Fotograf, Porto hat richtige Größe, selbstständig, nebenbei Freelancer im Digitalmarketing, erstes Start-up: Online-Shop für Haustierporträts, erste Interessentin lernt er auf der Straße kennen*

16 a+b Vorgehen wie beschrieben. ▶11
Lösung 16a: *1C, 2E, 3B, 4A, 5D* – 16b: *unabhängig arbeiten, trotzdem Gemeinschaft bilden (mit selbstständigen Freiberuflern, jungen Start-ups), fast alles teilen, Netzwerke bilden, sich gegenseitig beraten, im Hostel wohnen, Yogakurse machen, Partys veranstalten*

16 c Vorgehen wie beschrieben. ▶11
Lösung *1, 3, 5*
Erweiterung Sprechen Sie mit den TN über die folgenden Fragen: Bei wem ist der Co-Working-Space in Porto besonders beliebt? (*bei digitalen Nomaden, die häufig den Ort wechseln*) Was sind *Gomads*, was *Slomads*? (*wechseln häufig den Ort ↔ bleiben länger an einem Ort*). Warum ist Markus lieber ein *Slowmad*? (*Er will die neue Kultur kennenlernen. Er sucht in der Fotografie das Unbekannte im Bekannten.*)

16 d Vorgehen wie beschrieben.

Umweltfreundlich? 5

Los geht's!

Sprachhandlungen über Umwelt und Ressourcen sprechen; Informationen über den ökologischen Fußabdruck verstehen

Lerninhalte WS: Umwelt und Umweltschutz

1 a+b	Schreiben Sie *Umweltfreundlich?* an die Tafel und projizieren Sie die Fotos ohne die Titel und die Texte. Fragen Sie die TN, was die Fotos mit dem Thema *Umweltfreundlich?* zu tun haben und welche Themen bzw. welcher Wortschatz ihnen dazu einfallen. Dann zeigen Sie die Bildüberschriften und vergleichen im PL mit den Assoziationen der TN. Anschließend in PA vorgehen wie beschrieben. Klären Sie dann offene Fragen. Die TN vergleichen ihre Ergebnisse mit der Lösung auf der letzten Seite und besprechen im PL, was sie überrascht hat. **Lösung** 1b, 2b, 3c, 4b, 5c
2 a	Vor dem Hören lesen je 3–4 TN die vorgegebenen Ausdrücke und klären untereinander die Bedeutung der Themen. Klären Sie danach im PL ggf. Ausdrücke, die noch unklar sind. Anschließend hören die TN das Gespräch und markieren die Themen, um die es geht. Nach dem Hören vergleichen Sie zunächst in PA und dann im PL. Spielen Sie das Gespräch noch ein zweites Mal vor. **Lösung** *gutes Essen, Preise vergleichen, Bioprodukte, regionale Lebensmittel, lange Transportwege, Müll und Verpackung, Wasser, die Umwelt schützen*
ÜB 2 b	Zur Wortschatzerweiterung im Kurs.
2 b	Fragen Sie die TN, was bei der Entscheidung für bestimmte Produkte eine wichtige Rolle spielen könnte (z. B. *Preis, Qualität, Marke, Herkunft, Bio, Aussehen, Geschmack, Verpackung, umweltfreundlich, Energie sparen, Tiere schützen …*). Sammeln Sie die Antworten für alle sichtbar. Anschließend machen Sie einen → **Kursspaziergang**. Dabei sprechen die TN darüber, was ihnen persönlich beim Einkaufen wichtig ist. **Variante** Machen Sie mit den TN eine Online-Wortwolke z. B. mit www.mentimeter.com. Projizieren Sie das Ergebnis an die Tafel. Erklären Sie den TN, dass die Schlagwörter, die besonders groß erscheinen, die sind, die den meisten wichtig sind. Machen Sie dann wie oben beschrieben einen → **Kursspaziergang**. **Lösungsvorschlag** *Ich achte auf die Qualität. Ich kaufe zum Beispiel nur Bio-Fleisch. Für mich ist extrem wichtig, dass die Produkte aus der Region kommen. Ich finde den Preis nicht so wichtig, aber zu teuer sollten die Lebensmittel auch nicht sein.*
3	Erklären Sie die Aufgabe. Erklären Sie den TN, dass sie den Begriff *ökologischer Fußabdruck* in einer Internetsuchmaschine eingeben können, um herauszufinden, was er bedeutet. Sie sollen dort auch einen Rechner suchen, mit dem man seinen eigenen ökologischen Fußabdruck ausrechnen kann. Diese Aufgabe eignet sich als HA. Wenn die TN ihren ökologischen Fußabdruck ausgerechnet haben, berichten sie im PL, was sie überrascht hat. **Variante** für sprachlich schwächere TN: Machen Sie zuvor **ÜB3a+b** im Kurs. **Erweiterung** Gehen Sie vor wie oben beschrieben. Je 3–4 TN überlegen, wie sie ihren ökologischen Fußabdruck in Zukunft verkleinern möchten. Die Gruppen stellen ihre Ideen im PL vor und planen gemeinsam eine einwöchige → **Challenge** (vgl. auch KB6b). **Info** Am ökologischen Fußabdruck kann jeder ablesen, welche Spuren er oder sie auf der Erde hinterlässt. Dazu wird errechnet, wie viel Kapazität man mit seinem individuellen Lebensstil und Lebensstandard (z. B. Wohnraum, Produktion von Kleidung, CO_2-Verbrauch durch Reisen usw.) verbraucht. Der Fußabdruck soll dies bewusstmachen und zu einer nachhaltigeren Lebensführung anregen. Informationen und Rechner finden Sie z. B. unter https://www.fussabdruck.de/ oder https://www.wwf.ch/de/nachhaltig-leben/footprintrechner oder http://www.fussabdrucksrechner.at/de/calculation

5 Umweltfreundlich?

Das Öko-Duell
Sprachhandlungen etwas vergleichen
Lerninhalte GR: Komparativ und Superlativ vor Nomen | Aussprache: lange Sätze sprechen

4 a	Projizieren Sie die Zeichnungen an die Tafel oder an die Wand. Fragen Sie die TN, was darauf dargestellt ist. Dann vorgehen wie beschrieben. Die KG vergleichen ihre Meinungen im PL.
4 b	Vorgehen wie beschrieben. **Variante** Die TN bearbeiten den Text mit der Methode → **Kooperatives Lesen**. **Lösung** Baden/Duschen: *Duschen 50 Liter Wasser, Baden 150 Liter Wasser; lieber duschen, aber unter 10 Minuten* – Plastikflasche/Glasflasche: *Mehrwegflaschen (Glas und Plastik) sind besser als Einwegflaschen, wenn aus der Region; Glasflaschen öfter benutzbar, aber schwerer → Ökobilanz bei Transport schlechter* – Geschirrspüler / von Hand spülen: *Geschirrspüler besser; effizienter als früher; nur einschalten, wenn voll; verbraucht viel weniger Wasser als von Hand* – Buch/E-Book: *E-Book besser, wenn man das Gerät länger als 3 Jahre benutzt und mehr als 10 Bücher pro Jahr liest.*
4 c	Vorgehen wie beschrieben. **Variante** Ggf. das → **Kooperative Lesen** aus KB4b hier zu Ende führen.
5 a	Je 2 TN lesen die Sätze und besprechen, ob die Aussagen richtig oder falsch sind. Ggf. lesen sie im entsprechenden Abschnitt von KB4b nach. Vergleichen Sie im PL. **Lösung** 1f, 2r, 3f, 4f, 5r
5 b+c	Vorgehen wie beschrieben. Die TN lesen dann in PA die Regel in KB5c und notieren die Sätze aus KB5a, die dazu passen. Vergleichen Sie im PL. Wiederholen Sie ggf. die Bildung von Komparativ und Superlativ (vgl. auch **ÜB4a–c** mit Tipp-Kasten und **ÜB5**) und die Adjektivdeklination. **Erweiterung** Schnelle TN können auch den Text in KB4b durchsuchen. **Lösung** Komparative: *effizientere, bessere* Superlative: *am umweltfreundlichsten, Am besten, dem kürzesten* – Sätze, die zur Regel passen: 2, 4, 5.
6 a	Thematisieren Sie den Grammatik-Kasten im PL und zeigen Sie an den Beispielen (und ggf. an Beispielen mit dem unbestimmten Artikel aus KB5a) noch einmal die Regel aus KB5c. Weisen Sie darauf hin, dass *mehr* und *weniger* keine Endung bekommen. Die TN ergänzen in PA die Adjektive in den Sätzen 1–5 und reagieren wie im Beispiel. Vergleichen Sie im PL. **Erweiterung** für sprachlich stärkere Gruppen: Je 2 TN schreiben eigene Sätze mit Lücken wie in KB6a und geben sie an Team 2 weiter. Dieses ergänzt sie und gibt sie wieder zurück. Team 1 korrigiert. **Hinweis** Nutzen Sie das interaktive Tafelbild zum Üben von Komparativen und Superlativen vor Nomen. Die TN ermitteln über den Zufallsgenerator ein Adjektiv und ein Nomen (durch die Bilder) und bestimmen mit dem letzten Zufallsgenerator, ob sie einen Satz im Komparativ oder Superlativ bilden sollen: *Ich suche einen schöneren Rucksack. – Ich suche den schönsten Rucksack.*
ÜB 6	Besprechen Sie den Tipp-Kasten im Kurs, alles Weitere ist als HA möglich.
6 b	Vorgehen wie beschrieben. **Variante** für sprachlich schwächere TN: Die TN schreiben die Fragen zuerst auf. **Erweiterung** Je 3–4 TN spielen zusammen. Kopieren Sie die **Kopiervorlage** für jede Gruppe auf Karton und schneiden Sie die Kärtchen einzeln aus. Die TN mischen die Kärtchen und verteilen sie. TN 1 spielt eine Karte aus und muss sich für ein Adjektiv entscheiden; mit dem Adjektiv bildet er/sie den Superlativ. TN 1 spielt z. B. die Karte *Fahrrad – 3 Jahre – alt/neu* und sagt *Ich habe das neuste Fahrrad.* Jetzt müssen alle Karten zum Thema *Fahrrad* dazugelegt werden und die anderen TN kommentieren, z. B.: *Stimmt, ich habe ein älteres Fahrrad* oder *Nein, mein Fahrrad ist 2 Jahre alt, ich habe das neuste Fahrrad.* Der/Die TN mit dem neusten Fahrrad gewinnt und nimmt die *Fahrrad*-Karten an sich. Wer nach einer festgelegten Spielzeit die meisten Karten hat, gewinnt und bekommt ggf. einen kleinen Preis. **Erweiterung** Falls Sie bei KB3 keine → **Challenge** gemacht haben, bietet es sich hier an.

KV

kleine Preise

Umweltfreundlich? 5

7 a Vorgehen wie beschrieben. Thematisieren Sie anschließend den Tipp-Kasten.
Lösung 2 *doppelt so oft*, 3 *(Glasflaschen) Plastikflaschen*, 4 *(Glasflaschen) Plastikflaschen, schwerer*
Hinweis Nutzen Sie im Anschluss als Vorbereitung für KB7b den Phonetik-Clip. Besprechen sie mit den TN ggf. die dort erklärte Aussprache von langen Sätzen noch ausführlicher.

1.37
P3

7 b Die TN lesen die Sätze in PA und markieren die die wichtigen Stellen, die sie betonen möchten. Dann lesen die TN nach und nach die Sätze und hören sie jeweils zur Kontrolle.
Variante Die TN nehmen sich mit ihrem Handy auf, hören sich ihre Aufnahme an und direkt danach die Aufnahme aus dem Buch. Sie vergleichen die beiden Aufnahmen. Sie können das mehrmals machen, bis sie mit ihrer eigenen Aufnahme zufrieden sind.
Lösung Betonungen: *1a regionale Produkte, Markt*; *1b regionale Produkte, Markt, Supermarkt*; *2a Verpackungen, Umwelt*; *2b Verpackungen, Umwelt, Müllproblem*
Erweiterung Je zwei TN suchen sich einen langen Satz aus der Lektion, schreiben die einzelnen Satzteile wie im Phonetik-Clip auf Kärtchen, entscheiden, welche Stellen wichtig sind, und bilden so Einheiten. Dann machen sie → **Emotionen sprechen** und nehmen selbst einen Phonetik-Clip auf. Dafür können sie im Vorfeld den Phonetik-Clip auch noch einmal anschauen, um sich zu inspirieren. Die TN zeigen ihre Clips anschließend im Kurs und geben sich gegenseitig → **Feedback**.

1.38

Handys der TN

Für die Umwelt

Sprachhandlungen Texte über Start-ups verstehen; über Ideen sprechen; Ziele ausdrücken; Umwelttipps geben; über Ideen zum Umweltschutz diskutieren
Lerninhalte GR: Nebensatz mit *damit* und *um … zu*

8 a Projizieren Sie die Fotos, die Überschrift und den ersten Absatz an die Tafel oder an die Wand. Fragen Sie die TN, was diese Ideen mit dem Thema *Umwelt* zu tun haben könnten. Sammeln Sie die Ideen für alle sichtbar in einer Mindmap.

Kärtchen/
Zettel

8 b Vorgehen wie beschrieben.
Variante Bilden Sie 3 Gruppen. Jede Gruppe ist für einen der Texte zuständig. Die TN lesen ihren Text und formulieren drei W-Fragen dazu. Dann gibt G1 ihre Fragen zu Text 1 an G2, G2 an G3 und G3 an G1. Jede Gruppe liest nun den neuen Text und beantwortet die Fragen schriftlich. Anschließend gibt G1 die Fragen mit ihren Antworten an G2, G2 an G3 und G3 an G1. Jede Gruppe liest nun die Fragen und Antworten zum neuen Text, liest danach den Text und korrigiert ggf. die Antworten. Danach bekommt jede Gruppe die Fragen zu ihrem Text zurück, liest noch einmal die Fragen und die Antworten dazu. Anschließend sprechen Sie über die Fragen in KB8b.
Hinweis Wenn Sie in KB8c authentische Sprachmittlung von schriftlichen Texten auf Deutsch in den Unterricht integrieren möchten, dann bilden Sie drei Gruppen. G1 liest Text 1, G2 liest Text 2, G3 liest Text 3. Die TN beantworten die Fragen nur für ihren Text.
Lösung zur ersten Frage: *1 Lebensmittel, die offiziell nicht mehr haltbar sind oder kleine Fehler haben, in eigenen Supermärkten und einem Online-Shop günstiger verkaufen. Grund: In Deutschland werden 18 Tonnen Lebensmittel jährlich weggeworfen*
2 Taschen und Rucksäcke mit Solarpanel und Akku für die Nutzung der Sonnenenergie. Grund: Ökostrom für unterwegs ist nützlich und kostenlos.
3 Kaffeebecher aus recycelbarem Kunststoff verleihen. Grund: Müll vermeiden

8 c Je zwei TN arbeiten zusammen. Sie überlegen, wem sie von den Ideen berichten möchten. Was weiß die Person schon über das Thema? Was ist unwichtig und muss nicht erzählt werden, was auf jeden Fall? Die TN notieren die wichtigsten Informationen auf Karten. Gemeinsam bringen sie die Karten in eine sinnvolle Reihenfolge. In sprachhomogenen Gruppen mischen Sie die Paare neu. Dann berichten sich die TN gegenseitig von den Geschäftsideen. In sprachheterogenen Gruppen können die TN dies in der Muttersprache als HA machen und erzählen in der folgenden Stunde, wie es Ihnen dabei ergangen ist. Die TN, die auf Deutsch berichten wollen, erhalten dazu auch als HA oder aber im Kurs Gelegenheit.

47

5 Umweltfreundlich?

9 a Die TN machen die Aufgabe in PA.
Variante Kopieren Sie die Satzteile für je 2–3 TN und schneiden Sie sie auseinander. Die KG lesen die Satzteile und ordnen sie zu.
Lösung *1B, 2D, 3F, 4A, 5C, 6E*

Kopien, Schere

9 b Projizieren Sie den Grammatik-Kasten an die Tafel oder an die Wand und erklären sie die Aufgabenstellung. Die TN lesen und ergänzen den Grammatik-Kasten in EA. Dann vergleichen Sie im PL.
Variante Machen Sie zuerst → **Lebendige Sätze** mit den beiden Sätzen *Viele Kunden kaufen die Taschen, damit sie in der Natur Strom haben. / Viele Kunden kaufen die Taschen, um in der Natur Strom zu haben.* Gehen Sie dann weiter vor wie oben beschrieben.
Erweiterung Sammeln Sie im PL abschießend zu jedem Hauptsatz 1.–6. einen von den TN ausgedachten Nebensatz mit *damit*, der nicht durch *um … zu* ersetzt werden kann (also mit einem neuen Subjekt). Beispiel: *1. … damit die Luft in der Stadt sauberer wird.*
Hinweis Machen Sie mit den TN auch ein Beispiel mit Verb im Singular (z. B. *Marlies kauft die Tasche, damit sie … hat / … um … zu haben*). Weisen Sie darauf hin, dass die Konstruktion mit *um … zu* immer mit dem Infinitiv gebildet wird.
Lösung Hauptsatz: *Aktion*, Nebensatz: *Ziel*

9 c Vorgehen wie beschrieben.
Lösung *1 damit Sie die Luft nicht verschmutzen / um die Luft nicht zu verschmutzen; 2 damit Sie nicht zu viel kaufen / um nicht zu viel zu kaufen; 3 damit Sie kein Papier verschwenden / um kein Papier zu verschwenden; 4 damit Sie Müll vermeiden / um Müll zu vermeiden; 5 damit Sie den Stromverbrauch reduzieren / um den Stromverbrauch zu reduzieren; 6 damit Sie Wasser sparen / um Wasser zu sparen.*

9 d Die TN machen die Aufgabe in PA. Sagen Sie den TN, dass sie bei der Zielformulierung *damit* und *um … zu* abwechselnd verwenden sollen. Die TN korrigieren ggf. die Zielformulierungen.
Variante Die TN schreiben die fünf Satzanfänge auf einzelne Zettel und legen sie auf ihren Tisch. Dann rotieren die TN in PA von Tisch zu Tisch und ergänzen zu jedem Satzanfang ein Ziel. Korrigieren Sie am Ende die Sätze im PL.

Blanko-Kärtchen oder Zettel

10 Erklären Sie den TN, dass sie eine Diskussion über verschiedene umweltfreundliche Geschäftsideen führen werden. Je 2 TN sammeln zunächst Argumente zu jeder Idee. Projizieren Sie dann die Sprechblase mit den Redemitteln an die Tafel. Nach und nach lesen die TN diese laut vor. Geben Sie den TN 6 Kärtchen. Jede/-r TN notiert aus jeder Kategorie zwei Redemittel, die er/sie in der Diskussion benutzen möchte. Machen Sie dann eine → **Redemittelkärtchen-Diskussion**.
Variante Bereiten Sie die Diskussion wie oben beschrieben vor und führen Sie eine → **Ampel-** oder eine → **Aquariumsdiskussion** durch.
Erweiterung für sprachlich stärkere TN. Die TN können auch eigene Ideen einbringen.
Lösungsvorschlag Mensa vegetarisch: *PRO: gesünder, umweltfreundlich, günstiger, Fleisch kann man zu Hause essen, Vorbild geben, … / CONTRA: Fleisch enthält wichtige Nährstoffe, Studierende gehen lieber zum ungesunden Bratwurststand, Auswahl wird kleiner, nicht jedem schmeckt vegetarisches Essen, …*
Verkehrsmittel umsonst: *PRO: umweltfreundlich, mehr Leute nutzen sie, weniger Geld für Straßenverkehr/-reparatur nötig, Prioritäten wirklich neu setzen und nicht nur reden … / CONTRA: schwer finanzierbar, höhere Steuern, volle Busse und Bahnen zu Stoßzeiten, …*
keine E-Mails ausdrucken: *PRO: kein Papier verschwenden, weniger Platz für Aktenordner nötig, Wichtiges liegt nicht offen herum, Drucker hält länger, … / CONTRA: Wichtiges vergisst man leichter, Strom/Technik kann ausfallen, Dateien mit Infos können versehentlich gelöscht werden, …*
ohne Verpackung: *PRO: Müll vermeiden, früher ging das auch, Kunden müssen sich nur umgewöhnen, keine Schadstoffe aus Plastik, Ressourcen schonen, billiger / CONTRA: Verpackung schützt die Ware, Papierverpackung ist umweltfreundlich, Transport ist verpackt leichter, es ist hygienischer …*
Hinweis Sie können bereits hier mit den TN die Filmszenen 12 bis 13 mit KB14–15 bearbeiten. Alternativ passt er aber auch gut nach KB13e.

Kärtchen

▶ 12–13

Umweltfreundlich? 5

Das Wetter in D-A-CH

Sprachhandlungen über das Wetter sprechen
Lerninhalte Landeskunde: Das Wetter in D-A-CH | Strategie: Wörter in Wortfamilien lernen

11a	Projizieren Sie die 4 Fotos an die Tafel oder an die Wand. Lesen und klären Sie mit den TN die vorgegebenen Wörter. Je 2–3 TN ordnen diese zusammen den Fotos zu und beschreiben dann das Wetter auf den Fotos. Vergleichen Sie im PL. Überlegen Sie danach gemeinsam, was man bei dem Wetter jeweils gut machen kann. Spielen Sie anschließend den TN nach und nach die beiden Dialoge zum Kasten *Gut gesagt* vor. Fragen Sie sie, ob das Wetter jeweils gut oder schlecht ist (*1. schlecht, 2. gut*), und woran sie das merken (*Tonfall*). Fragen Sie die TN, ob in ihren Heimatländern viel über das Wetter gesprochen wird und ob es, wie in den D-A-CH-Ländern, ein typisches Thema für Smalltalk ist. Gibt es in den einzelnen Sprachen typische, lustige, originelle Ausdrücke zum Thema *Wetter*? **Variante** für sprachlich schwächere Gruppen: Als Vorentlastung können Sie zuerst an der Tafel gemeinsam Vokabular in einem Wortigel zum Thema *Wetter* sammeln. **Lösungsvorschlag** A: *neblig, feucht, regnerisch, kalt/kühl, wolkig/bewölkt, es nieselt;* B: *trocken, mild, warm, heiß, wolkig, sonnig, die Sonne scheint;* C: *windig, stürmisch, feucht, schwül, regnerisch, warm, es regnet, wolkig/bewölkt, es hagelt, das Gewitter, es blitzt, der Blitz, es donnert, der Donner;* D: *es schneit, kalt.* Was kann man bei diesem Wetter machen: A: *spazieren gehen, joggen, auf dem Sofa liegen, lesen, einen Film schauen, …;* B: *ein Picknick machen, spazieren gehen, schwimmen gehen, Fahrrad fahren, grillen, zelten, …;* C: *zu Hause bleiben, im Garten Wasser sammeln, …;* D: *spazieren gehen, Ski/ Schlitten/Schlittschuh fahren, mit Schneeschuhen laufen, einen Schneemann bauen, eine Schneeballschlacht machen, Vögel füttern, …* **Erweiterung** Sie können auch mit der **Kopiervorlage** das Vokabular zum Thema *Wetter* wiederholen. Kopieren Sie diese so oft, dass jede/-r TN eine Wetterkarte bekommt. Verteilen Sie auch an jede/-n TN eine Legende mit den Vokabelhilfen. Erklären Sie den TN, dass sie sich mit allen TN, die die gleiche Wetterkarte haben, zu einer Gruppe zusammenfinden sollen. Die TN gehen durch den Raum und beschreiben sich gegenseitig das Wetter auf ihrer Wetterkarte. Dabei können sie die Legende verwenden. Die Aktivität endet, wenn sich alle Gruppen gefunden haben. Ein/-e Gruppensprecher/-in oder alle TN der Gruppe gemeinsam fasst/fassen „ihr" Wetter im PL zusammen.	Kopien 1.39 KV
11b	Vorgehen wie beschrieben. Vergleichen Sie im PL. **Lösung** *1C, 2D, 3B, 4A*	1.40–43
11c	Vorgehen wie beschrieben. Vergleichen Sie im PL. **Lösung** *1: ca. 32 Grad, Gewitter – 2: minus 4 bis minus 1 Grad, Mittwoch – 3: 14 bis 20 Grad, Wind – 4: über 8–10 Grad, Nebel*	
12a	Vorgehen wie beschrieben; die Wörter können Nomen (auch Komposita), Adjektive oder Verben sein. Die TN können das Wörterbuch benutzen. Besprechen Sie den Strategie-Kasten. **Alternative** für sprachlich stärkere TN: Bilden Sie KG mit je 4–5 TN. Das Buch ist geschlossen. Lesen Sie das erste Wort (*der Regen*) vor. Geben Sie den KG ca. 3 Minuten Zeit, Wörter aus der gleichen Wortfamilie aufzuschreiben. Für jedes korrekte Wort erhält die KG einen Punkt. Lesen Sie dann das zweite Wort (*die Sonne*) vor usw. Die KG mit den meisten Punkten am Ende gewinnt. **Lösungsvorschlag** *2 der Regenbogen, die Regenjacke, regnerisch, regnen, …; 3 die Sonnenbrille, die Sonnencreme, der Sonnenschein, sonnig, sich sonnen, …; 4 der Schneemann, der Schneeschuh, schneien, verschneit, …; 5 die Gewitter-/Regenwolke, wolkig, sich bewölken …*	
12b	Sprechen Sie mit den TN über die angegebenen Fragen. Lassen Sie die TN das Wetter auch mit dem in D-A-CH vergleichen. **Erweiterung** Fordern Sie die TN auf, das aktuelle Wetter möglichst genau zu beschreiben. Wie war es gestern? Wie soll es morgen werden? **Hinweis** Sie können auch den Film zu Wettersatelliten aus Kapitel 6 bereits hier einsetzen.	

ÜB 12 Im Kurs.

5 Umweltfreundlich?

Engagement für Mensch und Natur
Sprachhandlungen eine Umweltaktion vorstellen
Lerninhalte Landeskunde: Engagement für Mensch und Natur | Wortbildung: Nomen mit *-ung* (im ÜB)

13 a Je 2 TN arbeiten zusammen. Jede/-r TN formuliert zu seinem/ihrem Text vier Fragen.   DIN-A4-Papier
Lösungsvorschlag Text A: *Um welches Ding geht es in der Sendung? Welches Problem gibt es auf dem Land? Auf welche Idee kamen engagierte Bürger? Wie funktioniert die neue Idee? – Text B: Um welches Projekt geht es in der Sendung? Was gibt es in deutschen Wäldern? Wer kann bei dem Projekt mitmachen? Was sollte man nicht machen?*
Variante für sprachlich schwächere TN: Je 2 TN lesen den Text zusammen, beantworten gemeinsam die Fragen und tauschen sich dann mit einem anderen Paar aus.
Info Die Abkürzung *BUND* steht für *Bund für Umwelt- und Naturschutz Deutschland*, eine der größten nicht-staatlichen Umwelt- und Naturschutzorganisationen in Deutschland.

13 b Die Paare aus KB13a tauschen ihre Fragen, lesen den jeweils anderen Text und beantworten beim Lesen die Fragen. Dann besprechen die beiden TN die Fragen und Antworten zu den beiden Texten. Klären Sie ggf. neuen Wortschatz im PL.

13 c Projizieren Sie die Aufgabe an die Tafel oder an die Wand und lesen Sie die einzelnen Sätze im PL. Gehen Sie dann vor wie beschrieben und besprechen Sie das Ergebnis im PL.   1.44
Lösung *1, 5*

13 d Jede/-r TN überlegt in EA, welche der drei Aktionen er/sie am besten findet und warum. Machen Sie dann einen → **Kursspaziergang**.

13 e Erklären Sie den TN die Aufgabe im PL. Lesen Sie mit den TN die Sprechblase mit den Formulierungen, die beim Schreiben helfen. Erklären Sie den TN, dass sie diese nutzen sollen, um ihre Aktion vorzustellen. Je 3 bis 5 TN arbeiten zusammen und gehen vor wie beschrieben. Ähnliche Aktionen könnten z. B. Säuberungsaktionen, Tierschutz, Bäume pflanzen usw. sein. Die TN wählen eine davon aus und gestalten schriftliche Aktionsporträts für einen → **Marktplatz**. Die TN besuchen den Marktplatz und kommentieren die Ideen oder stellen Fragen.
Variante Je 3 bis 4 TN stellen die wichtigsten Informationen auf einer virtuellen Wand (z. B. bei www.padlet.com) vor. Die anderen TN lesen die Kurzpräsentationen an der virtuellen Wand durch und kommentieren dort, wie ihnen die jeweilige Idee gefällt.
Info Auf folgenden Internetseiten finden Sie und Ihre TN verschiedene Umwelt-Aktionen: www.wwf.de; www.greenpeace.de; www.nabu.de. Sie können auch den Begriff *Umweltprojekte* in eine Suchmaschine eingeben.

ÜB **Wortbildung** Thematisieren Sie mit den TN den Tipp-Kasten. Danach bearbeiten die TN in PA A und B. Korrigieren Sie im PL.

Film: Foodsharing
Warum gibt es foodsharing? | Was geschieht mit den Lebensmitteln?

14 a Projizieren Sie nur das Foto von der Mülltonne an die Tafel oder an die Wand. Fragen Sie die TN, was das Thema des Films sein könnte. Sammeln Sie die Ideen der TN für alle sichtbar. Zeigen Sie dann auch die Sprechblase. Ein/-e TN liest den Text in der Sprechblase vor. Dann sprechen je 3–4 TN darüber, warum das ihrer Meinung nach so ist.
Lösungsvorschlag *es sieht nicht (mehr) schön aus; am nächsten Tag kann/darf man es nicht mehr verkaufen; Nachfrage ist nicht genau planbar; Kunden sind nicht gewöhnt, dass etwas ausverkauft ist, daher wird lieber zu viel angeboten; keine Wertschätzung für die Produkte*

Umweltfreundlich? 5

14 b Schreiben Sie die Frage *Warum gibt es foodsharing?* an die Tafel. Fragen Sie die TN, ob Sie wissen, was *foodsharing* ist. Sammeln Sie die Ideen der TN an der Tafel. Sprechen Sie dann über die Frage. Die TN lesen dann in PA die 6 Aussagen. Klären Sie ggf. neuen Wortschatz. Gehen Sie dann vor wie beschrieben. Vergleichen Sie danach im PL.
▶ 12
Lösung *4, 6*

14 c Die TN machen sich in EA Notizen zu den beiden Fragen. Dann weiter mit → **Kugellager** im PL.
Lösung *Die Lebensmittel bekommen Bedürftige, aber auch Freunde und Bekannte.*

15 a Vorgehen wie beschrieben.
Variante Je 2 TN arbeiten zusammen, sie beschreiben abwechselnd ein Foto, der/die andere nennt, um welches Foto es sich handelt.
Lösung *B: Petra hat ihr Lager neben dem Verteilerschrank. Sie nimmt frisches Obst / Aprikosen aus dem Schrank. C: Javad leitet eine Backshop-Kette. Er holt ein Tablett mit Backwaren für die Helfer aus dem Regal. D: Kirsten geht mit vollen Tüten weg. Sie bringt das Essen ins Studentenwohnheim.*

15 b Vorgehen wie beschrieben.
▶ 13
Lösung *Haltbare Lebensmittel kommen in einen Verteilerschrank auf einem Kirchhof. Dort kann sie jeder nehmen, der möchte.*

15 c Vorgehen wie beschrieben
Variante Arbeit in 4er-KG. Jede/-r TN beobachtet eine Person aus KB15a und überlegt und notiert, was diese nach seiner/ihrer Einschätzung wichtig findet. Danach tauschen sie sich aus.
Lösung Urs: *haltbare Lebensmittel nicht verschwenden, Schrank soll sauber sein.* – Petra: *in der Nähe des Verteilerschranks sein, auch einmal etwas Feines wie Aprikosen essen können.* – Javad: *will, dass auch anderen – wie ihm früher – mit Foodsharing geholfen wird.* – Kirsten: *Studierenden im Studentenwohnheim, die nicht viel Geld haben, eine Freude machen.*

15 d Die TN tauschen sich im PL darüber aus, wie sie foodsharing finden. Dann bilden die TN KG und sprechen über ähnliche Projekte.
Variante Wenn die TN keine ähnlichen Projekte kennen, dann können Sie die Aufgabe auch als Projekt gestalten und weiterführende Links zur Auswahl geben, z. B.:
https://foodsharing.de/;
https://www.netzwerk-nachbarschaft.net/component/content/article/1003/;
https://www.remap-berlin.de/projekte/914
Die KG präsentieren dann ihre Rechercheergebnisse → **Präsentation von Ergebnissen**.

6 Blick nach vorn

Los geht's!
Sprachhandlungen über Zukunftsvorstellungen sprechen und schreiben
Lerninhalte WS: Zukunftsprognosen

1 a Projizieren Sie die Kapitelüberschrift und die Fotos ohne die Bildunterschriften an die Tafel oder die Wand. Bitten Sie die TN, das Thema zu nennen (*die Zukunft*). Sammeln Sie in Verbindung mit den Fotos Wortassoziationen zum Thema. Danach lesen die TN die Bildunterschriften und markieren alle Informationen, die neu für sie sind. Dann weiter vorgehen wie beschrieben.
Lösung 1C, 2E, 3A 〔🔊 1.45〕

1 b Die TN hören die Umfrage noch einmal und machen sich dabei Notizen dazu, was die Leute über die Prognosen denken. Dann tauschen sie sich in PA aus. Vergleichen Sie im PL.
Lösung *1 kann sich gut vorstellen, dass es in 10 Jahren so weit ist; 2 findet es praktisch, aber komisch, etwas unter der Haut zu haben; man gewöhnt sich wahrscheinlich aber schnell daran; 3 nur in Science-Fiction, das bleibt eine Fantasie* 〔🔊 1.45〕

1 c Vorgehen wie beschrieben.
Variante Machen Sie → **Landschaften stellen** zu den einzelnen Prognosen.

2 a+b Die TN arbeiten in KG und sprechen darüber, was sich in Zukunft noch verändern wird, sie einigen sich auf fünf Ideen. Dann tauschen je 2 KGs ihre Ideen und gehen vor wie in KB2b beschrieben. Die KG stellen die interessanteste Idee im PL vor.
Hinweis Hier können Sie die Bearbeitung der Filmszenen 14–16 mit KB11–13 einplanen.
Variante für schwächere Gruppen: Die TN wählen in KB2b die besten Ideen aus, ohne darüber zu diskutieren. ▶ 14–16

Gute Vorsätze?
Sprachhandlungen über Pläne und Vorsätze sprechen; Ratschläge verstehen
Lerninhalte WS: Vorsätze | GR: Futur I; n-Deklination | Aussprache: Vokallänge vor ss/ß

3 a Schreiben Sie *sich etwas vornehmen / gute Vorsätze haben* groß an die Tafel. Fragen Sie die TN, ob sie wissen, was diese Ausdrücke bedeuten, und erklären Sie sie ggf. Fragen Sie die TN, wann und zu welchen Anlässen man sich in ihren Ländern etwas vornimmt (*wenn ein neues Jahr beginnt, nach einem Geburtstag, vor dem Wochenende, nach einem Umzug*, usw.).

3 b+c Lesen Sie die Überschrift laut vor. Sammeln Sie mit den TN an der Tafel, welche typischen Vorsätze es für das neue Jahr gibt (*mit dem Rauchen aufhören, mehr Sport treiben, abnehmen, mehr Zeit für Freunde und Familie* usw.). Die TN lesen die Texte und fassen im PL zusammen, was die beiden Personen machen möchten. Anschließend bearbeiten Sie KB3c in PA wie beschrieben und vergleichen dann im PL.
Variante Je 4 TN arbeiten zusammen und machen → **Kooperatives Lesen**.
Lösung 3b: Isabella: *nicht alles im letzten Moment machen, sich früher auf Prüfungen vorbereiten, in der Bibliothek lernen, eine Freundin besuchen* – Angelo: *in der Mittagspause einen Spaziergang machen, die Ruhe und frische Luft genießen, der Tochter etwas Süßes mitbringen.* – 3c: 1 I, 2 A; 3 I; 4 I, A

3 d Projizieren Sie die Aufgabe mit dem Grammatik-Kasten an die Tafel oder an die Wand. Die TN überlegen zunächst in PA, wie die Regel lautet. Dann ergänzen Sie sie im PL. Machen Sie deutlich, dass das Futur I mit der konjugierten Form von *werden* und dem Infinitiv eines Verbs gebildet wird. Machen Sie die TN auch auf die Satzklammer aufmerksam (das konjugierte Verb steht im Aussagesatz auf Position 2, der Infinitiv steht am Ende). Fragen Sie die TN, wo ihnen im Deutschen die Satzklammer noch bekannt ist (*bei Sätzen mit Modalverben, im Perfekt, bei Sätzen mit trennbaren Verben* usw.). Lesen Sie mit den TN den Tipp-Kasten. Besprechen Sie gemeinsam, welche Möglichkeiten es gibt, über Pläne und Vorsätze in der Zukunft zu sprechen. Gehen Sie auch darauf ein, dass vor allem in der gesprochenen Sprache und für die nähere Zukunft auf das Futur I zugunsten dieser alternativen Formen verzichtet wird. Lassen Sie die TN zu jeder Möglichkeit ein eigenes Beispiel bilden. Schreiben Sie es an.

52

Blick nach vorn 6

	Erweiterung Die TN erzählen im PL, wie man in Ihrer Sprache die Zukunft ausdrückt. **Erweiterung** Die TN bearbeiten die **Kopiervorlage** in EA oder in PA. Vergleichen Sie anschließend im PL. (Verbzuordnung wie in ÜB1b.) **Lösung** *werde ... gehen, wird ... machen*	KV
3 e	In 4er-KG vorgehen wie beschrieben, die TN notieren zudem auf jeden Zettel ihren Namen. Am Ende fasst die KG noch einmal zusammen, welche realen 2 Vorsätze jede/-r TN hat. **Erweiterung** Die TN befragen sich gegenseitig in der Gruppe, warum sie diesen Vorsatz haben und was sie tun wollen, damit der Vorsatz gelingt.	4 Zettel pro TN
4 a	Vorgehen wie beschrieben. Mögliche Nennungen sind z. B. *Bequemlichkeit, Stress, Zeitmangel, zu viel vorgenommen* usw.	
4 b+c	Die TN lesen die Gründe und vergleichen sie mit den Gründen, die in KB4a genannt wurden. Dann gehen Sie vor wie beschrieben. Vergleich im PL. Klären Sie offene Fragen. **Lösung** *1, 2, 4*	🔊 1.46
5 a+b	Projizieren Sie KB5a und den Grammatik-Kasten an die Tafel oder die Wand. Dann gehen Sie vor wie beschrieben. **Lösung** *n oder en*	
ÜB 5 a	Lesen Sie den Tipp-Kasten mit den TN. Dann weiter im Kurs oder als HA.	
6 a	Lesen Sie mit den TN die Regeln für die Aussprache von *ss* und *ß* (sprich: *scharfes S* oder *Eszett*). Machen Sie die Regeln an einigen Beispielen deutlich, z. B. *Kuss* (kurzer Vokal), *Fuß* (langer Vokal), *heiß* (Diphthong). Die TN hören die Wörter und setzen die passenden Buchstaben ein. Lesen Sie mit den TN anschließend den Tipp-Kasten und erklären Sie, dass man auch bei Schreibung in Großbuchstaben, z. B. in Kreuzworträtseln oder in Formularen, das ß durch ss ersetzt. **Variante** Legen Sie 2 DIN-A3-Blätter auf den Boden. Auf dem einen Blatt steht *ss* und auf dem anderen *ß*. Die TN hören die Wörter und begeben sich je nach Schreibung zum passenden Blatt. Die TN können auch auf jeweils ein Blatt die beiden Varianten schreiben und das passende Blatt beim Hören hochhalten. **Lösung** *1 ß, 2 ss, 3 ß, 4 ß, 5 ß, 6 ss, 7 ß, 8 ss, 9 ss, 10 ß*	🔊 1.47 DIN-A3-Papier
6 b	Vorgehen wie beschrieben, die TN sprechen im Chor nach. Danach stellen sie sich im Kreis auf, werfen sich einen Ball zu. Wer den Ball bekommt, liest ein Wort vor. Machen Sie dann → **Emotionen sprechen**.	🔊 1.47
6 c	Vorgehen wie beschrieben. Anschließend korrigieren die TN sich gegenseitig. **Variante** Die TN schreiben mit den Wörtern eine Geschichte und lesen sie vor. **Erweiterung** Die TN stellen sich hin. Dann lesen Sie die einzelnen Wörter aus KB6c vor. Wenn das Wort mit *ss* geschrieben wird, machen sie z. B. einen Schritt nach vorn. Wird ein Wort mit *ß* geschrieben, machen sie z. B. einen Schritt nach hinten. Sie können auch zwei andere Bewegungen festlegen. Das Wichtige ist, die Vokallänge in Verbindung mit der richtigen Schreibung mit einer Bewegung zu verankern.	

Stadt der Zukunft

Sprachhandlungen einen längeren Zeitungstext verstehen; etwas genauer beschreiben; über Zukunftsvorstellungen sprechen und schreiben
Lerninhalte GR Relativsätze im Dativ und mit Präposition

7 a	Fragen Sie die TN, welche Themen und Probleme sie mit dem Thema *Stadt der Zukunft* assoziieren. Gehen Sie anschließend vor wie beschrieben. **Lösung** *Verkehrsmittel: viele Menschen in Bus und U-Bahn, Stau, mit dem Rad zu weit ins Büro – Alternativen: Homeoffice, Umzug – Wohnungsmarkt: teure Wohnungen, zu wenige Wohnungen werden gebaut, kaum Platz für neue Häuser und Wohnungen*	🔊 1.48

53

6 Blick nach vorn

7 b Die TN lesen den Text und markieren die Ideen der Stadtplaner. Dann diskutieren je 3–4 TN darüber, wie sie die Ideen finden. Je ein KG-Sprecher fasst die Ergebnisse im PL zusammen.
Lösung *70 Prozent der Menschen werden in Städten wohnen → Platz anders nutzen:*
1 Reduzierung der Fahrzeuge um 1/5 durch Gruppenfahrten in autonom fahrenden Autos, viele Fuß- und Fahrradwege, weniger Parkplätze, mehr Platz für Wohnungen
2 Mikro-Wohnen: Räume teilen, enger zusammenleben, sich gegenseitig unterstützen, engere Beziehungen, soziales Miteinander wichtiger, Teilen, Städte weniger anonym
3 Stadtviertel: großes Angebot an Wohnformen, Arbeitsorten und Erholungsgebieten, alles Wichtige in der Nähe, Dienstleistungsbereich größer, mehr Arbeitsplätze, Leben bequemer, durch Homeoffice Stadtviertel mehr genutzt
4 Städte grüner und ruhiger durch mehr Parks und Grünflächen: Lebensqualität verbessern, gute Ökobilanz, (Nutz-)Gärten an Fassaden und auf Dächern, Strom durch Solarzellen und Windturbinen direkt am Haus.
Variante Machen Sie mit dem Text → **Reziprokes Lesen**.

7 c Machen Sie die Aufgabe in einem → **Speeddating**.
Variante Schreiben Sie die einzelnen Prognosen heraus. Zeigen Sie sie nach und nach. Machen Sie mit den Prognosen eine → **Ampeldiskussion**.

7 d Vorgehen wie beschrieben. Die TN vergleichen erst in PA und dann im PL.
Lösung *1 Städten, 2 Privatautos … Parkplätze, 3 Mikro- … teilen, 4 Parks und Grünflächen … Gärten; 5 Strom*
Plakat

ÜB 7d Zur Wortschatzerweiterung im Kurs.

8 a Machen Sie nacheinander mit den beiden Relativsätzen im Grammatik-Kasten einen → **Lebendigen Satz**. Thematisieren Sie zunächst die Verbposition und dann fragen Sie die TN, worauf sich die Relativpronomen in dem jeweiligen Satz beziehen. Sehen Sie sich mit den TN danach den Grammatik-Kasten mit der Regel an. Gehen Sie dann vor wie beschrieben.
Kärtchen
Hinweis Weisen Sie die TN darauf hin, dass der Relativsatz im Deutschen (wie alle Nebensätze) immer mit Komma(s) vom Hauptsatz abgetrennt werden muss.
Lösung *2 … Platz, den die Städte für Wohnungen nutzen können. 3 Große Wohnungen, die viel Platz für eine Person bieten, sind die Ausnahme. 4 … zentraler Raum, den sich die Bewohner in der Zukunft teilen werden. 5 … Konzept, das in der Zukunft immer wichtiger wird.*

8 b Vorgehen wie beschrieben. Vergleichen Sie im PL. Thematisieren Sie dann die Bildung des Relativpronomens im Dativ und weisen Sie darauf hin, dass es sich nur im Plural von den Artikeln im Dativ unterscheidet (*den – denen*). Bitten Sie die TN, die Präpositionen farbig zu markieren. Fragen Sie die TN, in welchem Kasus das Relativpronomen steht (*in dem Kasus, der von der Präposition gefordert wird*) und wonach das Relativpronomen sich zudem auch noch richtet (*nach Genus und Numerus des Bezugswortes, das ersetzt wird*).
Variante für schwächere Gruppen: Machen Sie wie in KB8a aus jedem Satz im Grammatik-Kasten einen → **Lebendigen Satz**. Gehen Sie danach vor wie beschrieben.
Lösung *dem, denen, mit denen, auf die*

8 c Wiederholen Sie ggf. im PL, welche Präpositionen welchen Kasus verlangen, und gehen Sie auf die Problematik der Wechselpräpositionen ein. Vorgehen wie beschrieben.
Lösung *1 mit denen, 2 für die, 3 denen, 4 in die, 5 in dem, 6 an denen, 7 dem*
Hinweis Sie können bei dieser Aufgabe ein interaktives Tafelbild nutzen. Mit diesem können die TN Relativsätze im Nominativ, Akkusativ, Dativ und mit Präposition üben. Dazu wählen sie zunächst über den Zufallsgenerator eine Person, auf die sich der Relativsatz bezieht. Die Personen sind: *Angelo, Isabella* und *das Mädchen*. Danach wird über den zweiten Zufallsgenerator ein Satzfragment ermittelt, das zu einem Relativsatz umgeformt wird.
Variante Die TN bearbeiten in PA die **Kopiervorlage**.
KV

54

Blick nach vorn 6

8 d Die TN sprechen als Einstieg über ihre Heimatstädte oder ihren Kursort. Wie finden sie hier die Wohnsituation, Freizeitangebote, Preise usw.? Sehen Sie sich gemeinsam mit den TN die Sprechblase mit den Redemitteln fürs Schreiben an. Dann vorgehen wie beschrieben. Anschließend finden sich je 3–4 TN aus – wenn möglich – unterschiedlichen Städten zusammen und machen eine → **Schreibkonferenz** (unter → **Schreibaufgaben auswerten**).
Erweiterung Die KG spricht nach der Schreibkonferenz darüber, welche Wünsche für die Städte vorkommen und welche sich in den verschiedenen Texten wiederholen. Ein/-e KG-Sprecher/-in fasst die wichtigsten Ergebnisse im PL zusammen. Nehmen Sie die Texte mit nach Hause und korrigieren Sie sie. Besonders gelungene Texte können Sie im PL vorlesen lassen. Oder Sie hängen alle Texte auf und geben den TN Zeit, durch den Raum zu gehen und einige Texte zu lesen und sich gegenseitig → **Feedback** zu geben.
Alternative Je 3–4 TN entwickeln ein Konzept und eine Skizze für die perfekte Stadt 2050. Jede KG stellt ihre perfekte Stadt im PL vor. Die TN stimmen ab für das beste Konzept.

Kaum erwarten

Sprachhandlungen über Erwartungen sprechen; ein Lied verstehen; über Lieder sprechen
Lerninhalte WS: Erwartungen | Strategie: Deutsch lernen mit Musik und Liedern | Landeskunde: Das Lied *Kaum erwarten* | Wortbildung: Nomen mit *-heit* und *-keit* (im ÜB)

9 a Erklären Sie den TN, was *etwas kaum erwarten können* bedeutet. Vorgehen wie beschrieben. Lesen und hören Sie dann mit den TN den Kasten *Gut gesagt: Vorfreude ausdrücken*. Suchen Sie gemeinsam Situationen, in denen man diese Sätze sagen könnte.   ◀)) 1.49
Variante Die TN machen statt des Gruppengesprächs einen → **Kursspaziergang**.
Erweiterung Die TN schreiben kleine Szenen, in denen die Sätze aus dem *Gut gesagt*-Kasten vorkommen, z. B. eine Person hat sich endlich getraut, jemand anderen anzusprechen und auf einen Kaffee einzuladen, usw. Sie lernen sie auswendig und spielen sie im PL vor. (→ **Dialoge auswendig lernen**, → **Tipps zum freien Sprechen**)

9 b Vorgehen wie beschrieben. Vergleichen Sie im PL. Wie ist das Ergebnis im Kurs?   ◀)) 1.50

9 c Die TN hören das Lied erneut und ordnen in PA zu. Vergleich im PL. Klären Sie ggf. Wortschatz. Alle hören das Lied noch einmal zusammen und singen eventuell mit.
Hinweis mit jemandem etwas starten ist umgangssprachlich für *etwas mit jemandem unternehmen* – *Er/Sie/Es ist der Wahnsinn!* sagt man, wenn man etwas/jemanden toll findet.
Lösung 1D, 2B, 3A, 4E, 5H, 6G, 7C, 8F

9 d Besprechen Sie mit den TN die Redemittel. Die TN machen dann in PA eine → **Redemittelkärtchen-Diskussion** zu den Fragen in der Aufgabe.
Hinweis Hier können Sie den Redemittel-Clip einplanen.   ▶ R2

9 e Die TN machen in PA Notizen zu den drei Fragen. Dann machen sie die Aufgabe als HA und sprechen in der darauffolgenden Stunde über ihre Erfahrungen.

ÜB 9 Zur Wortschatzerweiterung als HA oder im Kurs.

10 a Je 2 TN lesen gemeinsam den Steckbrief des Sängers Wincent Weiss und ergänzen die Lücken mit den Angaben. Vergleichen Sie im PL.
Erweiterung Die TN suchen Informationen über eine andere Band (z. B. ihre Lieblingsband) und erstellen auf einer DIN-A3-Seite einen ähnlichen Steckbrief. (Es können auch jeweils 2 TN zusammenarbeiten.) Dann stellen die TN ihre Band anhand des Steckbriefes im PL vor. Bei Interesse können sie auch einen Musikausschnitt vorspielen.   DIN-A3-Blätter
Lösung 1D, 2A, 3C, 4B

6 Blick nach vorn

10 b Fragen Sie die TN, ob ihnen bisher Musik beim Deutschlernen geholfen hat. Wie genau? Besprechen Sie dann den Strategie-Kasten. Die TN arbeiten in PA. Geben Sie ihnen den Tipp, dass sie Lieder im Internet finden, indem sie den Liednamen + das Wort *Lied* in einer Suchmaschine eingeben. Machen Sie die Kursstatistik in Form eines → **Sterndiagramms**.
Lösung *1 Mathea; 2 Die Fantastischen Vier; 3 AnnenMayKantereit; 4 Sarah Connor; 5 Glasperlenspiel; 6 Max Giesinger*

ÜB 10 Im Kurs.

ÜB **Wortbildung** Lesen Sie mit den TN den Kasten, danach lösen die TN A und B.

Film: Wettersatelliten – ein Blick in die Zukunft
Die EUMETSAT | Die Forschung

11 a Projizieren Sie die Fotos an die Tafel oder an die Wand. Die TN nennen passenden Wortschatz zu den Fotos. Sammeln Sie die Ideen der TN an der Tafel. Anschließend erklären Sie den TN die Situation. Gehen Sie dann vor wie beschrieben oder machen Sie die Aufgabe in einem → **Kursspaziergang**. *(Kopien der Fotos)*
Variante Kopieren Sie die Fotos groß und hängen Sie sie an unterschiedlichen Stellen im Raum auf. Die TN gehen in 3 Gruppen von Foto zu Foto und sprechen über die Fragen.

11 b Lesen Sie die Wörter im PL. Klären Sie neuen Wortschatz (z. B. *ein Wetterdienst sammelt wissenschaftliche Daten zum Wetter und Klima, erstellt Prognosen und gibt Warnungen heraus, z. B. vor Unwetter oder Dürre*). Dann vorgehen wie beschrieben.

12 a Die TN lesen zunächst die Satzteile links und rechts. Klären Sie ggf. neuen Wortschatz. Dann überlegen die TN, welche Satzteile zusammengehören könnten. Danach sehen sie die Filmszene und überprüfen beim Sehen Ihre Vermutungen. Anschließend vergleichen sie zuerst in PA und dann im PL. ▶14
Variante zur Binnendifferenzierung: Die TN sehen die Filmszene mit Untertiteln.
Lösung *1C, 2D, 3B, 4E, 5A*

12 b Die TN lesen den Text in PA und versuchen die passenden Wörter zu ergänzen. Klären Sie ggf. neuen Wortschatz. Danach sehen die TN die Szene, überprüfen ihre Vermutungen und vergleichen im Anschluss im PL. ▶15
Variante zur Binnendifferenzierung: Die TN sehen die Filmszene mit Untertiteln.
Lösung *1 Erde, 2 mehreren Metern, 3 Raketen, 4 Weltraum, 5 Daten*

12 c Vorgehen wie beschrieben.
Lösung *1 … sie bei Unwetter Leben retten können; 2 … ersetzt ihn sofort ein identischer Satellit, der immer neben ihm herläuft.*
Erweiterung Fragen Sie, welche 4 Eigenschaften ein Satellit laut dem Physiker haben muss (*umfassend, schnell, verlässlich und präzise sein*). An welche weiteren Informationen aus der Filmszene erinnern sich die TN sonst noch?

13 a Lesen Sie zunächst gemeinsam mit den TN die drei Fragen und stellen Sie sicher, dass die TN sie verstehen. Dann bilden Sie KG und gehen vor wie beschrieben. ▶16
Lösung *1 seit mehr als 40 Jahren, Daten werden in Archiv gespeichert, sie analysieren die Informationen und lesen daraus Veränderungen ab; 2 an Entscheidungsträger wie z. B. Politiker; 3 Wetter für 15–20 Tage vorhersagen, Menschen besser vor besonderen Ereignissen wie z. B. Unwettern warnen, genauer messen*

13 b Vorgehen wie beschrieben.
Variante Bilden Sie 4er-KG. Die TN machen in ihren KG ein → **Platzdeckchen** zu den Fragen der Aufgabe und sprechen anschließend über ihre Ergebnisse.

Plattform 2

Wiederholungsspiel

1	Je 3–5 TN spielen zusammen wie beschrieben. Jede/-r wählt ein beliebiges Start-Feld. Die anderen TN überprüfen jeweils, ob der Satz korrekt ist. Bei korrekten Sätzen darf der/die Spieler/-in einen Punkt notieren. Wer bei Spielende die meisten Punkte hat, hat gewonnen.	Spielfiguren, je KG ein Würfel

Was sagst du?

2	Erklären Sie das Vorgehen im PL. In einem → **Kursspaziergang** weiter wie beschrieben. Erweiterung Jede/-r TN wählt aus jeder Liste 10 für sie/ihn wichtige Wörter/Ausdrücke aus, mit denen die TN dann in PA → **Fliegende Wörter** (unter **Wortschatzspiele**) spielen. Zuletzt schreibt jede/-r 2 besonders wichtige Wörter/Ausdrücke auf einen Zettel, steckt ihn in die Tasche und versucht, diese in den folgenden Tagen im Unterricht und Alltag häufig anzuwenden.	Blanko-Papier
3	Vorgehen wie beschrieben. Hinweis Korrektur der Ergebnisse wie unter → **Schreibaufgaben auswerten** vorgestellt.	Blanko-Papier
4	Vorgehen wie beschrieben. Variante Machen Sie die Aufgabe wie beim → **Wortschatz in (zwei) Kreisläufen.**	1 Ball pro 6–8 TN

Das Vorstellungsgespräch

5 a+b	Vorgehen wie beschrieben. Zur Korrektur der Ergebnisse → **Schreibaufgaben auswerten**. **Lösungsvorschlag** für 5a: *A3, B6, C2, D7, E1, F4, G5*	
5 c	Je 3–4 TN arbeiten zusammen. Sie überlegen sich die Handlung einer eigenen Fotogeschichte und erstellen einen Plan für die einzelnen Fotos, die sie machen wollen. Kopieren Sie dazu in ausreichender Anzahl die Vorlagen auf der **Kopiervorlage**. Innerhalb der KB werden die Rollen verteilt: Schauspieler/-innen, Regisseur/-in, Fotograf/-in. Dann machen die TN mit einer Handykamera die Fotos und drucken sie aus. Sie geben diese einer anderen KG, dann weiter vorgehen wie beschrieben. Die KG üben, die Geschichte frei zu erzählen (→ **Tipps zum Freien Sprechen**), und stellen sie im PL vor. Die anderen TN geben → **Feedback**. Variante Die KG erstellen ihre Fotogeschichte online (z. B. mit PowerPoint). Erweiterung Die TN wählen jeweils die beste Fotogeschichte und die beste Interpretation einer Fotogeschichte, indem sie Punkte vergeben. Vergeben Sie kleine Preise. Hinweis Beachten Sie, dass Fotos nicht ohne Einverständnis der Fotografierten weitergegeben werden dürfen. Sammeln Sie die Fotos wieder ein und lassen Sie sie auf den Handys löschen.	KV Handy, Requisiten kleine Preise

D-A-CH-Quiz

6 a	Vorgehen wie beschrieben. Die TN notieren ihre Antworten (z. B. *1B, 2A* usw.). Variante Je 2 TN spielen als Team zusammen, so dass 2 Gruppen gegeneinander spielen.	
6 b	Vorgehen wie beschrieben zur Kontrolle der Ergebnisse aus 6a. Wer die meisten richtigen Lösungen hat, gewinnt. Variante Kopieren und zerschneiden Sie die Texte für jede KG. Jede/-r TN erhält 2 Texte. **Lösung** *1C – Text g; 2C – b; 3C – h; 4C – f; 5A – c; 6B – a; 7A – d; 8B – e*	Kopien
6 c	Vorgehen wie beschrieben. Sie können dafür die Leer-Kärtchen der **Kopiervorlage** kopieren. **Lösung der KV** *1B, 2C, 3C, 4A, 5B, 6C, 7B, 8B, 9B* Hinweis Siehe auch www.tatsachen-ueber-deutschland.de; www.oesterreich.com; www.swissworld.org	KV

Sprachmittlung

7	Besprechen Sie die Aufgabenstellung und den Strategie-Kasten. Vorgehen wie beschrieben. Variante für B: Die TN suchen eine Website oder eine Nachrichtensendung mit Wettervorhersage der nächsten 7 Tage an ihrem Kursort (z. B. www.wetter.com oder www.tagesschau.de).

7 Zwischenmenschliches

Los geht's!
Sprachhandlungen über Beziehungen sprechen
Lerninhalte WS Beziehungen

1 a	Projizieren Sie die Bilder. Bitten Sie die TN zu beschreiben, was sie darauf sehen können, was Yasin in jeder Situation macht und wen er trifft. **Variante** Kopieren Sie die Bilder und schneiden Sie sie aus. Bilden Sie 6 Gruppen und geben Sie jeder KG ein Bild, ohne dass die anderen KG sehen, um welches es sich handelt. Die KG schreiben einen Fantasie-Dialog zu ihrem Bild und lesen ihn vor. Die anderen KG raten, um welches Bild im KB es sich handelt. **Erweiterung** Wenn Sie die Variante gemacht haben, können die Bilder auf DIN-A3-Papier geklebt und mit Sprechblasen versehen werden.	Kopien, Schere DIN-A3-Papier, Klebstoff
1 b	Die TN hören die Gespräche und ordnen die Bilder zu. **Lösung** Gespräch 1: *Bild E*, Gespräch 2: *Bild D*, Gespräch 3: *Bild C*	🔊 2.1–3
1 c	Die TN hören noch einmal und kreuzen die Themen an, über die Yasin mit den Leuten spricht. **Lösung** Gespräch 1: *Freizeitaktivitäten, Urlaub*; Gespräch 2: *Probleme, Gefühle*; Gespräch 3: *Arbeit, Urlaub* **Erweiterung** Die TN fassen in KG zusammen, worüber in den 3 Situationen gesprochen wird.	🔊 2.1–3
1 d	Die TN sprechen in KG über die Fragen. **Variante** Gestalten Sie gemeinsam eine Mindmap.	
ÜB **1 a–c** 	Diese Übungen können zur Vokabelerweiterung behandelt werden.	

Zusammen
Sprachhandlungen Freundschaftsgeschichten verstehen; zeitliche Abfolgen ausdrücken; von Freundschaften erzählen
Lerninhalte WS: Freundschaft | GR: Plusquamperfekt; temporale Nebensätze: *nachdem*

2 a	Die TN arbeiten in KG und versuchen, jeweils eine Definition für *Familie*, *Freunde* und *Bekannte* zu suchen. Vergleichen Sie danach im PL. Wo gibt es Unterschiede? Lesen Sie mit den TN die Redemittel-Sprechblase. Sprechen Sie danach im PL darüber, was für die TN „echte" Freunde ausmacht und welche Eigenschaften sie diesen zuschreiben. Sie können dazu die Redemittel benutzen. **Variante** Legen Sie DIN-A3-Blätter im Kursraum aus, auf denen in der Mitte jeweils *Familie*, *Freunde*, *Bekannte* und *„echte" Freunde* steht. Die TN machen einen → **stummen Dialog**. Sie gehen einige Minuten ohne zu sprechen durch den Raum und notieren auf die Blätter, was ihnen dazu einfällt. Auswertung danach wie oben im PL. **Lösungsvorschlag** *Zur Familie gehören die Lebenspartner/-innen mit ihren Kindern sowie alle Verwandten, auch die angeheirateten (z. B. der Schwager).* *Bekannte sind Menschen, die man zwar ein wenig kennt und mit denen man vielleicht auch etwas unternimmt, aber das Verhältnis ist eher oberflächlich.* *Freunde sind Menschen, denen man nahesteht und die einen oft lange im Leben begleiten. Man spricht auch über seine Probleme und hilft sich gegenseitig. Wer ein „echter Freund" ist, zeigt sich oft erst in einer Krise, er/sie bleibt auch in schwierigen und unangenehmen Situationen an der Seite des Freundes oder der Freundin.*	DIN-A3-Papier
2 b	Bitten Sie die TN, den ersten Abschnitt zu lesen und das Thema zu nennen. **Lösung** *Es geht um Freundschaft.*	

Zwischenmenschliches   7

2 c Vorgehen wie beschrieben.
Variante/Erweiterung Gestalten Sie die Aufgabe als → **Kooperatives Lesen**. Erstellen Sie eine Aufgabe mit Fragen oder richtig/falsch-Sätzen, die die TN im Anschluss an die Zusammenfassungen individuell lösen, um zu sehen, ob sie „gut aufgepasst" haben.
Erweiterung Die KG wählt die Freundschaftsgeschichte aus, die ihr am interessantesten erscheint. 2 TN schlüpfen in die Rollen der beiden Freunde oder Freundinnen bzw. bei der Clique in die von zwei Mitgliedern der Clique, der/die dritte TN befragt die beiden (z. B könnten bei Karim und Valentin die Fragen sein: *Was habt ihr gemeinsam unternommen, als ihr Kinder wart? Was hat euch am anderen gestört, als ihr zusammengelebt habt?* usw.)

ÜB 2 c Die TN bearbeiten in PA die Sprechübung zum Tag der Freundschaft.

3 a Projizieren Sie den Grammatik-Kasten, dann vorgehen wie beschrieben. Vergleich im PL.
Hinweis Weisen Sie auf die Ähnlichkeit mit dem Perfekt (Bildung mit Hilfsverb *haben* oder *sein*, Satzstellung) hin.
Erweiterung Zeigen Sie für eine der Geschichten die Ereignisse an einem Zeitstrahl an der Tafel, markieren Sie dabei, wann welches Ereignis stattfindet. Die TN können dann eigenständig die Ereignisse der anderen beiden Geschichten anordnen und im richtigen Tempus formulieren. Vergleichen Sie dann mit den Verbformen aus dem Text.
Lösung *hatte/war + Partizip II*
Verben im Text in KB2a: Elena: *hatte … bekommen, war … gezogen, hatte … angefangen, hatte … kennengelernt, waren … gelaufen;* Karim: *hatten … erlebt, verstanden hatten, beendet hatten;* Alessia: *hatten … getroffen, waren … gereist, hatten … erzählt*

3 b In PA vorgehen wie beschrieben. Vergleichen Sie im PL.
Lösung *1. Sie war vor ein paar Tagen nach Frankfurt gezogen. 2. … hatten sie sich noch nie gesehen. 3. …, hatten sie sich immer gut verstanden. 4. … hatte er mit Valentin zusammengewohnt. 5. … hatten sie viel gemeinsam unternommen.*
Erweiterung Die TN schreiben in KG ca. 10–15 Sätze im Präteritum auf Kärtchen, z. B. *Paul war sehr müde* oder *Greta machte den Führerschein*. Danach tauschen sie die Kärtchen mit einer anderen KG. Jede KG legt die neuen Kärtchen verdeckt auf einen Stapel in die Mitte. TN 1 zieht eine Karte und liest den Satz vor (z. B. *Paul war sehr müde*). Die anderen TN versuchen so schnell wie möglich einen Satz mit *vorher* + Plusquamperfekt zu bilden (z. B. *Vorher hatte er lange gearbeitet*). Der/Die TN, der/die zuerst einen korrekten Satz bildet, bekommt die Karte., wer am Ende die meisten Karten hat, gewinnt.   *Kärtchen*

4 a Zeichnen Sie einen Wortigel an die Tafel und schreiben Sie in die Mitte *Wie und wo kann man neue Freunde kennenlernen?*. Sammeln Sie mit den TN Ideen (z. B. *im Sportverein, im Sprachkurs, im Café, im Internet, …*) und beschriften Sie den Wortigel mit den Vorschlägen.

4 b Die TN hören und machen Notizen. Danach vergleichen sie im PL, auch mit den mithilfe des Wortigels gesammelten Ideen.   2.4
Lösung *Durch ein Online-Netzwerk für Nachbarn. Dort hat sie eine Einladung zu einem gemeinsamen Abendessen eingestellt.*

4 c Die TN ordnen in PA die Sätze und hören zur Kontrolle noch einmal.   2.4
Erweiterung Die TN tauschen sich anschließend über ähnliche eigene Geschichten aus.
Lösung *2A, 5B, 4C, 3D, 1E*

5 a Lesen Sie mit den TN den Grammatik-Kasten zu den Nebensätzen mit *nachdem*. Erklären Sie, dass bei *nachdem*-Sätzen Haupt- und Nebensatz normalerweise zeitversetzt sind, d. h. der Nebensatz liegt eine Zeitstufe vor dem Hauptsatz. Die TN lesen die Sätze aus KB4c noch einmal und notieren in PA, welche Sätze zu den Beispielen im Grammatik-Kasten passen.
Hinweis Lesen Sie mit den TN auch den Tipp-Kasten zur Alternative in ÜB5b.
Lösung Plusquamperfekt + Präteritum: *A, E*; Perfekt + Präsens: *B*

59

7 Zwischenmenschliches

5 b Die TN schreiben mit den vorgegebenen Ausdrücken Sätze mit *nachdem*. Dann tauschen sie diese mit einem/-r anderen TN und kontrollieren, ob die Tempusformen stimmen. Danach können sie die Sätze gegenseitig kurz kommentieren. Haben die TN ähnliche Sätze geschrieben? Haben sie noch Fragen zu den Sätzen der/des anderen? Bitten Sie einige TN, je einen Satz des Partners oder der Partnerin vorzulesen, notieren Sie die Sätze an der Tafel.
Variante Die TN spielen *Wahrheit oder Lüge?*: Sie schreiben die drei Sätze, dabei sollen zwei Sätze der Wahrheit entsprechen, eine Aussage soll falsch sein. Die TN machen dann einen → **Kursspaziergang** und lesen einigen TN ihre Sätze vor. Die TN versuchen zu erraten, welche der Aussagen falsch ist.
Lösungsvorschlag *Nachdem Peer die Ausbildung beendet hatte, arbeitete er drei Jahre lang als Krankenpfleger. Nachdem ich meine beste Freundin kennengelernt habe, bin ich nicht mehr einsam.*

5 c Die TN schreiben – ggf. als HA – einen Text über eine Freundschaft. Für die → **Präsentation von Ergebnissen** eignen sich z. B. → **Wandzeitung** oder → **Marktplatz**. Die TN können die Texte lesen und bei denen, die sie verfasst haben, Fragen stellen.
Hinweis Sie können ein interaktives Tafelbild nutzen: Die TN wählen je 2 Bilder aus, verschieben sie nach oben und bilden dazu Sätze mit *nachdem*. (Auf die Tempusformen im Haupt- und Nebensatz achten!) Alternativ bekommen die TN 3–4 Minuten Zeit, möglichst viele Sätze mit den vorhandenen Bildern ins Heft zu schreiben. Wer die meisten schafft, darf an der Tafel die Elemente verschieben. Die TN sagen die Sätze im PL; wer den Satz (fast) genauso sagt, wie er im Heft steht, gewinnt.

Richtig streiten

Sprachhandlungen über Konflikte sprechen; zeitliche Abfolgen ausdrücken; Konfliktgespräche führen
Lerninhalte WS: Konflikte | GR: temporale Nebensätze: *seit/seitdem, während, bis, bevor* | Aussprache: Intonation bei Modalpartikeln

6 a Projizieren Sie die 3 Fotos an die Tafel oder an die Wand. Bitten Sie die TN zu beschreiben, was sie auf den Fotos sehen und welche Konfliktsituationen darauf möglicherweise abgebildet sind. Fragen Sie die TN, ob sie andere typische Situationen kennen, bei denen es oft zu Streit kommt. Sammeln Sie die Vorschläge an der Tafel.
Variante Zeichnen Sie drei Wortigel an die Tafel, in denen *Familie, Partnerschaft* und *WG* steht. Die TN sammeln in KG typische Konfliktsituationen für jeden Bereich. Vergleichen Sie dann im PL und notieren Sie die Ideen in den Wortigeln an der Tafel. Sie können auch 3 Gruppen bilden, in denen jede Gruppe nur für einen der Wortigel Ideen sammelt.
Erweiterung Die TN wählen gemeinsam einen Konflikt (aus der Sammlung an der Tafel) aus und schreiben einen → **Rechts-Links-Dialog**.

6 b Die TN hören die Gespräche und machen Notizen. Danach fassen sie im PL zusammen und vergleichen, ob ihre Vermutungen aus KB6a richtig waren.
Lösung *A: Eltern kritisieren den Sohn, weil er spät heimkommt und zu viele Sachen kauft. B: Ein Paar streitet, weil der Mann ausgehen möchte, die Frau aber zu müde ist. C: Die zwei Frauen in der WG streiten, weil eine zu wenig im Haushalt macht und unordentlich ist.*

🔊 2.5–7

6 c Je 2 TN verbinden die Satzteile. Sie können diese auch auf Papierstreifen schreiben und die TN in KG arbeiten lassen. Anschließend hören die TN die Dialoge noch einmal zur Kontrolle.
Lösung *1F, 2C, 3E, 4A, 5B, 6D*

🔊 2.5–7
ggf. Papierstreifen

6 d Lesen Sie mit den TN den Grammatik-Kasten zu den temporalen Nebensätzen. Verdeutlichen Sie die Bedeutung der Konnektoren eventuell anhand von Symbolen mit Pfeilen (*seit/seitdem*: Zeitspanne ab einem bestimmten Zeitpunkt; *bis*: Zeitspanne bis zu einem bestimmten Zeitpunkt; *während*: Zeitspanne gleichzeitig mit Geschehen im Hauptsatz) oder Kreuzen (*bevor*: Aktion 1 findet vor Aktion 2 statt). Markieren Sie das Verb im Nebensatz, um die Endstellung zu betonen. Weisen Sie auch auf die Stellung des Verbs im Hauptsatz hin, je nachdem, ob der Nebensatz dem Hauptsatz vorangeht oder nicht. Je 2 TN verbinden nun bei 1.–6. die beiden Sätze zu Hauptsatz und Nebensatz, indem sie die Konnektoren *seit, während, bis* und *bevor* verwenden. Die TN vergleichen erst mit einem anderen Paar, dann im PL.

Zwischenmenschliches 7

	Hinweis Lesen Sie mit den TN auch den Tipp-Kasten in ÜB6d zur Unterscheidung von Konnektoren und Präpositionen. **Lösung** *2 Seit/Seitdem Florian einen Schülerjob hat, verdient er selbst Geld. 3 Jenny entspannt sich am besten, während sie eine Serie sieht. 4 Mark spricht mit Jenny, bevor er seine Freunde trifft. 5 Jenny wartet nicht, bis Mark nach Hause kommt. 6 Seit Lucie und Julia zusammen in einer WG wohnen, streiten sie sich manchmal. 7 Julia soll öfter putzen, während sie telefoniert.*
6 e 💬	Bitten Sie die TN, die Sätze aus KB6d in ihre Muttersprache zu übersetzen. In sprachlich homogenen Kursen arbeiten die TN in KG, in Kursen mit unterschiedlichen Muttersprachen können Sie, wenn möglich, Gruppen mit gleichen Muttersprachen bilden. Schreiben Sie *seit, während, bis* und *bevor* an die Tafel und fragen Sie die TN, was sie in der KG herausgefunden haben. Gibt es in ihren Muttersprachen für jede dieser Konnektoren eine entsprechende Übersetzung? Was passiert mit den Verben? Was passiert mit dem Tempus? Sprechen Sie darüber, welche Unterschiede und Gemeinsamkeiten es zwischen den einzelnen Sprachen gibt.
7	Vorgehen wie beschrieben. Die Karten werden nach dem Mischen verdeckt auf einen Stapel in die Mitte gelegt. Die anderen TN überprüfen jeweils, ob der Satz korrekt gebildet ist. **Variante** Ein/-e TN zieht eine Karte und liest den Satzanfang vor. Der/Die TN, der/die den Satz zuerst korrekt ergänzen kann, bekommt die Karte. Dann liest der/die nächste TN einen Satzanfang vor usw. Wer am Ende die meisten Karten hat, hat gewonnen. **Variante** Je 3 TN spielen zusammen. Kopieren Sie das → **Domino-Spiel** der **Kopiervorlage** auf Karton, schneiden Sie es aus und geben Sie jeder Gruppe ein Set. Die TN legen die Karten passend zusammen und formulieren die korrekten Sätze.	Kärtchen KV
8 a	Im PL vorgehen wie beschrieben. **Lösung** *1B, 2F, 3C*
ÜB 8 b	Im Kurs: Besprechen Sie mit den TN das Pronomen *derselbe/dasselbe/dieselbe*.
8 b	Die TN diskutieren im PL, mit welchen Argumenten sie einverstanden sind und mit welchen nicht. Sammeln Sie ggf. vorher Redemittel für Diskussionen oder machen Sie ÜB8c. **Alternative** Kopieren Sie die Forumseinträge groß und kleben Sie sie auf jeweils ein DIN-A3-Blatt (bei großen Kursen können sie jeden Eintrag mehrmals kopieren und aufkleben). Die TN machen einen → **Stummen Dialog**. Lassen Sie nach ca. 15 Minuten die wichtigsten Kommentare zusammenfassen und sprechen Sie im PL darüber. **Erweiterung** Jede/-r TN schreibt einen Text, der seine/ihre eigene Meinung zum Thema *Streiten* wiedergibt. Je 2 TN tauschen anschließend ihre Texte aus, lesen den Text des Partners/der Partnerin und geben ihm eine passende Überschrift. Der/Die Partner/-in begründet, ob er/sie die Überschrift zu seinem/ihrem Text passend findet oder nicht und warum.	Kopien der Forumsbeiträge, DIN-A3-Papier
ÜB 8 d	Die TN diskutieren in KG.
9 a	In PA vorgehen wie beschrieben. Vergleichen Sie im PL. Sehen Sie dann mit den TN den Redemittelclip. Sagen Sie den TN vorher, dass sie gleich eine Konfliktsituation in einer Wohngemeinschaft sehen, und bitten Sie sie, währenddessen zu notieren, welche Sätze aus der Redemittel-Sprechblase hier von wem verwendet werden. Bei einem zweiten Durchgang können die TN besonders auf den Aspekt diplomatisch/undiplomatisch achten: Wer lenkt wann ein? **Erweiterung** Lesen Sie die Sätze vor. Die TN wiederholen die Sätze im Chor. Achten Sie dabei auf den passenden emotionalen Tonfall. **Lösung** *1-; 2+; 3+; 4-; 5+; 6-; 7-; 8-; 9+; 10+*	▶ R3
9 b	Je 2 TN wählen eine der beiden vorgegebenen Situationen. Sie klären gemeinsam, wie die Situation ablaufen könnte, und überlegen passende Redemittel und Vokabular. Danach spielen sie die Szene diplomatisch. Lassen Sie einige Beispiele im PL vorspielen. **Variante** Lassen Sie die Szene erst undiplomatisch und dann diplomatisch vorspielen.

7 Zwischenmenschliches

10 a Lesen Sie den TN die Reaktionen ohne Modalpartikeln vor *(Warte! Du hast recht. Wann kommt sie? …)*. Erklären Sie, dass diese Sätze so richtig und komplett sind, im Deutschen aber zusätzlich oft sogenannte Modalpartikeln (oder „Abtönungspartikeln") verwendet werden. Was diese „kleinen Wörter" bedeuten, hängt jeweils vom Kontext ab: Sie geben dem Satz – ähnlich wie ein Fotofilter – einen bestimmten emotionalen Ton. So klingt ein Satz dann zum Beispiel überrascht oder vorwurfsvoll oder interessiert usw. – und somit auch persönlicher. Erklären Sie den TN, dass Modalpartikeln im Deutschen sehr häufig verwendet werden und man an ihrer Verwendung erkennen kann, ob eine Person „authentisches" Deutsch spricht. Lesen Sie mit den TN den Tipp-Kasten und klären Sie ggf. das Vokabular. Die TN hören die Sätze und ergänzen die richtige Modalpartikel. Anschließend hören die TN die Sätze noch einmal.
Lösung 1 mal, 2 ja, 3 denn, 4 wohl, 5 aber
Hinweis Die Phonetikaufgaben können auch vor KB9b eingeschoben werden, damit die TN die Modalpartikeln bei den Gesprächen verwenden können.

2.8

10 b Die TN hören noch einmal und sprechen nach.
Erweiterung Die TN suchen in PA oder KG für jede Reaktion mit Modalpartikel zwei weitere Sätze und schreiben jeden Satz auf ein Kärtchen. Sie mischen die Kärtchen, ziehen abwechselnd und lesen den Satz vor. Ein/-e andere/-r TN antwortet mit der passenden Reaktion mit Modalpartikel.

2.9
Kärtchen

ÜB 10 Im Kurs zum weiteren Üben von Sätzen mit Modalpartikeln.

Gemeinsam sind wir stark
Sprachhandlungen kurzen Texten Informationen zuordnen; ein Paar vorstellen
Lerninhalte Landeskunde: Berühmte Paare

11 a Vorgehen wie beschrieben. Weisen Sie die TN darauf hin, dass es reale Personen aus Film und Fernsehen, Politik, Sport, den Königshäusern usw., aber auch historische oder fiktive Personen sein können, z. B. *Prinz Harry und Herzogin Meghan, Cäsar und Cleopatra, Popeye und Olivia*. Halten Sie die Vorschläge an der Tafel fest. Sie benötigen sie auch noch für KB11d.
Variante Wenn Sie denken, dass es den TN schwerfällt, berühmte Paare zu finden, schreiben Sie selbst die einzelnen Personen von berühmten Paaren auf je ein Kärtchen. Die TN kombinieren jeweils 2 Karten und bilden so berühmte Paare.
Erweiterung Schreiben Sie Kärtchen wie in der Variante, sodass Sie jeder/-m TN ein Kärtchen geben können. Die TN versuchen nun durch Fragen ihren Partner oder ihre Partnerin zu finden (z. B. *Wo lebst du? Bist du verheiratet? Hast du Kinder?* usw.).

Kärtchen

Kärtchen

11 b Vorgehen wie beschrieben.
Variante Die TN machen → **Kooperatives Lesen**: Je 3 TN arbeiten dafür zusammen. Jede/-r TN liest einen der 3 Texte über berühmte Paare, fasst den Inhalt für die beiden anderen TN zusammen und berichtet, was er/sie über das betreffende Paar erfahren hat.
Info Wenn die TN Interesse an Clara und Robert Schumann haben, empfehlen Sie ihnen den Film „Geliebte Clara" (2008). Über Neo Rauch gibt es den Kinofilm „Gefährten und Begleiter" (2016).

11 c In PA vorgehen wie beschrieben. Vergleichen Sie im PL.
Lösung 1A, 2B, 3C, 4A, 5C, 6B
Erweiterung Die TN erklären, wie sie erschlossen haben, zu welchem Text die Sätze gehören (z. B. anhand der Schlüsselwörter: 1. *frühen Tod+Konzertreisen*; 2. *Ausstellung*; 3. *Töchter+lebt*; 4. *gut dokumentiert+500 Briefe*; 5. *Krimireihe*; 6. *Leipzig+ist*).

ÜB 11 a Als HA zur Wortschatzerweiterung.

11 d Vorgehen wie beschrieben, ggf. als HA. Die TN lesen ihre Texte im PL oder in einer KG vor. Die anderen TN raten, um welches Paar es sich handelt. Für die Korrektur der Texte → **Schreibaufgaben auswerten**.

Zwischenmenschliches 7

Erweiterung Fragen Sie die TN, welches der bisher gesammelten Paare sie am interessantesten finden und warum. Die TN, die sich für das gleiche Paar entschieden haben, arbeiten in einer KG zusammen und überlegen sich Fragen, die sie den beiden Personen gerne stellen würden. Die KG gibt ihren Fragenkatalog an eine andere KG weiter und diese versucht, durch Recherchen im Internet auf möglichst viele Fragen eine Antwort zu finden.

Internet

Die Moral von der Geschichte …
Sprachhandlungen über Fabeln sprechen; einen Text lebendig vorlesen
Lerninhalte WS: Tiere | Landeskunde: Fabeln | Wortbildung: Adjektive mit -ig und -lich (im ÜB)

12 a Schreiben Sie *Bär*, *Löwe* und *Fuchs* an die Tafel und fragen Sie, welche Eigenschaften diesen Tieren in den Heimatländern der TN zugeschrieben werden. Projizieren Sie die 3 Bilder. Bitten Sie die TN in PA zu beschreiben, was auf den Bildern geschieht, und die Geschichte zu erzählen. Erklären Sie den TN, dass die Art von Geschichten, um die es im Folgenden geht, *Fabeln* heißen.
Info Typisch an Fabeln ist, dass Tiere darin sprechen und handeln wie Menschen und eine Moral („Lebensweisheit") vermittelt wird. Berühmte Fabeldichter sind z. B. Aesop, Phaedrus, Jean de La Fontaine oder Gotthold Ephraim Lessing.
Lösungsvorschlag *Ein Löwe und ein Bär streiten um einen toten Hirsch. Ein Fuchs, der vorbeikommt, sieht dies. Er beobachtet in Ruhe, wie Löwe und Bär miteinander um die Beute kämpfen. Als die beiden ganz erschöpft sind, nimmt er selbst den Hirsch. So hat er die Beute bekommen, ohne sich anzustrengen.*

12 b Vorgehen wie beschrieben. Fragen Sie die TN, ob sie wissen, was eine *Lebensweisheit* ist (*eine allgemein gültige Erkenntnis über das Leben, zu der man nach langer Erfahrung gekommen ist und die nun als wahre Aussage über das Leben weitergegeben wird*). Die TN überlegen anschließend, welche Lebensweisheit in der Fabel steckt. Erklären Sie, dass es die Moral bzw. die Lebensweisheit, die in einer Fabel steckt, oft auch als Sprichwort gibt. Fragen Sie, ob die TN wissen, was *Sprichwörter* sind und ob sie deutsche Sprichwörter kennen. Lesen und hören Sie mit den TN den Kasten *Gut gesagt: Sprichwörter*. Bitten Sie die TN zu überlegen, welches der Sprichwörter zur ersten Fabel passt (*Wenn zwei sich streiten, freut sich der Dritte.*). Klären Sie auch die Bedeutung der anderen Sprichwörter (*Wer zuletzt lacht, lacht am besten* bedeutet, dass sich erst am Ende zeigt, wer wirklich einen Vorteil hat. *Der Klügere gibt nach* bedeutet, dass bei einem Streit, bei dem alle recht haben wollen, oft der Vernünftigere nicht auf seinem Recht besteht).
Erweiterung Je 2–3 TN schreiben eine kleine Szene zum zweiten oder dritten Sprichwort oder zu einem Sprichwort, das sie im Internet finden, z. B. unter http://sprichwoerter.woxikon.de; www.sprichwoerter.net; www.sprichwort-plattform.org

2.10

12 c Die TN lesen die zweite Fabel und besprechen in KG, welche der vier Aussagen nach ihrem Empfinden am besten dazu passt.
Variante Die TN lesen die zweite Fabel und zeichnen in PA 2–3 Bilder dazu. Je 2 Teams vergleichen ihre Zeichnungen und diskutieren, wie die Geschichte zu deuten ist. Vergleichen Sie anschließend im PL.
Erweiterung Teilen Sie die TN in 4 Gruppen ein und geben Sie jeder Gruppe eine Fabel der **Kopiervorlage**. Die TN lesen die Fabel und versuchen, den Inhalt in Bilder (auch mehrere, ähnlich wie ein Comic) zu fassen. Anschließend tauschen die Gruppen ihre Bilder mit einer anderen Gruppe und diese versucht, nach den Zeichnungen eine Fabel zu schreiben. Vergleichen Sie im PL die neuen Texte mit den Originalen. Gibt es viele Unterschiede oder sind die Texte ähnlich? Was ist „die Moral von der Geschichte"? Können Sie gemeinsam vielleicht sogar ein passendes Sprichwort finden?

KV

ÜB 12 Im PL. Die TN lernen weitere Tiere kennen.

12 d Fragen Sie die TN, ob sie andere Fabeln oder Tiergeschichten, ggf. auch aus ihrem Heimatland, kennen, und lassen Sie einige Geschichten im PL erzählen (eventuell nach einer Vorbereitung als HA).

7 Zwischenmenschliches

13 a	Die TN hören die erste Fabel. Fragen Sie die TN, ob sie finden, dass die Geschichte gut gelesen ist und, wenn ja, warum. Danach hören die TN die Fabel noch ein zweites Mal. Bitten Sie die TN, darauf zu achten, wo im Text Pausen gemacht werden und welche Wörter und Satzteile besonders betont werden. Die TN markieren die Pausen und die betonten Elemente im Text.	🔊 2.11
13 b	Je 2 TN arbeiten zusammen und lesen sich gegenseitig die erste Fabel vor. Dabei achtet der/die Partner/-in auf die Einhaltung der Pausen und die Betonung der Wörter/Satzteile.	
13 c	Lesen Sie mit den TN den Tipp-Kasten *Texte gut betonen*. Fragen Sie die TN, ob ihnen noch weitere Tipps einfallen, die helfen, das Vorlesen besonders spannend zu gestalten. Je 2 TN üben dann das lebendige Vorlesen mit der zweiten Fabel. **Alternative** Die TN können auch die Fabeln der **Kopiervorlage** zu KB12c verwenden.	KV zu KB12c
ÜB	**Wortbildung** Lesen Sie mit den TN den Tipp-Kasten. Danch lösen die TN in PA A und B.	

Film: Zusammenleben: WG 50+
Kloster Allerheiligenberg | Wir wollten uns verändern | In einer Gemeinschaft leben

14 a	Vorgehen wie beschrieben. Geben Sie den Gruppen jeweils eine Zeit vor (z. B. 3 Minuten). Die Gruppen lesen vor. Hängen Sie die Zettel im Kursraum auf.	DIN-A3-Blätter
14 b	Fragen Sie die TN, ob sie sich erinnern, was WG bedeutet (*Wohngemeinschaft*), und ob sie schon einmal in einer WG gelebt haben oder Menschen in einer WG kennen und welche Erfahrungen es damit gibt. Für welche Menschen ist eine WG besonders geeignet? Erklären Sie den Titel des Films *WG 50+* und fragen Sie, ob es aus Sicht der TN üblich ist, dass Menschen über 50 in einer WG zusammenleben. Wie ist die Meinung der TN zu dieser Lebensform für über 50-Jährige? Die TN sehen dann die Filmszene und ergänzen die Lücken. **Lösung** *1 Kloster, 2 von 1919 bis 2012, 3 gründete, 4 sanieren, 5 11*	▶17
15 a	Fragen Sie die TN, aus welchem Grund über 50-Jährige sich vielleicht entscheiden, eine WG zu gründen, und schreiben Sie die Vorschläge an die Tafel. Die TN sehen die Filmszene und machen Notizen dazu, welche Argumente der Gründer der WG nennt. **Lösung** *sich räumlich verändern, mit anderen Menschen zusammenziehen, im Alter nicht alleine leben*	▶18
15 b	Vorgehen wie beschrieben. **Lösung** *1 Miete, 2 Café, 3 Pension + 10 Stunden Gemeinschaftsarbeit (im Garten, kochen, putzen)*	▶18
16 a	Fragen Sie die TN, was beim Zusammenleben in einer WG positiv und was negativ sein kann. Sie können die TN auch in zwei Gruppen arbeiten lassen, die eine Gruppe sammelt Vorteile, die andere Nachteile. Vergleichen Sie im PL.	
16 b	Vorgehen wie beschrieben. Vergleichen Sie im PL und klären Sie ggf. Vokabular. Im Anschluss sehen die TN die Szene noch einmal. **Lösung** Was ihnen gefällt: *Unterstützung von anderen bekommen, Abwechslung im Alltag haben, von den Erfahrungen der anderen profitieren* – Organisation des Zusammenlebens: *auf andere Rücksicht nehmen, Pläne zusammen besprechen, Freizeit gemeinsam verbringen, sich regelmäßig austauschen, die Hausarbeit gerecht verteilen*	▶19
16 c	Die TN sehen die Szene noch einmal und machen Notizen zu den Fragen. **Variante** Bilden Sie 4 Gruppen, die sich auf die Beantwortung je einer Frage konzentrieren. **Lösung** *1 Es werden unterschiedliche Gerichte zubereitet, so dass es z. B. für Vegetarier oder Personen mit Unverträglichkeiten eine Alternative gibt. 2 Die Mitbewohner treffen sich wöchentlich, um gemeinsame Aktivitäten zu besprechen, z. B. Fensterputzaktionen. 3 Am Zusammenleben muss gearbeitet werden, es gibt auch Konflikte, z. B. bei der Aufgabenverteilung. 4 Die Bewohner haben ihr eigenes Zimmer, in dem sie auch mal alleine sein können.*	▶19
16 d	Gespräch im PL darüber, welche Wohnformen es für ältere Menschen gibt und welche Vor- und Nachteile diese haben. Fragen Sie, wie die TN im Alter gerne wohnen und leben würden.	

Rund um Körper und Geist   8

Los geht's!
Sprachhandlungen über Gesundheit sprechen
Lerninhalte WS: Gesundheit

1 a Schreiben Sie *Körper und Geist* an die Tafel. Fragen Sie die TN, welche Unterpunkte man dazu nennen könnte (z. B. *Körperpflege, Ernährung, Inspiration, Entspannung, Erste Hilfe*). Notieren Sie die Vorschläge an der Tafel. Sie können auch mit DIN-A3-Blättern arbeiten, die Sie im Kursraum auslegen. Die TN gehen umher und notieren darauf ihre Einfälle. Vergleich im PL. Die TN machen danach den Test zum Thema *Körper und Geist*. Spielen Sie den TN die Situation zu Frage 1 vor und bitten Sie sie, die für sie richtige Lösung zu markieren. Danach beantworten die TN die Fragen 2–8 selbstständig. Bei sprachlich schwächeren Kursen lesen Sie zuerst die Fragen und die möglichen Antworten gemeinsam und klären schwierige Vokabeln. — 2.12 DIN-A3-Papier

1 b Die TN lesen die Testauswertung und gleichen mit ihren eigenen Antworten ab. Fragen Sie die TN, welche Lösungen unerwartet waren und was sie dabei besonders erstaunt hat. Sie können vorher auch eine Kursumfrage machen und an der Tafel festhalten, wie viele richtige und wie viele falsche Lösungen es zu jeder Frage gegeben hat. Besprechen Sie die Auswertung im PL. Warum waren einige Ergebnisse klar? Was war neu? Bitten Sie die TN, mit ihrem Heimatland zu vergleichen. Sprechen Sie, wenn möglich in interkulturellen Gruppen, darüber, wie mit den verschiedenen gesundheitlichen Themen in den jeweiligen Ländern umgegangen wird.

1 c Schreiben Sie GESUNDHEIT von oben nach unten an die Tafel. Die TN kommen abwechselnd an die Tafel und schreiben zu einem Buchstaben etwas, das wichtig für ein gesundes Leben ist. Der Buchstabe kann dabei am Anfang, in der Mitte oder am Ende des Wortes stehen. Bei sprachlich schwächeren Gruppen können Sie auch 2–3 Beispiele vorgeben (z. B. *nicht rauchen, wenig Kaffee, genug schlafen* usw.). Anschließend sprechen die TN in KG über das Thema und sammeln weitere Ideen. Vergleichen Sie dann im PL.

Im Krankenhaus
Sprachhandlungen Hilfe anbieten und annehmen/ablehnen; jemanden warnen; Gewohnheiten nennen; Informationen in einem Infotext finden
Lerninhalte WS: Krankenhaus | GR: *nicht/kein* und *nur + brauchen + zu*; Reflexivpronomen im Akkusativ und Dativ | Landeskunde: Regeln im Krankenhaus

2 a Lassen Sie die TN in KG arbeiten. Geben Sie jeder KG eine Kopie des Bildes auf DIN-A3-Papier. Fragen Sie, um welche Situation es sich hier handelt. Die TN beschriften das Bild mit möglichst vielen ihnen bekannten Wörtern. Vergleichen Sie danach die Ergebnisse im PL. Ergänzen Sie ggf. weiteres Vokabular. In ÜB2a üben die TN weiteren Wortschatz.
Lösung *Patient, Fieberthermometer, Bett, Fernsehapparat, Bild, Hausschuhe, Tabletten, Medikamente/ Medizin, Krankenschwester / Krankenpfleger/-in, Spritze, Verband/Gips, Besuch, Blumenstrauß, …* — Kopie auf DIN-A3-Papier

2 b Die TN hören die beiden Gespräche im Krankenzimmer und beantworten die Fragen.
Lösung *1 braucht Hilfe, weil er sich die Haare waschen und sich die Hose anziehen will, denn er schafft das alleine noch nicht. – 2 möchte, dass seine Besucherin ihm Zeitschriften, ein Buch und seinen Laptop bringt. Er braucht ein bisschen Hilfe, um in die Cafeteria zu gehen.* — 2.13–14

2 c Lesen Sie mit den TN die Redemittel in der Sprechblase und klären Sie ggf. das Vokabular. Anschließend weiter vorgehen wie beschrieben. Bei sprachlich schwächeren Kursen können Sie die TN so aufteilen, dass sich jede/-r auf nur eine der 3 Spalten konzentriert.
Variante Die TN arbeiten in KG zusammen. Schreiben Sie alle Ausdrücke auf Kärtchen und geben Sie jeder KG ein Set. Die TN ordnen die Redemittel nach den Themen der Redemittel-Sprechblase und vergleichen danach mit dem KB. Danach weiter wie beschrieben.
Lösung *Gespräch 1: Ich kann Ihnen nur dringend raten, …; Brauchen Sie noch Hilfe?; Ja, das wäre sehr nett.; Sie brauchen mich nur zu rufen, wenn ich Ihnen helfen soll. Ich muss Sie warnen: …*
– Gespräch 2: Was kann ich für dich tun?; Danke, das wäre toll.; Das ist nicht gut für dich!; Und sonst noch etwas?; Nein danke, das ist nicht nötig. — 2.13–14 Kärtchen

8 Rund um Körper und Geist

3 a Fragen Sie die TN, welche Modalverben sie kennen. Schreiben Sie sie an die Tafel. Lesen Sie mit den TN die Sätze und überlegen Sie gemeinsam, mit welchem Modalverb man sie umschreiben kann. Lesen Sie dann den Grammatik-Kasten dazu. Vergleichen Sie gemeinsam die unterschiedlichen Konstruktionen (Modalverben ohne *zu*; *brauchen* mit *zu*). Weisen Sie darauf hin, dass man in der gesprochenen Sprache *zu* oft weglässt (vgl. Tipp-Kasten zu **ÜB3**).
Hinweis Gehen Sie ggf. auf die Modalverben *dürfen* und *müssen* und deren Verneinung ein, die oft Schwierigkeiten bereiten: *dürfen* (Erlaubnis), *nicht dürfen* (Verbot); *müssen* (Verpflichtung), *nicht müssen* (etwas ist nicht obligatorisch, es kann gemacht werden, muss aber nicht). Schreiben Sie Beispielsätze an die Tafel, z. B. *Im Park darf man Ball spielen, aber man darf keine Blumen pflücken. Im Büro muss man ordentlich gekleidet sein, aber Männer müssen keine Krawatte tragen.* (Sie können eine Krawatte tragen, es ist aber nicht obligatorisch.) Wenn die TN Englisch beherrschen, weisen Sie auf den Unterschied zwischen *du musst nicht* und *you mustn't* hin.
Lösung *1 musst 2 muss 3 muss*

3 b Die TN schreiben in PA die Antworten mit der Struktur *nicht/kein* bzw. *nur + brauchen + zu* und lesen danach gemeinsam die Dialoge. Lassen Sie die Dialoge auch im PL vorlesen.
Lösung *1 Du brauchst nur ins Café zu gehen. 2 Du brauchst nicht viel zu essen. 3 Du brauchst nur den Krankenpfleger zu rufen. 4 Du brauchst den Pullover nicht anzuziehen. 5 Du brauchst keine Angst zu haben.*
Erweiterung Die TN überlegen weitere Beispiele und spielen sie vor.

3 c Vorgehen wie beschrieben. Die TN machen sich vor dem Rollenspiel Notizen und überlegen, welche der Redemittel aus KB2c sie verwenden möchten. Sprachlich schwächere Kurse können den Dialog auch in PA ausformulieren und ihn anschließend üben (→ **Dialoge auswendig lernen**).
Variante Die TN machen in PA ein Redemittel-Rollenspiel (siehe → **Redemittelkärtchen-Diskussion**). **Kärtchen** Dazu schreiben sie die Redemittel aus KB2c, die sie verwenden möchten, auf je ein Kärtchen. Wenn die TN den Satz im Rollenspiel verwendet haben, darf die jeweilige Karte abgelegt werden. Das Rollenspiel ist erst beendet, wenn die TN keine Karten mehr haben.
Erweiterung Je 2 TN denken sich eine weitere Situation im Krankenhaus aus und spielen sie im PL vor.

4 a Sagen Sie den TN, dass Herr Krause nun nach Hause darf, und bitten Sie die TN, die beiden Bilder zu betrachten. Lassen Sie die Sätze im Grammatik-Kasten vorlesen und überlegen Sie im PL, zu welcher Situation sie jeweils passen. Anschließend sehen sich die TN Satz 1 und 2 noch einmal genau an. Was ist außer dem Reflexivpronomen noch anders? Erklären Sie, dass bei Reflexivsätzen, die ein Akkusativobjekt beinhalten, das Reflexivpronomen im Dativ steht. Hat der Reflexivsatz kein Akkusativobjekt, steht das Reflexivpronomen im Akkusativ.
Lösung *A Ich ziehe mich an, B Ich ziehe mir den Pullover an*

4 b Vorgehen wie beschrieben. Vergleichen Sie danach im PL. Die TN stellen sich nun gegenseitig die Fragen und notieren die Antworten des Partners/der Partnerin. Machen Sie eventuell eine Auswertung im PL: *Wie viele TN ziehen sich zuerst den rechten Schuh an? Wie viele zuerst den linken?* usw. Halten Sie die Ergebnisse an der Tafel fest.
Lösung *2 Putzt du dir die Zähne vor oder nach dem Frühstück? 3 Wäschst du dir morgens oder abends die Haare? 4 Duschst du dich kalt oder heiß? 5 Ziehst du dir zuerst den linken oder den rechten Schuh an?*

5 a Fragen Sie die TN, ob sie schon einmal im Krankenhaus waren und welche Erfahrungen sie dabei gemacht haben. Was war dort wichtig für sie (als Patient/-in, als Besucher/-in)? Lesen Sie mit den TN die angegebenen Themen. Dann vorgehen wie beschrieben.
Variante Sammeln Sie die Fragen gemeinsam im PL und halten Sie sie an der Tafel fest.

5 b Die TN einigen sich, wer für welche Fragen zuständig ist, und suchen die Antworten im Infoblatt. Danach präsentieren sie sie ihrem/-r Partner/-in.
Variante Verteilen Sie die gesammelten Fragen auf die TN.
Info Weisen Sie darauf hin, dass unterschiedliche Kliniken unterschiedliche Regeln haben.

Rund um Körper und Geist 8

5 c Im PL vorgehen wie beschrieben.
Erweiterung Die TN entwerfen in KG ein Infoblatt für das perfekte Krankenhaus. Sie geben ihm einen passenden Namen und gestalten das Infoblatt mit Fotos oder Zeichnungen. Dann stellt die KG es im PL vor. Die TN wählen das Krankenhaus, das ihnen am besten gefällt.

Musik und Emotionen

Sprachhandlungen über Musik und Gefühle sprechen; wichtige Informationen aus einem Zeitungsartikel weitergeben
Lerninhalte WS: Musik | GR: zweiteilige Konnektoren | Aussprache: Satzmelodie

6 a Sammeln Sie im PL verschiedene Musikstile (*Klassik, Jazz, Pop, Salsa, Folk, Volksmusik, Hiphop, Techno, …*) und schreiben Sie diese an die Tafel. Fragen Sie die TN, in welchen Situationen oder Stimmungen sie oft Musik hören, und notieren Sie auch das an der Tafel (*beim Aufräumen, wenn ich melancholisch bin, wenn Freunde zu Besuch sind …*). Überlegen Sie nun gemeinsam mit den TN, welche Art von Musik sie in welcher Situation gern hören und warum diese Musik ihrer Meinung nach dazu besonders gut passt, z. B. *Beim Aufräumen höre ich gern Rockmusik, weil es dann viel schneller geht.*
Variante Teilen Sie den Kurs in 2 Gruppen. Geben Sie jeder Gruppe Kärtchen in unterschiedlichen Farben. Die eine Gruppe sammelt Musikrichtungen, die andere Situationen, in denen man oft Musik hört. Legen Sie anschließend alle Karten verdeckt auf den Tisch. Die TN ziehen abwechselnd eine Karte von jeweils einer Farbe und begründen, ob sie diese Musik in dieser Situation gern hören würden oder nicht und warum das so ist. — *Kärtchen in 2 Farben*

6 b Lesen Sie mit den TN die Themen, bevor die TN den Zeitungsartikel lesen und markieren, welche der Themen darin behandelt werden. Sie vergleichen zuerst in PA, dann im PL.
Lösung *Musik und Emotionen Zeile 22/23; Musik zu bestimmten Anlässen Zeile 13–15; Musik und Gehirn Zeile 20/21; Filmmusik Zeile 28–32; Musik und Erinnerung Zeile 36–40*
Variante Je 2 TN arbeiten zusammen. Geben Sie den TN eine Kopie des Textes ohne die vorgegebenen Überschriften. Die TN lesen den Text und finden Überschriften zu den einzelnen Abschnitten. Danach vergleichen sie mit den Überschriften im KB. — *Kopien des Textes*
Erweiterung Je 3 TN schreiben eine Zusammenfassung des Textes in 3 Sätzen. Sie vergleichen zuerst mit einer anderen KG und dann im PL.

6 c Vorgehen wie beschrieben.
Lösung *4, 5*
Erweiterung Wenn die TN besonderes Interesse an dem Thema *Was Musik mit uns macht* haben, können Sie folgendes Projekt mit ihnen durchführen: Je 3 TN suchen einen Werbespot aus. Sie spielen ihn dem Kurs erst ohne Musik, dann mit 3 verschiedenen Musikstilen vor. Besprechen Sie im PL: Wie wirkt der Werbespot ohne Musik? Was ändert sich durch die unterschiedlichen Musikrichtungen? Überlegen Sie, welche Musik am besten passt und warum. Welche Musik gehört wirklich zu dem Spot? Was soll diese Musik vermitteln?

6 d Lesen Sie mit den TN die Redemittel-Sprechblase und erklären Sie, dass die Satzanfänge dabei helfen können, Texte kurz und verständlich zusammenzufassen. Die TN machen PA, ein/-e TN gibt mithilfe der Redemittel die wichtigsten Informationen aus dem Text weiter, der/die andere TN kann ggf. nachfragen. Sie können den TN auch als HA aufgeben, einer Person aus dem Heimatland in der Muttersprache von dem Text zu berichten.
Hinweis Viele TN haben Schwierigkeiten, in Texten die wichtigsten Informationen zu finden. Üben Sie mit den TN, z. B. indem Sie selbst zu jedem Abschnitt des Textes eine „gute" Liste der fünf wichtigsten Themen/Informationen aus dem Text und eine nicht gelungene Liste verfassen und diese mit den TN besprechen. Unterscheiden Sie mit den TN Informationen, die lediglich als Beispiel für eine Kernaussage dienen (z. B. *Thriller/Liebesszene ohne Musik*), von den Kernaussagen (*Musik beeinflusst unsere Stimmung*) und üben Sie mit ihnen dieses „Sortieren". (Sie können auch Texte aus früheren Lehrbuchkapiteln als Grundlage nehmen.)

67

8 Rund um Körper und Geist

7 a Erklären Sie den TN, dass es Konnektoren gibt, die aus 2 Teilen bestehen. Lesen Sie mit den TN die Konnektoren im Grammatik-Kasten und die Erklärung dazu. Die TN überfliegen den Text in KB6b noch einmal und markieren alle zweiteiligen Konnektoren. Weisen Sie darauf hin, dass zweiteilige Konnektoren sowohl Satzteile als auch ganze Sätze verbinden können und machen Sie ggf. Beispiele (aus dem Text bzw. eigene zur Gegenüberstellung).
Variante Schreiben Sie die zweiteiligen Konnektoren und die Definitionen dazu auf jeweils ein Kärtchen und geben Sie je 2–3 TN ein Set. Die TN ordnen die Definitionen den Konnektoren zu. Abschließend vergleichen die TN mit dem Grammatik-Kasten.
Kärtchen

7 b Bitten Sie die TN, in den Satzanfängen jeweils den ersten Teil des Konnektors zu unterstreichen. Die TN bilden dann in PA aus den Vorgaben korrekte Sätze. Vergleich im PL.
Variante Schreiben Sie die einzelnen Satzteile auf Kärtchen und geben Sie je 3–4 TN ein Set. Die TN bilden aus allen Kärtchen 6 korrekte Sätze.
Erweiterung Die TN entwerfen in KG ein Satzpuzzle für eine andere Gruppe. Dazu schreiben sie einige Sätze mit zweiteiligen Konnektoren und zerschneiden sie in drei Teile wie in der Aufgabe. Eine andere KG versucht die Sätze zu rekonstruieren.
Lösung 2C noch putzen, 3A oder ins Kino, 4E aber oft bleibt er lieber zu Hause, 5B andererseits stört sie mich beim Lernen, 6D sondern auch Gitarre
Kärtchen
Papier, Scheren

7 c Vorgehen wie beschrieben. Das Spiel ist beendet, wenn ein/-e TN zu allen 6 zweiteiligen Konnektoren einen Satz gebildet hat. Um die Übersicht zu behalten, können die TN farbige Punkte malen bzw. die Augenzahl aufschreiben, wenn sie einen Satz gebildet haben.
Erweiterung Je 4–5 TN spielen zusammen *Schnapp*. Kopieren Sie die **Kopiervorlage**, getrennt nach Satzanfängen (linke Spalte) und -enden (rechte Spalte), in 2 verschiedenen Farben auf Karton, schneiden Sie die Kärtchen aus und geben Sie jeder KG ein Set. Die Kärtchen mit den Satzanfängen werden unter den TN verteilt, die Satzenden werden aufgedeckt auf dem Tisch ausgelegt. Die TN lesen nun reihum ihre Kärtchen mit den Satzanfängen vor, die anderen Spieler/-innen versuchen so schnell wie möglich die passende Karte auf dem Tisch zu entdecken. Sie schlagen mit der Hand auf die Karte und rufen *Schnapp!*. Ist der Satz richtig, dürfen die TN ihn behalten. Es gewinnt, wer die meisten korrekten Sätze hat.
Hinweis Hier können Sie ein interaktives Tafelbild nutzen: Die TN üben Sätze mit den zweiteiligen Konnektoren. Ein/-e TN verschiebt ein Bild nach oben, ein/-e andere/-r ergänzt ein zweites Bild, ein/-e dritte/-r TN findet den passenden zweiteiligen Konnektor. Die TN im PL sagen dann den vollständigen Satz.
1 Würfel pro Gruppe
KV auf Karton in 2 Farben

8 Bitten Sie die TN, (ca. 5) Lieder aufzuschreiben, die ihnen spontan einfallen. Fragen Sie die TN, was sie mit diesen Liedern verbinden und warum sie ihnen wohl als Erstes eingefallen sind. Sprechen Sie dann mit den TN über die angegebenen Fragen.

ÜB 8 b Im PL. Je 2 TN üben, ein Gespräch über Musik zu führen. Diese Übung ist eine Prüfungsvorbereitung für das ZD und die Prüfung DTZ, dort wird allerdings zweimal gehört.

9 a Die TN hören den Dialog zunächst ohne Buch und mit geschlossenen Augen und versuchen zu erkennen, wann die Satzmelodie steigend, sinkend oder gleichbleibend ist. Sie hören ein zweites Mal und lesen mit, dabei achten sie auf die Pfeile. Besprechen Sie den Tipp-Kasten. Dann hören die TN zur Kontrolle nochmals und bewegen ihre Arme passend zur Satzmelodie.
2.15

9 b Die TN hören und sprechen nach, danach üben sie in PA.
Erweiterung Die TN stellen sich in PA W- oder Ja/Nein-Fragen und beachten die Intonation.
2.16

ÜB 9 Im Kurs zum weiteren Üben der Aussprache.

Rund um Körper und Geist 8

Gedächtnisleistung
Sprachhandlungen eine Diskussion im Radio verstehen; Lerntipps geben
Lerninhalte WS: Gedächtnis | Strategie: Wörter lernen

10 a	Erklären Sie den TN, dass sie ein kleines Experiment zum Thema *Gedächtnis* machen. Geben Sie den TN 5 Minuten Zeit zum Lesen der Fragen und ggf. zum Notieren von Erinnerungen.	
10 b	Die TN arbeiten in KG zusammen und sprechen über die genannten Fragen. Sammeln Sie im PL, was die TN über die Funktion des Gehirns und seine Gedächtnisleistung wissen, und spekulieren sie, warum man sich einige Sachen besser merken kann als andere. Lesen und hören Sie mit den TN den Kasten *Gut gesagt: Wenn man etwas vergessen hat* und fragen sie, welche Ausdrücke es in den Heimatländern der TN dafür gibt.	2.17
ÜB 10 a+b	10b im PL, 10a ggf. zur Vorbereitung. Wiederholen Sie ggf. vorab kurz mit den TN, welche Redemittel sie für Tipps und Vorschläge verwenden können.	
11 a	Vorgehen wie beschrieben. **Lösung** *Es geht um Tipps für sinnvolles Lernen. Die Studiogäste sind der Lerncoach Gregor Schellbach und die Lehrerin Ina Dahlmeyer.*	
11 b	Die TN hören die Radiosendung und notieren die Reihenfolge. **Lösung** *Lernzeiten, Lerntipps, Lerntypen* **Erweiterung** Fragen Sie die TN vor dem Hören, ob sie schon Lerntipps kennen, welche Lerntypen es vielleicht gibt und welche Zeiten sich besonders zum Lernen eignen.	2.18
11 c	Lesen Sie mit den TN die Aussagen und klären Sie ggf. Vokabular. Die TN hören die Radiosendung noch einmal und notieren, welche der teilhabenden Personen das sagt. Fragen Sie die TN anschließend, was ihre Meinung zu der Radiosendung ist. Mit welchen Aussagen sind sie einverstanden? Mit welchen nicht? Warum? **Lösung** 1S, 2S, 3D, 4M, 5D, 6D	2.18
ÜB 12	Partnerarbeit ÜB12b im PL, ÜB12a ggf. zur Vorbereitung als HA.	
12 a	Geben Sie den TN einige Minuten Zeit, zu überlegen, welche Wörter ihnen beim Deutschlernen besonders schwergefallen sind bzw. welche sie sich nicht gut merken konnten oder können. Die TN erstellen eine Liste mit ca. 7–10 deutschen Wörtern, ggf. können sie dazu das KB, den ÜB-Teil mit den Wortlisten oder ein Wörterbuch benutzen. Lesen Sie mit den TN den Strategie-Kasten *Wörter lernen*. Die TN denken sich nun eine kurze, ungewöhnliche Geschichte aus, in der alle zuvor gesammelten Wörter vorkommen, und lesen sie vor. Sprechen Sie im PL darüber, ob sie glauben, dass sie die Vokabeln jetzt leichter behalten können, und warum das so sein könnte. **Variante** Die TN können auch in KG eine Geschichte schreiben. Jede/-r TN gibt dann ca. 3 Wörter vor, die ihr/ihm schwerfallen. **Erweiterung** Machen Sie ca. eine Woche später einen Test mit den TN. Bitten Sie sie, die Wörter, die ihnen schwergefallen sind und die sie in die Geschichte eingebaut haben, auf ein Blatt Papier zu schreiben. Wie viele Wörter sind den TN eingefallen? Besprechen Sie mit den TN im PL, ob die Lernmethode funktioniert hat oder nicht und warum das vielleicht so ist.	Wörterbuch
12 b	Die TN überlegen in KG gemeinsam, welche anderen Lerntipps sie kennen, und fassen diese in einer Liste zusammen. Sie können den einzelnen Gruppen auch bestimmte Schwerpunkte vorgeben, z. B. *Lerntipps zum Grammatiklernen, Lerntipps zum Vokabellernen, Lerntipps für eine gute Aussprache, Visualisierungstechniken, Lesetechniken, Tipps zum Schreiben von Texten, Konzentrationstechniken* usw. Wenn sie möchten, können die TN auch im Internet nach Lernstrategien suchen. Bilden Sie → **Wirbelgruppen**, damit die TN ihre Ergebnisse mit den anderen KG austauschen können. Entscheiden Sie sich mit dem Kurs für die besten Tipps und bitten Sie die TN, Plakate zu erstellen. Hängen Sie die Plakate im Kursraum auf.	

8 Rund um Körper und Geist

Erweiterung Jede/-r TN erhält eine **Kopiervorlage**. Lesen Sie darauf im PL die 5 Empfehlungen für effektives Sprachenlernen. Die TN vergleichen, ob diese auf ihren Plakaten vorkommen. Ein weiterer Lerntipp ist es, ein Lerntagebuch zu führen. Gehen Sie im PL die einzelnen Rubriken durch und klären Sie Fragen. Bitten Sie die TN, das Lerntagebuch eine Woche lang zu führen, und besprechen Sie danach gemeinsam die Erfahrungen damit. Finden die TN das Lerntagebuch sinnvoll? Hilft es ihnen, ihren Lernprozess effektiver zu gestalten? Geben Sie den TN weitere Kopien, wenn diese das Lerntagebuch weiterführen möchten.   KV

Mit allen Sinnen

Sprachhandlungen Besondere Orte vorstellen
Lerninhalte Landeskunde: Sinnesorte in Deutschland und Österreich | Wortbildung: Verben mit *mit-*, *vorbei-*, *weg-*, *weiter-*, *zusammen-* und *zurück-* (im ÜB)

13 a Fragen Sie die TN, welche Ausflüge sie in letzter Zeit unternommen haben (es kann auch der Besuch eines besonderen Restaurants, ein schöner Spaziergang etc. sein). Können sie ein Ausflugsziel empfehlen? Geben Sie den TN einige Minuten Zeit, an einen konkreten Ausflug zurückzudenken und Sinneseindrücke zu notieren: Wie roch oder schmeckte es? Was konnte man sehen, hören, fühlen? Sammeln Sie im PL. Dann in 3er-KG vorgehen wie beschrieben.
Info www.villa-sinnenreich.at, www.Baumwipfelpfade.de/bayerischer-wald, www.hausdermusik.com

13 b Die TN stellen ihre Texte innerhalb der Gruppe vor. → **Kooperatives Lesen**

13 c Sprechen Sie im PL wie beschrieben über die Orte.
Erweiterung Die TN stellen einen Ausflugstipp für ihr Heimatland auf einem Plakat vor. Oder sie verfassen als HA einen Text mit Fotos und Sie binden alle diese Texte zu einem „Reiseführer".

ÜB **Wortbildung** Lesen Sie den Tipp-Kasten, danach in PA vorgehen wie beschrieben.

Film: Tanzen ist Leidenschaft

DanceAbility | Tanzen bedeutet für mich … | Auf Tour

14 a Fragen Sie die TN, ob sie manchmal tanzen, welchen Tanzstil sie bevorzugen und wann sie das letzte Mal getanzt haben. Lesen Sie die Vokabeln mit den TN und klären Sie Fragen. Die TN sehen die Filmszene und beschreiben sie mithilfe der Ausdrücke im PL.
Lösungsvorschlag *Die unterschiedlichsten Menschen mit oder ohne Behinderung tanzen gemeinsam auf einer Bühne, sie bewegen sich zum Rhythmus.*   ▶ 20

14 b Ein/-e TN liest den Satz vor. Besprechen Sie im PL mit den TN, was damit gemeint ist.
Lösungsvorschlag *Der Ausdruck betont nicht das, was manche Menschen, zum Beispiel Menschen mit Behinderung, nicht können, sondern dass alle Menschen unterschiedliche Fähigkeiten haben, Dinge besser oder schlechter können. Maja sagt im Film, dass Menschen „auf unterschiedliche Weise verstehen, denken, abspeichern und sich ausdrücken".*

15 a+b Schreiben Sie *Tanzen bedeutet für mich …* an die Tafel und sammeln Sie Vorschläge, wie die TN den Satz ergänzen. Lesen Sie mit den TN die Aussagen und klären Sie ggf. Vokabular. Zeigen Sie die Filmszene, die TN notieren, wer was sagt. Kontrolle wie beschrieben.
Lösung 1 Stefan, 2 Anne, 3 Maja, 4 Gudrun, 5 Maja, 6 Anne, 7 Stefan, 8 Gudrun   ▶ 21

16 a Die TN beschreiben, was sie auf den 3 Fotos sehen. Überlegen Sie gemeinsam anhand der Fotos, was sie in der folgenden Filmszene sehen werden. Zeigen Sie die Filmszene und lassen Sie die TN danach in PA zu jedem Foto einen Satz formulieren. Vergleichen Sie dann im PL.
Lösungsvorschlag *Die Gruppe ist in ganz Europa unterwegs. Wenn Riana Musik hört, tanzt sie direkt los und ihr Herz lacht. Das Publikum hat Freude an der Aufführung.*   ▶ 22

16 b Vorgehen wie beschrieben.

Kunststücke 9

Los geht's!
Sprachhandlungen über Kunst und Kunstwerke sprechen
Lerninhalte WS: Kunst | Landeskunde: Kunst in Innsbruck

1 a	Schreiben Sie *Kunst und Kultur* an die Tafel. Bitten Sie die TN zu überlegen, welche verschiedenen Arten von Kunst man in einer Stadt finden kann, und notieren Sie die Vorschläge (*Architektur, Plakate, Graffiti, Kunsthandwerk* usw.). Projizieren Sie dann die Fotos und erklären Sie, dass alle Fotos aus der österreichischen Stadt Innsbruck stammen. Die TN beschreiben, was sie auf den Fotos sehen, und tauschen sich darüber aus, welche der Fotos ihnen (am besten) gefallen und welche nicht und warum das so ist. **Alternative** Jede/-r TN wählt ein Foto aus und beschreibt kurz, was das abgebildete Objekt seiner Meinung nach mit Kunst zu tun hat. Die TN, die sich für dasselbe Foto entschieden haben, sprechen dann in KG darüber und begründen, was ihnen daran (nicht) gefällt. Bilden Sie anschließend → **Wirbelgruppen**, damit alle TN über alle Kunstwerke informiert sind.	
1 b	Vorgehen wie beschrieben. Die TN können auch in PA arbeiten und je 2 oder 3 Texte lesen. **Erweiterung** Wenn Sie die Alternative in KB1a gemacht haben, können Sie mit den TN besprechen, welche Unterschiede und Gemeinsamkeiten es zu ihren eigenen Meinungen gibt. **Lösung** A: *ein Bild/Gemälde; helle Farben, fröhliche Figuren* – B: *Brunnen mit Statuen; Kontrast von alt und neu* – C: *Graffiti; spielt mit Dingen aus dem Alltag* – D: *Gebäude einer Bahnstation; runde, weiche Formen, moderne Architektur* – E: *Installation; überraschend, regt zum Nachdenken an, tolle Idee*	
2 a	Vorgehen wie beschrieben. Die TN vergleichen zuerst in KG und dann im PL. **Lösung** Person 1: *..., die Stationen der Hungerburgbahn – runde Formen, das grüne Glas, der Blick in die Landschaft* – Person 2: *Graffiti von HNRX – wahnsinnig gut, immer eine Überraschung, witzige Ideen, kann sein Handwerk* – Person 3: *Leopoldbrunnen – wunderbare Figuren, alt und immer noch schön* **Variante** Die TN notieren beim Hören auch alle weiteren Kunstobjekte, über die gesprochen wird, und vergleichen dann im PL. Schreiben Sie alle Objekte an die Tafel (inklusive *Gebäude der Altstadt, neue Gebäude, das goldene Dachl, die Hungerburgbahn, der neue Landhausplatz, die Hofburg, das Haus der Musik*). Beim zweiten Hören machen die TN Notizen, wer der drei Anrufer über welche Kunstobjekte spricht und ob sie sie positiv oder negativ beurteilen. Vergleichen Sie im PL. **Erweiterung** Die TN suchen Fotos der genannten Kunstobjekte im Internet und berichten ihre persönliche Meinung dazu.	🔊 2.19
2 b	Bringen Sie Fotos von weiteren Kunstobjekten in Innsbruck mit, neben den bereits genannten z. B. *die Hofkirche („Schwarze Mander"), CRYSTAL MATRIX von Erwin Redl, die Sprungschanze von Zaha Hadid* usw. Die TN können auch selbst (ggf. als HA) Kunstobjekte in Innsbruck oder auch aus einer anderen Stadt recherchieren und Fotos davon mitbringen. Jede/-r TN wählt ein Kunstwerk, das er/sie besonders interessant findet, recherchiert Informationen (Von wem? Wann? Wo? Was?) dazu. → **Mini-Präsentation** im PL. Sie finden Informationen unter www.innsbruck.at; www.innsbruck.info	Fotos von Kunstobjekten aus Innsbruck
2 c	Bitten Sie die TN, den Weg von ihrer Wohnung/ihrem Arbeitsplatz zum Kursort im Geiste „abzulaufen". Sind sie auf diesem Weg Kunst in irgendeiner Form begegnet (Kirche, Museum, Denkmal, Street Art oder Graffiti, Plakate usw.)? Fotografieren Sie ggf. selbst einige Kunstobjekte in der Nähe und zeigen Sie den TN die Fotos. Erzählen Sie, was Sie an diesen Objekten interessant finden und was Ihnen (nicht) gefällt. Die TN schreiben – ggf. als HA – einen Text über Kunstobjekte auf ihrem Weg zum Kurs. Sie können die Objekte auch fotografieren und in den Text einfügen. (→ **Schreibaufgaben auswerten**) Als Mini-Projekt im Unterricht können Sie gemeinsam auch einen kleinen Kunstführer rund um den Kursort erstellen und kleine Führungen z. B. für andere Kursgruppen erstellen und durchführen. **Variante** Die TN fotografieren ca. 3–5 Kunstwerke auf dem Heimweg und stellen sie vor. **Erweiterung** Die TN denken darüber nach, welches Kunstwerk sie in ihrem Leben besonders beeindruckt hat. Die TN stellen anschließend im PL vor, wann sie mit diesem Kunstwerk in Berührung kamen, was sie darüber wissen und warum es ihnen im Gedächtnis geblieben ist.	ggf. Fotos von Kunstobjekten am Kursort

9 Kunststücke

Wa(h)re Kunstwerke

Sprachhandlungen Informationen aus Zeitungstexten weitergeben; nachfragen; etwas verneinen; über Bilder sprechen; sagen, wie einem etwas gefällt
Lerninhalte WS: Museum | GR: Stellung von *nicht* im Satz

3 a Schreiben Sie die Überschriften in die Mitte jeweils eines Wortigels an die Tafel. Erklären Sie, dass es sich hierbei um Überschriften von Zeitungsartikeln über kuriose Geschichten handelt. Bitten Sie die TN Assoziationen zu jedem Titel zu nennen und schreiben Sie die Vorschläge zu den Wortigeln. Die TN spekulieren dann, worum es in den einzelnen Texten geht.
Variante Die TN arbeiten in KG, wählen eine Überschrift und überlegen sich mündlich oder schriftlich eine Geschichte dazu. Vergleich im PL.

3 b Vorgehen wie beschreiben. Jede Gruppe korrigiert die Antworten auf ihre gestellten Fragen.
Lösung *A: Putzfrau zu ordentlich, B: Tierische Helfer, C: Kunst aus dem Supermarkt*

3 c Vorgehen wie beschreiben. Lesen Sie vorher mit den TN die Redemittel in der Sprechblase. Die TN verwenden sie, wenn sie etwas beim ersten Zuhören nicht genau verstanden haben.
Erweiterung Je 2–3 TN stellen sich vor, dass sie für eine Zeitung arbeiten und eine/-n der Protagonist/-innen der 3 Texte (Putzfrau, Museumsleiter, Zoodirektor, Kunsthistoriker oder Ethnologin) interviewen sollen. Sie überlegen sich 5 Fragen. Lassen Sie die Interviews im PL vorspielen, ein/-e TN kann in die Rolle des/-r Befragten schlüpfen. Die TN können ihre Interviewfragen auch an eine andere KG weitergeben, die schriftlich antwortet.

4 a Lesen Sie mit den TN die Regeln für die Negation mit *nicht*. Bitten Sie die TN dann, die Beispielsätze zu lesen und *nicht* zu unterstreichen. Die TN überlegen in PA, welche der Regeln für die einzelnen Sätze zutrifft. Vergleichen Sie im PL.
Lösung *B: 1b, C: 1c, D: 2, E: 1e, F: 1a*

4 b Die TN lesen die Sätze und überlegen, wo *nicht* stehen muss, um den ganzen Satz zu verneinen. Vergleich im PL. Lassen Sie die Stellung von *nicht* gemäß den Regeln begründen.
Lösung *1. Die Putzfirma hat nicht ausreichend informiert. (1c) – 2. Die Putzfrau hat das Kunstwerk nicht erkannt. (1b) – 3. Die meisten Tiere malen nicht. (1a) – 4. Die Besucher fanden die Bilder nicht schlecht. (1c) – 5. Die meisten fragen nicht nach bekannten Künstlern. (1d) – 6. Er hat das Bild im Kunstsupermarkt nicht gekauft. (1b)*

4 c Vorgehen wie beschreiben (→ **Lebendiger Satz**). Die TN, die keinen Zettel oder kein Kärtchen erhalten haben, helfen dabei, die Sätze zu bilden. Wenn alle TN den Satz für richtig befunden haben, kommt die nächste Gruppe an die Reihe.   *Zettel oder Kärtchen*
Erweiterung Je 3–4 TN arbeiten zusammen. Kopieren Sie die Kärtchen von der **Kopiervorlage** auf Karton, schneiden Sie sie aus und geben Sie jeder KG ein Set. Die TN haben 5 Minuten Zeit, daraus so viele korrekte Sätze oder Fragen mit Negation (mit *nicht* und *kein*) zu bilden wie möglich. Lassen Sie die Sätze ggf. aufschreiben und vorlesen und korrigieren Sie im PL. Die KG mit den meisten korrekten Sätzen hat gewonnen.   *KV*

ÜB 4 d Im Kurs. Lesen Sie mit den TN den Tipp-Kasten.

5 a Projizieren Sie das Bild von Heimrad Prem an die Tafel oder an die Wand. Vorgehen wie beschreiben. Die TN geben dem Bild spontan einen Titel (der Originaltitel ist „Er und Sie").
Erweiterung Die TN wählen alleine oder in Gruppen eine/-n andere/-n Künstler/-in der Moderne aus den D-A-CH-Ländern, recherchieren Informationen über ihn/sie und die Werke im Internet und stellen das Ergebnis im PL vor.
Info Der Künstler Heimrad Prem wurde am 27. Mai 1934 in Roding in der Oberpfalz (Bayern) geboren und ist am 19. Februar 1978 in München gestorben. Er war ein deutscher Maler der Nachkriegszeit und gehörte zur avantgardistischen Gruppe SPUR, die sich sowohl durch Malerei als auch durch Beschäftigung mit gesellschaftspolitischen Themen auszeichnete.

Kunststücke 9

5 b Die TN hören die Kommentare von Besucher/-innen einer Ausstellung und notieren die Antwort.
Lösung *Drei Personen gefällt das Bild.*

2.20

5 c Vorgehen wie beschrieben. Vergleichen Sie im PL.
Lösung *sehr positiv: 1, 4, 5, 8 – positiv: 7 – negativ: 2, 3, 6 – sehr negativ: 9*
Erweiterung Schreiben Sie die Aussagen auf je ein Blatt Papier und verteilen Sie die Blätter an die TN (wenn es mehr TN als Aussagen gibt, können sie einige Aussagen mehrfach verwenden). Die TN hören die Gespräche noch einmal. Wenn sie ihre Aussage wiedererkennen, stehen sie auf. Die TN lesen dann ihre Aussagen vor und imitieren dabei die gehörte Intonation.

2.20
Papier

5 d Lesen Sie den TN die Sätze vor und lassen Sie sie nachsprechen. Fragen Sie die TN danach jeweils, ob die Aussage durch den Zusatz verstärkt oder abgeschwächt wird.
Lösung verstärkend: *total, wirklich, besonders, richtig*; abschwächend: *relativ, ziemlich, eigentlich, eher*

6 Bitten Sie die TN, ein Foto oder eine Kopie von einem Kunstwerk mitzubringen, das ihnen besonders gut oder überhaupt nicht gefällt. Sie können auch selbst Bilder mitbringen. Machen Sie eine Ausstellung im Kursraum. Die TN gehen zu zweit oder zu dritt durch den Raum und kommentieren die Bilder. Dazu sollen sie die Ausdrücke von KB5c und d verwenden.
Alternative Besuchen Sie gemeinsam mit den TN eine Ausstellung am Kursort. Bitten Sie die TN, ihre Meinung zu den Kunstwerken auf Deutsch auszudrücken.
Info Die Bilder vieler Museen (z. B. die Pinakotheken in München, das Museum Ludwig in Köln, das Museum der bildenden Künste in Leipzig) kann man auch im Internet sehen. Einige große Museen (z. B. www.museothyssen.org) bieten einen virtuellen Rundgang an.

Wir können mehr
Sprachhandlungen ein Kursprogramm verstehen; Personen oder Dinge genauer beschreiben; Anzeigen verstehen und schreiben
Lerninhalte WS: Theater | GR: Adjektivdeklination ohne Artikel | Aussprache: Vokal am Wortanfang

7 a Schreiben Sie KREATIVITÄT senkrecht an die Tafel. Die TN nennen zu jedem Buchstaben eine Assoziation. Die Buchstaben können am Anfang, in der Mitte oder auch am Ende des Wortes stehen. Fragen Sie die TN, ob sie kreativ sind und lassen Sie Beispiele geben. TN, die ein kreatives Hobby haben, berichten davon und bringen Fotos mit.
Erweiterung Im Internet findet man viele Tipps für mehr Kreativität. Die TN recherchieren in KG und stellen ihre Top Ten zusammen, z. B. *Haben Sie immer ein Notizbuch dabei, um Gedanken aufzuschreiben! Nehmen Sie öfter mal einen anderen Nachhauseweg! Überlegen Sie 25 Verwendungsmöglichkeiten für einen Zahnstocher* usw. Die KG stellen ihre Ideen vor und diskutieren mit den anderen TN, ob die Tipps sinnvoll sind.
Hinweis Als Einstieg kann auch mit dem interaktiven Tafelbild Wortschatz wiederholt und vorentlastet werden. Es werden nacheinander Bilder sichtbar, die den Wortschatz der Doppelseite enthalten. Die TN müssen die abgebildeten Dinge erkennen und benennen. Steigern Sie das Tempo in mehreren Runden. Sie können auch einen Wettbewerb machen. Lassen Sie dazu die Fotos langsam durchlaufen, die TN notieren den Wortschatz. Wer hat am Ende die meisten Bilder erkannt?

7 b Fragen Sie die TN, in welchem kreativen Bereich sie gerne einen Kurs besuchen und mehr lernen würden. Dann vorgehen wie beschrieben. Zur Wortschatzerweiterung dient **ÜB7a**.
Lösung *1r, 2f, 3f, 4r*

7 c Vorgehen wie beschrieben. Vergleichen Sie im PL und klassifizieren Sie an der Tafel. Schreiben Sie die nominalen Gruppen mit bestimmtem Artikel auf die linke und die nominalen Gruppen mit unbestimmtem Artikel oder mit Possessivartikel auf die rechte Seite. Überlegen Sie gemeinsam, in welchem Kasus die nominalen Gruppen stehen. Bitten Sie die TN, sich in KG die Regeln der Adjektivdeklination nach bestimmtem bzw. unbestimmtem Artikel in Erinnerung zu rufen (notfalls mithilfe einer Grammatik, des Internets o. Ä.) und zu überlegen wie man die Regeln auf einem Lernplakat

Plakate, Stifte.

73

9 Kunststücke

möglichst verständlich darstellen könnte. Die TN erstellen Lernplakate (beide in einer KG oder auf KGs verteilt) und stellen sie vor.
Hinweis Vollständige Tabellen sind im Anhang. Gehen Sie auf den Plural beim unbestimmten Artikel ein (*Das sind geeignete Tipps. – Das sind keine/unsere geeigneten Tipps*).
Lösung *das aktuelle Programm; einen neuen Schwerpunkt; ein passender Kurs; die großen, bunten Bilder; der jungen Malerin; Ihre kreativen Ideen; der brasilianische Theatermacher; ein kurzes Stück; die passende Rolle; keine große Erfahrung; die praktischen Möbel; die bunten Vasen; einem alten Ding; der erfahrene Handwerker; Ihre künstlerischen Pläne*

7 d Die TN ergänzen und wenden dabei die Regeln der Adjektivdeklination an.
Lösung *2. ihre großen, bunten Bilder, 3. seine kreativen Ideen, 4 ein brasilianischer Theatermacher, 5. ein kurzes Stück, 6. eine passende Rolle/Erfahrung, 7. ein erfahrener Handwerker, 8. ein altes Ding, 8. geeignete Tipps*
Erweiterung Die TN überlegen ein weiteres kreatives Programmangebot (es kann auch etwas Kurioses sein, z. B. *Recycling-Ideen für alte Deutsch-Wörterbücher, gemeinsam Arien aus bekannten Opern einstudieren, alte Fabrikhallen zeichnen, Flamenco-Tanz für über 60-Jährige*) und schreiben einen Text wie in KB7b dazu. Sie verwenden dabei möglichst viele nominale Gruppen mit Adjektiven. Danach stellen sie ihr Angebot im PL vor. Die TN sprechen in KG oder im PL darüber, welchen Kurs (aus dem KB oder den Angeboten der TN) sie am interessantesten finden und welchen sie gerne besuchen würden.

ÜB 7 b+c Im Kurs oder als HA, lesen Sie zuvor die Tipp-Kästen mit den TN im Kurs.

8 a Die TN lesen die Anzeigen und ordnen sie dem passenden Kurs aus KB7b zu.
Lösung *A lautstark, B Malen mit Alice Marosević, C Aus alt mach neu*

8 b Vorgehen wie beschrieben. Besprechen Sie im PL Kasus und Genus der nominalen Gruppen (Adjektiv + Nomen). Erklären Sie den TN, dass sie auch hier wieder die Adjektivdeklination finden. Lassen Sie sie überlegen, wodurch sich diese von den beiden bisher bekannten Adjektivdeklinationen unterscheidet (*es gibt keinen Artikel vor dem Adjektiv*). Die TN überlegen, woher die Endungen bei der Adjektivdeklination ohne Artikel kommen (*die Adjektive ohne Artikel haben die gleiche Endung wie der bestimmte Artikel des Nomens*). Wiederholen Sie ggf. die Deklination der bestimmten Artikel und schreiben Sie einige Beispiele zur Verdeutlichung an die Tafel. Füllen Sie dann im PL die Tabelle aus. Erwähnen Sie, dass nominale Gruppen ohne Artikel meist in Anzeigen verwendet werden.
Lösung A: *netter Person, coolen Frisuren, Großer Spaß, lange Partys*; B: *kleines Projekt, bunte Farbstifte und Kulis, (kurze, lange, dicke, dünne Farbstifte und Kulis)*; C: *alte Lampe, alten Fernseher, braunem Holz* – Endungen in der Tabelle: siehe kurz-und-klar-Seite

8 c Die TN ergänzen die Anzeigen. Vergleichen Sie im PL.
Lösung *1. Erfahrene … kreativen, 2. Großem … fantasievolle/verrückte … nettem, 3. Erfahrene/Fantasievolle/Verrückte … wunderbarer … chaotischer, 4. Bequeme … runden … kleines*

8 d In 3er-KG vorgehen wie beschrieben. Die TN sollen viele Adjektive ohne Artikel verwenden.
Erweiterung Teilen Sie den Kurs in 2 Gruppen ein (bei großen Kursen mit Untergruppen). Kopieren Sie die **Kopiervorlage** und schneiden Sie sie (nur) senkrecht in der Mitte auseinander. Eine Gruppe bekommt A, die andere Gruppe B. Die TN ergänzen die Adjektivendungen. Weisen Sie darauf hin, dass hier alle Adjektivdeklinationen (ohne, mit bestimmtem und unbestimmtem Artikel) vorkommen. Korrigieren Sie die Lösungen oder geben Sie den KG ein Lösungsblatt, mit dem sie die Endungen selbst korrigieren können. Bitten Sie die TN, die Kontaktanzeigen zu zerschneiden und eine Anzeige auszuwählen. Die TN sollen sich nun mit der Anzeige „identifizieren" und ihre/-n Partner/-in suchen. Dazu gehen sie im Raum umher, sprechen miteinander und stellen sich gegenseitig vor. (Die Informationen der Anzeige sollen möglichst nicht abgelesen, sondern frei wiedergegeben werden). KV
– Statt der Rollenspiele können die Anzeigen auch gemischt und in KG besprochen werden, welche Personen zusammenpassen.

Kunststücke 9

9 a Vorgehen wie beschrieben. Vergleichen Sie im PL. Die TN überlegen, welche Regeln es für die Aussprache gibt. Besprechen Sie diese: Beginnt das nachfolgende Wort (oder auch eine neue Silbe) mit einem Vokal oder Diphthong, wird es getrennt vom Wort (oder der Silbe) davor gesprochen. Man bezeichnet das als *Knacklaut* oder auch *Vokalneueinsatz*. Sprechen Sie den TN *Es ist kalt.* und *Es ist alt.* vor und bitten Sie sie, auf den Unterschied zu achten. Die TN hören die Ausdrücke dann noch einmal und sprechen sie nach. Dazu können sie die passende Handbewegung machen (eine Kurve bei Verbundenem, einen Schnitt beim Trennen).
Erweiterung Um den Knacklaut mit den TN zu üben, bringen Sie ungekochte Spaghetti mit. Die TN lesen die Beispiele und brechen bei jedem Vokalneueinsatz ein Stück Spaghetti ab.

2.21

9 b Je 2 TN lesen gemeinsam die Sätze und überlegen, wo die einzelnen Wörter verbunden und wo sie getrennt werden. Dann vorgehen wie beschrieben.
Erweiterung Je 2–3 TN finden 5 Minuten lang Wortpaare wie *und–Hund, eine–meine, ist–bist*, die sich nur durch einen Konsonanten vor dem Vokal unterscheiden. Dann tauschen 2 KG ihre Wortpaare und schreiben Sätze mit den Wörtern (die Wörter können auch in einem Satz kombiniert werden.) Die Ergebnisse bekommt die nächste KG; diese liest sie im PL vor.

2.22

ÜB 9 Im Kurs oder als HA zur weiteren Übung der korrekten Aussprache.

Impro-Theater
Sprachhandlungen ein Interview und eine Improgeschichte verstehen; improvisieren
Lerninhalte Strategie: Improvisieren

10 a Überlegen Sie mit den TN, um was man sich kümmern muss, wenn man eine Theateraufführung vorbereitet. Notieren Sie die Vorschläge an der Tafel. Dann vorgehen wie beschrieben. Sammeln Sie Situationen, in denen man spontan sein und improvisieren muss.

10 b+c Die TN hören und beantworten die Fragen. Vergleich in PA, ggf hören sie noch einmal zur Kontrolle.
Lösungsvorschlag 1. Impro = Abkürzung von Improvisation; Schauspieler wissen nicht, was sie spielen werden; Vorgaben (z. B. aus Publikum) werden spontan gespielt – 2. 1992 als Studenten – 3. Schauspieler haben keinen Text, warten auf Vorgaben/Spielangebote, auch vom Publikum, müssen genau aufpassen und darauf reagieren – 4. Genau zuhören und auf das, was der/die andere macht, reagieren; es gibt eine Fastfood-Improschule mit Kursen

2.23

10 d Lesen Sie mit den TN die Ausdrücke. Dann vorgehen wie beschrieben.
Erweiterung Kopieren Sie die Bilder und kleben Sie sie auf Kärtchen. Schreiben Sie die Begriffe ebenfalls auf je ein Kärtchen. Die TN können zuordnen oder mit den Kärtchen ein → **Memo-Spiel** spielen. Dann weiter wie oben.
Lösung die Biene, der Topf, der Dieb, der Detektiv, die Rose, die Umleitung, der Schatten

2.24
Kopien, Kärtchen

10 e Vorgehen wie beschrieben. Die TN versuchen dann, die Geschichte nachzuerzählen.
Variante Die TN sagen nacheinander (oder durcheinander mithilfe eines Balls) immer einen Satz, bis die Geschichte fertig erzählt ist.
Erweiterung Die TN erzählen die Geschichte weiter oder erweitern sie, indem sie versuchen, noch möglichst viele andere nicht genannte Begriffe aus KB10d einzubauen.

2.24
ggf. Ball

10 f Sprechen Sie im PL über das Thema *Impro-Theater* und gehen Sie auch auf die Fragen ein.
Hinweis Sie können hier KB14–16 mit den Filmszenen 23–25 anschließen.

▶ 23–25

11 a–c Vorgehen wie beschrieben. Am besten eignet sich eine Gruppenstärke von 6–10 TN. Lesen Sie zum Thema *Improvisieren* auch den Strategie-Kasten. Ggf. anschließend → **Schreibaufgaben auswerten**.

11 d Die TN berichten über ihre Erfahrungen.
Erweiterung Bei Interesse können die TN kleine Szenen spielen. Wie in KB11a–c wählen die TN in GA erst Überschriften, schreiben dann Begriffe dazu und entwerfen schließlich ihre Szene.

ÜB11 Im Kurs. Machen Sie ÜB11b lange, die Einfälle werden meist nach und nach lustiger und kreativer.

9 Kunststücke

Singen verbindet
Sprachhandlungen über Singen und Volkslieder sprechen
Lerninhalte WS: Gesang | Landeskunde: Volkslieder | Wortbildung: zusammengesetzte Adjektive (im ÜB)

12 a	Spielen Sie einen bekannten Popsong an und bitten Sie die TN, mitzusingen oder mitzusummen. Fragen Sie sie, wann und wo sie das letzte Mal gesungen haben und ob sie gerne singen. Sie können auch fragen, ob die TN ein Instrument spielen und wenn ja, welches.	
12 b	Die TN lesen die Beiträge und kreuzen an, zu wem die Aussagen passen. **Lösung** *1 Triangel, 2 Stison, 3 Stison, 4 Lala, 5 Triangel, 6 Lala*	
13 a	Schreiben Sie *Die Gedanken sind frei* an die Tafel. Teilen Sie Kärtchen an die TN aus; diese schreiben auf, was der Satz für sie bedeutet. Lesen Sie die Kärtchen dann vor und kleben Sie sie auf ein Plakat. Die TN kommentieren die Aussagen und sagen ihre Meinung dazu.	Kärtchen, Plakat
13 b	Vorgehen wie beschrieben. Bearbeiten Sie anschließend den Kasten *Gut gesagt: Gedanken*. **Info** Der Text des Liedes entstand um das Jahr 1780 und wurde damals auf politischen Flugblättern verteilt. In dieser Zeit war die Gedankenfreiheit (außer für die Herrschenden) nicht selbstverständlich. Die Melodie zum Lied entstand 30 Jahre später; Dichter und Komponist sind unbekannt. Da das Lied auch heute nichts an Aktualität verloren hat, zählt es zu den beliebtesten und auch von Rock- und Punkmusikern gespielten deutschen Volksliedern. **Lösung** *A Jäger, erschießen, B finsterer Kerker, C Schranken zerreißen, D vorbeifliegen, nächtliche Schatten*	🔊 2.25–26
13 c	Vorgehen wie beschrieben. Wenn die TN Lust haben, können sie das Lied zusammen singen.	
13 d	Vorgehen wie beschrieben. Ggf. finden sich auf Youtube gute Beispiele zum Vorspielen. **Erweiterung** Die TN bringen ein Volkslied aus ihrem Land mit und stellen es vor: Inhalt, Herkunft, Entstehung, von wem stammen Text und Melodie, wann singt man es?	
ÜB	**Wortbildung** Lesen Sie den Tipp-Kasten, danach in PA vorgehen wie beschrieben. Vergleich im PL.	

Film: Im Theater – Wie entsteht ein Bühnenbild?
Die Personen hinter der Bühne | Von der Planung zur Aufführung | Der Besuch der alten Dame

14 a	Notieren Sie in einem Wortigel an der Tafel die Assoziationen der TN zu *im Theater*. Dann lesen die TN die Ausdrücke. Vorgehen wie beschrieben. **Lösung** *A Schauspieler/-innen casten, ein Theaterstück auswählen, eine/-n Regisseur/-in suchen, B Szenen proben, ein Bühnenbild planen und bauen, Licht und Technik prüfen, C Applaus bekommen, eine Vorstellung besuchen, sich verbeugen*	
14 b	Die TN sehen die Filmszene und kreuzen die richtige Aussage an. **Lösung** *1b, 2a, 3b*	▶ 23
15	Die TN sehen die Filmszene und bringen die Sätze in die richtige Reihenfolge. **Lösung** *5A, 2B, 1C, 3D, 4E, 7F, 6G*	▶ 24
16 a	Fragen Sie die TN, ob jemand das Theaterstück „Der Besuch der alten Dame" von Friedrich Dürrenmatt kennt und darüber berichten kann. Anschließend vorgehen wie beschrieben. **Lösungsvorschlag** *Das Bühnenbild passt zum tragischen Inhalt, durch das düstere Licht und die kalten Farben wirkt die Stimmung ernst. Die Kostüme sehen wie normale Kleidung aus …* **Info** Friedrich Dürrenmatt wurde 1921 in der Schweiz geboren und starb 1990. Er war Schriftsteller, Dramatiker und Maler. International bekannt sind seine Stücke *Der Besuch der alten Dame* und *Die Physiker* sowie die Verfilmung seines Kriminalromans *Der Richter und sein Henker* aus dem Jahr 1975. Dürrenmatt gilt als einer der weltweit meistgespielten Dramenautoren. Sein malerisches Werk wird im Centre Dürrenmatt Neuchâtel präsentiert.	▶ 25
16 b	Die TN sprechen im PL über die Fragen.	

Plattform 3

Wiederholungsspiel

1	Je 3–4 TN (oder bei sprachlich schwächeren TN Paare) spielen zusammen wie beschrieben. Versichern Sie sich, dass die Spielanleitung von allen TN gut verstanden wurde.	Spielfiguren, Papier, Stifte, 1 Würfel/KG
	Variante Zusätzlich übernimmt ein/-e TN pro KG die Rolle des/der Experten/-in, erhält die **Kopiervorlage** und kontrolliert anhand des Expertenblattes, ob jede Aufgabe richtig gelöst ist.	KV

Reden ist Gold!

2 Vorgehen wie beschrieben. Sie können auch selbst die Themen an die TN vergeben, damit es nicht zu viele Wiederholungen gibt. Die TN machen einen → **Kursspaziergang**, befragen sich gegenseitig und tauschen danach die Karten, um den/die nächste/-n TN dazu zu befragen. — Kärtchen
Variante Die TN befragen sich in PA zu allen Fragen, danach werden neue Gruppen gebildet und die TN erzählen sich, was sie über den/die Partner/-in erfahren haben.
Info Für die Überschrift wurde das Sprichwort *Reden ist Silber, Schweigen ist Gold* abgewandelt.

3 a Die TN arbeiten in PA wie vorgegeben. Sie können die Satzanfänge und die Fortsetzungen auch auf Kärtchen schreiben (lassen) und die TN ordnen zu oder spielen das → **Memo-Spiel**.
Lösungsvorschlag *Seit ich in diesem Kurs bin, habe ich … kennengelernt. Bevor ich ins Bett gehe, telefoniere ich mit meinen Eltern. Nachdem wir gegessen haben, sehe ich einen Film oder eine Serie. Während ich … aufräume, höre ich Musik. Bis ihr wiederkommt, warte ich hier. Nachdem wir eingekauft haben, lernen wir die Wörter. Seitdem wir uns kennen, haben wir noch nie zusammen Sport gemacht. Während du …, machen wir einen Spaziergang. Bevor ich zum Sprachkurs fahre, frühstücke ich. Bis du … fertig bist, kochen wir das Abendessen.*

3 b Die TN schreiben in PA Sätze mit den vorgegebenen Konnektoren zu drei der Fotos. — Kopien der Fotos, Schere, Klebstoff, DIN-A3-Blatt
Variante Geben Sie den TN Kopien der Fotos. Die TN wählen drei (oder mehr) der Fotos und fügen den Personen Sprech- oder Denkblasen an.
Erweiterung Geben Sie den TN Kopien der Fotos. Die TN versuchen, drei (oder mehr) der Fotos zu einer Geschichte zu verbinden. Sie kleben die gewählten Fotos in der von ihnen gewählten Reihenfolge auf ein DIN-A3-Blatt und schreiben den Text (und ggf. Sprech-/Denkblasen) dazu, wobei sie auch die Konnektoren verwenden.
Lösungsvorschlag *A Bevor der Unterricht weitergeht, chatten wir. B Nachdem ich die Prüfungsaufgaben gelesen hatte, war ich vollkommen verzweifelt. C Seit ich Jenna kenne, fühle ich mich viel wohler! D Während einer Diät hat man einfach immer Hunger. E Während der Rede mussten wir so lachen! F Bis wir diesen Trick ausprobiert haben, haben wir beim Frühstück immer gestritten.*

4 Vorgehen wie beschrieben. Auch als → **Kursspaziergang** oder → **Kettenübung** möglich.

5 Geben Sie den TN ca. 5 Minuten Zeit für die Formulierung der Notizen. Sie notieren auch mit Zeichen (+, ++ / –, – –), wie ihnen dies gefallen hat. Lesen Sie mit den TN die Redemittel. Weiter vorgehen wie beschrieben.
Erweiterung Die KG wählt von jedem/-r TN den Vorschlag, der in der KG den meisten gefallen hat, und schreibt Empfehlungen für die anderen TN (z. B. *Wir empfehlen euch, die Dalí-Ausstellung im Thyssen-Museum anzuschauen. Mike hat sie schon gesehen und fand sie wirklich spannend …*). Sie können die Empfehlungen als Wandzeitung gestalten und z. B. in der Schule für alle sichtbar als Freizeittipps fürs Wochenende präsentieren.

6 a Vorgehen wie beschrieben. Die Aktivität ist auch als Wettspiel möglich, nennen Sie dann dazu selbst einen Buchstaben oder nutzen Sie z. B. das Internet-Tool https://pickerwheel.com/tools/random-letter-generator/ Geben Sie eine Zeit vor (z. B. 2 Minuten). Die KG bekommen so viele Punkte, wie sie richtige Wörter mit dem passenden Buchstaben im Satz haben.

6 b Vorgehen wie beschrieben. Wieder können Sie als Spielleiter/-in fungieren und die Gruppen gegeneinander spielen lassen.

7 Die TN spielen zu viert wie vorgegeben.

3 Plattform

Sprachmittlung

8 Lesen Sie mit den TN den Strategie-Kasten. Die TN wählen eine Situation und notieren beim Hören nur das Nötigste. Sie hören nochmal zur Kontrolle. Dann übermitteln sie die Nachricht.

🔊 2.27–28

Märchenhaft

9 a Fragen Sie die TN, ob sie wissen, was *Märchen* sind, und nennen Sie ggf. die Gebrüder Grimm und Hans Christian Andersen als typische Vertreter. Bitten Sie die TN, bekannte Märchen zu nennen, notieren Sie diese an der Tafel. (Sie können die Sammlung in KB11 noch einmal verwenden.) Fragen Sie die TN nach typischen Formeln auf Deutsch oder in anderen Sprachen, mit denen Märchen beginnen oder enden. Schreiben Sie sie an die Tafel oder auf ein Plakat: *Es war einmal …; Und wenn sie nicht gestorben sind, dann leben sie noch heute. / Und sie lebten glücklich bis an ihr Ende*. Besprechen Sie mit den TN, ob es bei ihnen heute noch üblich ist, Märchen zu lesen oder zu erzählen. Die TN können auch erzählen, ob sie selbst Märchen mögen und was ggf. ihr Lieblingsmärchen ist.

ggf. DIN-A3-Papier

9 b Vorgehen wie beschreiben. Sammeln Sie an der Tafel.
Lösungsvorschlag Personen: *Prinz, Prinzessin, König, Königin, böse Stiefmutter, Zauberer, Hexe, Fee, Bettler, Zwerg …* Tiere: *Wolf, Drache, Frosch, Esel, Gans, Ziege …*
Erweiterung Die TN sammeln zudem Gegenstände (*Kutsche, Spiegel, Zaubertrank, Burg …*) und erstellen Plakate mit dem gesamten Märchenvokabular und dazu passenden Zeichnungen.

DIN-A3-Papier

10 a Projizieren Sie die Bilder. Fragen Sie die TN, ob sie das Märchen erkennen, und überprüfen Sie gemeinsam, ob es bei den Märchen in der Tabelle in KB2a genannt wurde. Die TN beschreiben die einzelnen Bilder kurz und sagen, ob ihnen eine Szene bekannt vorkommt. Erklären Sie, dass es sich um ein Märchen der Gebrüder Grimm handelt. Die TN lesen dann den Kasten dazu im PL.
Variante Je 2–3 TN sammeln zuerst passende Wörter zu den einzelnen Bildern und schreiben dann jeweils 1–2 Sätze dazu (*Königin, Baby, Bein ausreißen, Feuer, tanzen, spinnen, Stroh, Gold, Zimmer, Halskette …*). Sie können die Wörter auch für jede KG vorab auf Kärtchen schreiben, so dass die TN sie nur noch zuordnen müssen, oder die Wörter im PL sammeln.

Kärtchen

10 b Vorgehen wie beschreiben. Vergleich erst in PA, dann im PL.
Lösung 1F, 2D, 3E, 4A, 5C, 6B
Alternative Kopieren Sie das Märchen und die Bilder für je 2 TN einmal. Schneiden Sie das Märchen in Zeile 28 nach dem Satz *… und sie wurde Königin.* auseinander und geben Sie jeder/-m TN einen der beiden Textteile. Schneiden Sie die Bilder auseinander; A–C erhält der/die TN mit dem Anfangsteil, D–F der/die andere TN. Die TN lesen sich gegenseitig ihren Textteil vor, hören sich aufmerksam zu und legen dabei die Bilder in die korrekte Reihenfolge.

Kopien der Bilder und des Textes

10 c Vorgehen wie beschreiben.
Variante Die TN arbeiten in KG und konzentrieren sich auf einen der 4 Charaktere. Sie entwerfen ein Plakat zu ihrer Person, machen eine Zeichnung und schreiben alle Informationen dazu.
Lösungsvorschlag *König: habgierig; Müller: arm, lügt; Müllerstochter: schön, geschickt, kann kein Gold spinnen; Rumpelstilzchen: klein, kann Gold spinnen, wütend*

DIN-A3-Papier

10 d Im PL schreiben die TN die einzelnen Vorkommnisse in *Rumpelstilzchen* auf jeweils ein Kärtchen. Zeichnen Sie einen Zeitstrahl an die Tafel oder auf ein Stück Tapete, oder befestigen Sie eine Schnur/Wäscheleine im Kursraum und hängen Sie gemeinsam mit den TN die Kärtchen mit Klebeband bzw. Wäscheklammern in chronologischer Reihenfolge auf. Danach erzählen die TN das Märchen anhand der Kärtchen noch einmal nach.

Kärtchen, Tapete, Schnur, Klebeband/Klammern

11 Vorgehen wie beschreiben. Die TN greifen ggf. auf die Märchensammlung aus KB2a zurück. Die KG können sich je nachdem, wie viele Personen (+ Erzähler/-innen) benötigt werden, bilden. Benötigte Gegenstände beschaffen oder basteln die TN selbst. Geben Sie den KG Zeit, ihr Theaterstück einzustudieren. Die Aufführung können Sie filmen und den TN später vorführen.
Variante Die TN gestalten ein Hörspiel. Sie schreiben in KG die Szenen und lesen sie dann mit verteilten Rollen vor. Sie können die Hörspiele aufnehmen und zusammen im PL anhören.

Miteinander 10

Los geht's!
Sprachhandlungen über die Gesellschaft sprechen
Lerninhalte WS: Gesellschaftliche Werte

1 a	Projizieren Sie die Fotos und fragen Sie die TN nach dem gemeinsamen Thema (*Gemeinschaft, Gesellschaft,* …). Fragen Sie die TN, ob sie bereits Wörter für gesellschaftliche Werte auf Deutsch kennen. Notieren Sie sie an die Tafel. Dann in Gruppen zu je 5–6 TN vorgehen wie beschrieben. Die TN können ein (Online-) Wörterbuch nutzen. **Erweiterung** Die TN machen ein Ratespiel. Ein/-e TN erklärt einen der Begriffe oder gibt ein Beispiel, die anderen TN raten, um welchen Wert es sich dabei handelt. **Lösungsvorschlag** siehe ÜB1. – Gerechtigkeit: *ein Verhalten, das jedem die gleichen Rechte gibt.* Freiheit: *die Möglichkeit, sich frei zu bewegen und zu handeln, solange man die Freiheit der anderen dadurch nicht einschränkt.* Gesundheit: *Zustand, wenn es einem körperlich und seelisch gutgeht.* Sicherheit: *Zustand, der frei von Gefahr ist.* Ehrlichkeit: *Wenn die Wahrheit gesagt wird.* Hilfsbereitschaft: *Wenn man Menschen und Tieren aus eigener Initiative hilft, wenn sie Probleme haben.* Gleichberechtigung: *Wenn Männer und Frauen die gleichen Rechte haben.* Gute Erziehung: *Wenn Kinder von ihren Eltern lernen, wie man sich in einer Gesellschaft im Kontakt mit anderen verhalten sollte.*	(Online-) Wörterbuch
1 b	Vorgehen wie beschrieben. **Variante** Kopieren Sie die Fotos groß, schneiden Sie sie aus und hängen Sie sie im Kursraum auf. Die TN schreiben Begriffe aus KB1a auf Kärtchen. Verteilen Sie diese an die TN, die sie nach ihrer individuellen Einschätzung zu den Fotos hängen. Besprechen Sie im PL bei jedem Foto, ob alle TN mit der Zuordnung einverstanden sind. **Lösungsvorschlag** A die Demokratie; B die Gesundheit, die Rücksicht, die Gleichberechtigung; C die Gerechtigkeit, die Fairness, die Demokratie, die Sicherheit; D die Ehrlichkeit, die gute Erziehung, der Respekt; E der Respekt, die Gleichberechtigung, die Rücksicht, die Fairness, die Hilfsbereitschaft, die Sicherheit; F die Bildung, der Respekt, die gute Erziehung, die Gleichberechtigung; G die Hilfsbereitschaft, die Gesundheit, die Rücksicht, die Zivilcourage	Kopien, Blanko-Kärtchen
ÜB 1	Im Kurs oder als HA. Die TN vertiefen und erweitern den Wortschatz zum Thema.	
2 a	Vorgehen wie beschrieben. Die TN sollen beim Notieren Platz für Ergänzungen einplanen. **Lösung** 1 … *Mitbestimmung und Reisefreiheit;* 2 *Sicherheit;* 3 *Hilfsbereitschaft*	🔊 2.29
2 b	Die TN hören die 3 Aussagen noch einmal und ergänzen ihre Notizen. **Lösung** Person 1: *z. B. Wahlen: damit eine Demokratie funktioniert; Reisefreiheit: Großvater hat in der DDR gelebt und konnte nicht reisen; Person 1 will nicht darauf verzichten* – Person 2: *möchte sich frei bewegen können und keine Angst haben müssen, nachts nach Hause zu gehen; auch ein sicherer Arbeitsplatz ist wichtig* – Person 3: *findet, dass man sich gegenseitig helfen soll, denn man will auch, dass jemand hilft, wenn einem selbst etwas passiert; versucht zu helfen, wenn es zwischen Schülern Ärger gibt*	
2 c	Je 3–4 TN arbeiten zusammen und gehen vor wie beschrieben. **Erweiterung** Jede KG einigt sich auf 3 Werte, die sie besonders wichtig findet. Danach vergleichen sie ihre Ergebnisse mit den anderen KG. Die TN sprechen im PL und versuchen, sich miteinander auf die 3 wichtigsten Werte zu einigen (→ **Kursstatistik**). **Hinweis** Hier können Sie die Bearbeitung der Filmszenen 26–28 mit KB13–15 einplanen.	▶ 26–28

Freiwillig
Sprachhandlungen über soziales Engagement sprechen; Vorgänge beschreiben; über ein soziales Projekt schreiben
Lerninhalte GR: Passiv Präsens, Präteritum und Perfekt

3 a	Schreiben Sie *soziales Engagement* an die Tafel. Die TN versuchen zu erklären, was damit gemeint ist (*man engagiert sich freiwillig und ohne Bezahlung für andere Menschen*), und einige Beispiele zu nennen. Projizieren Sie die Fotos aus KB3b. Die TN beschreiben sie: Was machen die Personen? Wofür bzw. für wen engagieren sie sich? Sammeln Sie im PL.

79

10 Miteinander

Lösung Foto 1: *3 Feuerwehrleute in Uniformen mit Helmen und Schlauch üben, wie man ein Feuer löscht;* Foto 2: *2 Personen, die Essen ausgeben, Kisten mit Brötchen und anderem Essen, eine Person mit einer Papiertüte in der Hand, die Essen bekommen hat;* Foto 3: *ein älterer Mann und ein kleiner Junge sitzen am Tisch, auf dem Tisch liegen ein Heft und ein Buch, der Mann hilft dem Jungen bei den Hausaufgaben.*

3 b Vorgehen wie beschrieben. Die TN fassen die Informationen noch einmal im PL zusammen. Schreiben Sie sie ggf. an die Tafel.
Variante Bearbeiten Sie die Texte nach der Methode → **Kooperatives Lesen**.
Erweiterung Je 3 TN entscheiden sich für einen der Texte und überlegen sich 5 Fragen, die sie einer Person stellen würden, die für eine der Organisationen arbeitet (z. B. *Ist Ihre Arbeit körperlich sehr anstrengend? Was macht Ihnen an Ihrer Arbeit besonders Freude? Lernen die Patinnen und Paten ihre „Kinder" manchmal auch persönlich kennen? …*). Die TN tauschen ihre Fragen mit einer anderen KG, diese überlegt, was die Personen möglicherweise antworten könnten.
Lösung A: Frage 1: *löschen Feuer, helfen bei Unfällen und bei Hochwasser;* Frage 2: *zu jeder Tages- und Nachtzeit, denen, die Hilfe brauchen;* Frage 3: *engagieren sich auf dem Land und in kleineren Städten, spezielle Jugendgruppen, Ausbildung in erster Hilfe, lernen viel über Feuer, ergänzen Berufsfeuerwehr*
B: Frage 1: *verteilen Essen;* Frage 2: *1,6 Millionen armen/bedürftigen Menschen, 30 % Kinder und Jugendliche;* Frage 3: *sammelt Lebensmittel, die qualitativ noch gut sind; 60.000 ehrenamtliche Helfer, in Berlin 45 Ausgabestellen und erste „Tafel" Deutschlands*
C: Frage 1: *helfen bei Behördengängen, bei der Wohnungs- und Arbeitssuche und den Hausaufgaben der Kinder;* Frage 2: *Familien, die Mühe haben, den Alltag allein zu bewältigen, normalerweise 1x pro Woche;* Frage 3: *manchmal entstehen Freundschaften, Begleitung manchmal über Jahre, Kontakte werden von vielen Organisationen vermittelt*

3 c Kopieren Sie die 3 Fotos groß und hängen Sie sie an unterschiedlichen Stellen im Kursraum auf. Fordern Sie die TN auf, sich zu dem Foto zu begeben, dessen Organisation ihnen am besten gefällt und in der sie am ehesten bereit wären mitzuarbeiten. Alle TN, die sich für die gleiche Organisation entschieden haben, sprechen miteinander und begründen ihre Entscheidung. Bilden Sie danach → **Wirbelgruppen**, bei denen aus jeder Organisation mindestens ein/-e TN vertreten ist. Die TN fassen gegenseitig zusammen, aus welchen Gründen sie sich für die einzelnen Organisationen interessieren.

Kopien

ÜB 3 c+d Im Kurs zur Wortschatzerweiterung.

4a Vorgehen wie beschrieben. Vergleichen Sie im PL. Fragen Sie die TN nach dem Unterschied zwischen Sätzen im Aktiv und Sätzen im Passiv (*bei Aktivsätzen ist wichtig, wer etwas tut; bei Passivsätzen steht die Handlung oder das Ereignis im Vordergrund, also was passiert*). Analysieren Sie gemeinsam an den 3 Satzpaaren, wie Aktivsätze in Passivsätze umgewandelt werden. Vergleichen Sie auch mit dem Grammatik-Kasten. Bitten Sie die TN, die einzelnen Veränderungen zu beschreiben (*das Akkusativobjekt wird zum Subjekt, das im Nominativ steht; das Verb des Aktivsatzes wird zum Partizip II und mit der konjugierten Form des Verbs* werden *kombiniert; das Partizip II steht am Satzende; das Subjekt aus dem Aktivsatz kann wegfallen oder es wird mit der Präposition* von *angefügt*).
Lösung 1 *Von Supermärkten werden Lebensmittel weggeworfen.* 2 *Viele Lebensmittel werden von Firmen gespendet.* 3 *Die Organisation wird von 60.000 Helferinnen unterstützt.*

4 b Fragen Sie die TN, wie in ihrer Sprache aktive Handlungen und passives Geschehen ausgedrückt werden. Gibt es eine Passivform und wenn ja, wie wird diese gebildet?

ÜB 4 a Die TN wiederholen das Partizip II von regelmäßigen und unregelmäßigen Verben. Thematisieren Sie mit sprachlich schwächeren TN zunächst den Tipp-Kasten, bevor diese die Übung in PA machen, vergleichen sie anschließend im PL. Stärkere TN machen sie als HA.

Miteinander 10

4 c Je 2 TN bilden aus den Vorgaben Sätze im Passiv. Vergleichen Sie im PL. Schreiben Sie die Sätze an die Tafel und lassen Sie von den TN *werden* und das Partizip II markieren.
Erweiterung Geben Sie jeder/-m TN einen Papierstreifen der **Kopiervorlage** mit einem Aktivsatz. Der/Die TN formuliert den Satz im Passiv und schreibt ihn auf die Rückseite des Papierstreifens. Die TN machen dann einen → **Kursspaziergang**. Sie gehen im Kursraum umher und zeigen einer/-m anderen TN ihren Aktivsatz. Diese/-r formuliert den Satz im Passiv und der/die TN kontrolliert mit der eigenen Lösung auf der Rückseite des Papierstreifens. Dann wechseln sie die Rollen, bevor beide sich neue Partner/-innen suchen.   KV
Hinweis Mit der Kopiervorlage können Sie das Passiv Präsens (nach KB4), das Passiv Präsens mit dem der Vergangenheit (Passiv Präteritum/Perfekt; nach KB5) oder all diese Formen in Kombination mit Modalverben (nach KB8) üben – je nachdem, welche Sätze Sie kopieren und verteilen. Ggf. ergänzen Sie weitere passende Sätze.
Lösung *2 Am Vormittag werden die Lebensmittel abgeholt. 3 Mittags werden die Lebensmittel verteilt. 4 Danach werden Anfragen beantwortet und Anrufer/innen zurückgerufen. 5 Nachmittags werden Rechnungen geprüft und bezahlt.*

5 a Vorgehen wie beschrieben. Fragen Sie die TN, welchen Unterschied es zwischen den Passivformen in KB4 und KB5 gibt (*in KB5 handelt es sich um Passivformen, die ein Geschehen in der Vergangenheit ausdrücken: Präteritum und Perfekt*). Lesen und ergänzen Sie mit den TN den Grammatik-Kasten.
Lösung Passivformen im Text: *wurde … gegründet, wurde … übernommen, wurde … verbreitet, sind … gegründet worden* – Grammatik-Kasten: *wurde; worden*

5 b Die TN betrachten die Bilder und formulieren Passivsätze im Präteritum. Vergleich im PL.
Variante Kopieren Sie die Bilder und schreiben Sie die Texte auf je ein Kärtchen. Je 2–3 TN arbeiten zusammen. Geben Sie jeder KG ein Set. Die TN ordnen die Texte den Bildern zu, bringen die Bilder in eine richtige Reihenfolge und schreiben die Passivsätze.   Kopien der Bilder, Kärtchen
Erweiterung Arbeiten Sie mit der **Kopiervorlage** wie unter 4c beschrieben.   KV
Lösung *Ein Feuer wurde gemeldet. Die Feuerwehrleute wurden alarmiert. Der Brand wurde gelöscht. Die Bewohner wurden gerettet.*

6 Vorgehen wie beschrieben. Die TN überlegen, welche Ziele oder Zielgruppen für soziale Projekte es außer den genannten noch gibt (z. B. *Tiere, behinderte oder kranke Menschen, Asylsuchende, verlassene Dörfer* usw.). Fragen Sie die TN, für wen oder was sie sich am ehesten ein soziales Engagement vorstellen könnten und warum. Die TN recherchieren dann im Internet alleine, in PA oder KG ein interessantes Projekt und schreiben in EA oder gemeinsam einen Text wie in KB3b darüber. Die TN präsentieren ihr Projekt kurz im PL, anschließend hängen sie ihre Texte im Kursraum auf. (→ **Schreibaufgaben auswerten**)
Erweiterung Je 3–4 TN entwerfen gemeinsam ein fiktives soziales Projekt. Dazu überlegen sie sich, an wen das Projekt gerichtet sein soll, welches Ziel es hat, wie dieses Ziel erreicht werden soll usw. Anschließend Präsentation im PL. Die TN wählen abschließend das „Projekt des Jahres". Halten Sie dafür einen kleinen Preis bereit.   Preise

Mini-München

Sprachhandlungen einen Artikel über ein Projekt verstehen; über Institutionen in der Stadt sprechen; Vorgänge beschreiben
Lerninhalte GR: Passiv mit Modalverb | Aussprache: Kontrastakzente in Fragen mit *oder*

7 a Schreiben Sie *Alltag in einer Stadt* an die Tafel. Notieren Sie an der Tafel, was den TN dazu einfällt. Fragen Sie weiter, welche Berufe es in einer Stadt gibt und was diese leisten müssen, damit das Stadtleben funktioniert. Lesen Sie mit den TN die vorgegebenen Wörter und klären Sie ggf. die Bedeutung. Die TN überlegen, welches Verb zu welchem Nomen passt (manche passen mehrfach), und darüber hinaus, was die Aufgaben der einzelnen Institutionen sind. Sammeln Sie diese zusätzlich an der Tafel. Dann sprechen die TN im PL.

81

10 Miteinander

Variante Schreiben Sie die einzelnen Institutionen mit dicken Stiften in die Mitte auf je ein DIN-A4-Papier, verteilen Sie sie im Raum. Je 2 TN gehen von Wort zu Wort und schreiben typische Aufgaben dazu. Sie können auch im (Online-)Wörterbuch nachschlagen. Danach projizieren Sie die Verben an die Wand oder an die Tafel und lassen sie von einzelnen TN laut vorlesen. Dann entscheiden die TN, zu welcher Institution das jeweilige Wort passt, ein/-e TN schreibt das Verb zur jeweiligen Institution. Wenn alle Verben notiert sind, gehen je 2 TN wieder von Institution zu Institution und sprechen darüber wie im KB beschrieben.

DIN-A4-Papier, dicke Stifte, (Online-)Wörterbücher

Lösungsvorschlag *Die Polizei schützt die Bürger/-innen. Im Fundbüro kann man sich nach verlorenen Dingen erkundigen. Die Behörde / Das Amt genehmigt Anträge. Die Regierung beschließt Gesetze. Der/Die Bürgermeister/-in kümmert sich darum, dass eine Stadt gut funktioniert … Die Feuerwehr ist zuständig, wenn es brennt, bei Unfällen und bei Hochwasser. Beim Einwohnermeldeamt muss man sich an- oder abmelden. Die Post ist zuständig für das Verschicken von Briefen und Paketen. Bei der Stadtinformation kann man sich über Veranstaltungen informieren.*

7 b Vorgehen wie beschrieben. Weisen Sie die TN darauf hin, dass es bei dieser Aufgabe sinnvoll sein kann, sich auf die W-Fragen zu konzentrieren (*Wer? Was? Wann? Wo? W…?*).
Variante Je 2 TN schreiben 1–2 zusammenfassende Sätze, was *Mini-München* ist, auf ein Kärtchen. Sammeln Sie die Kärtchen ein und lesen Sie sie vor. Welche Beschreibung ist am besten?

Kärtchen

Info Mehr Informationen und ein von Kindern gedrehtes Kurzvideo zu Mini-München finden Sie hier: www.mini-muenchen.info (Das Video befindet sich ganz am Ende der Seite.)
Lösungsvorschlag *„Mini-München" ist ein Projekt für Kinder und Jugendliche, bei dem diese lernen können, was man in einer Stadt alles machen muss und kann. Dazu wird alle zwei Jahre eine Spielstadt in einer Halle aufgebaut und nur von Kindern und Jugendlichen organisiert.*

7 c Vorgehen wie beschrieben. Vergleichen Sie im PL.
Lösung *1, 6*

7 d Vorgehen wie beschrieben. Thematisieren Sie danach den *Gut gesagt*-Kasten: Die TN hören zuerst die Kommentare. Fragen Sie die TN dann, welche Partikeln hier benutzt werden und was deren Funktion sein könnte (*Nachfragen, ob der/die Gesprächspartner/-in das Gesagte verstanden hat oder/und einverstanden ist*). Erklären Sie, dass *gell* nur im Süden und *ne* im Norden und Osten von Deutschland typisch sind. Fragen Sie: Gibt es in den Sprachen der TN ähnliche sprachliche Mittel, die diese Funktion erfüllen?

🔊 *2.30–31*

Erweiterung Je 2 TN sprechen über Mini-München und begründen, ob sie ihre Kinder dorthin schicken würden bzw. wie sie das Projekt finden. Dabei verwenden sie auch die Partikeln.
Lösung *Kinder fühlen sich dort wohl, stehen dafür gern morgens auf, haben Spaß, lernen viel, z. B. dass man Geld erarbeiten muss, dass es Pflichten gibt, dass man Arbeit ernst nehmen muss, konsequent sein muss; sie können kreativ sein und gemeinsam etwas entwickeln, im Labor Versuche machen, Neues entdecken (unter anderen Umständen als in der Schule)*

7 e Vorgehen in KG wie beschrieben, anschließend Vorstellung der Punkte im PL.
Variante Je 4 TN machen zusammen ein → **Platzdeckchen** zu der Frage.
Hinweis Sie können die Phonetik-Aufgaben KB9a+b vorziehen und direkt hier anschließen.

8 a Vorgehen wie beschrieben. Erklären Sie den TN, dass es sich hier um Passivstrukturen mit Modalverben handelt. Bitten Sie die TN zu beschreiben, wo sich welcher Verbteil befindet (*das konjugierte Modalverb ist im Aussagesatz an Position 2, das Partizip II an der vorletzten Stelle, gefolgt von* werden *am Satzende*). Vergleichen Sie mit dem Grammatik-Kasten.
Hinweis Als Überleitung vor KB8a oder als Wiederholung eignet sich der Grammatik-Clip.

▶ G3

Erweiterung Arbeiten Sie mit der **Kopiervorlage** wie unter KB4c beschrieben.

KV

Lösung *1 In einer Stadt muss so viel erledigt werden. (Z. 7) 2 Zuerst muss Geld eingenommen werden. (Z. 10) 3 Das Projekt kann alle zwei Jahre durchgeführt werden. (Z. 14)*

8 b Projizieren Sie das Bild an die Tafel oder die Wand, die TN beschreiben es. Je 2 TN formulieren dann in PA in Passivsätzen, was gemacht werden muss. Vergleich im PL.

82

Miteinander 10

Lösung *Das Geschirr muss abgeräumt werden. Der Müll muss weggeworfen werden. Die Straßenlaterne muss repariert werden. Die Lieferung muss in den Keller gebracht werden. Die Blumen müssen gegossen werden. Die Fenster müssen geputzt werden.*
Erweiterung Je 3–4 TN arbeiten zusammen. Schreiben Sie Orte auf jeweils ein Kärtchen (*Post, Bank, Restaurant, Schule, Fitness-Studio* …). Geben Sie jeder KG ein Kärtchen. Die TN schreiben in Passivsätzen, was hier gemacht werden kann, muss, darf oder soll. Beispiel *Restaurant: Am Ende muss die Rechnung bezahlt werden; hier können Speisen und Getränke bestellt werden; hier darf gesprochen werden; hier darf kein Essen mitgebracht werden; hier sollen die Kellner freundlich behandelt werden* usw. Die TN lesen ihre Sätze im PL vor, die anderen KG raten, um welchen Ort es sich handelt.   *Kärtchen*
Erweiterung Sagen Sie, was bei Ihnen zu Hause noch gemacht werden muss (z. B. *Mein Bad muss dringend geputzt werden!*). Fragen Sie, was bei den TN noch gemacht werden muss.

9 a Bitten Sie die TN, die 3 Sätze leise zu lesen und zu überlegen, was die Sätze gemeinsam haben (*in den 3 Sätzen werden 2 mögliche Alternativen durch* oder *verbunden*). Spielen Sie den TN die 3 Sätze einmal vor und fragen Sie, was ihnen bei der Intonation auffällt (*die Wörter, die durch* oder *verbunden werden, sind besonders stark betont*). Die TN hören die Sätze noch einmal und markieren die stark akzentuierten Kontrastwörter. Vergleichen Sie im PL.   2.32
Lösung *2 mehr – genug; 3 gern – nicht*

9 b In PA vorgehen wie beschrieben.   2.33
Erweiterung Jede/-r TN schreibt nach dem Muster der Sätze in KB9a+b eine Frage auf ein Kärtchen, in der ein *oder* enthalten ist. Die TN machen einen → **Kursspaziergang**, stellen sich gegenseitig ihre Fragen und beantworten sie. Dabei achten sie auf die Kontrastakzente.
Lösung *1 morgen – nächste Woche; 2 entschieden – überlegst; 3 gern – musst*

Europa
Sprachhandlungen Informationen über die EU verstehen; eine kurze Präsentation halten
Lerninhalte WS: Europa; Politik | Landeskunde: Europäische Union | Wortbildung: Adjektive mit *-los* und *-bar*

10 a Schreiben Sie *Europa* und *die EU* an die Tafel. Fragen Sie die TN, was ihnen dazu einfällt, und sammeln Sie die Aussagen an der Tafel. Projizieren Sie die Bilder. Die TN beschreiben sie und berichten, was sie darüber wissen.
Info Früher gab es überall in Europa Grenzkontrollen, man musste seinen Ausweis zeigen. 1985 trafen sich Politiker aus Frankreich, Deutschland, Luxemburg, Belgien und den Niederlanden im luxemburgischen Dorf Schengen, um die Grenzkontrollen zwischen ihren Ländern abzubauen, 1995 wurden die Grenzen im *Schengen-Raum* schließlich geöffnet, inzwischen gehören auch viele andere Länder Europas dazu und öffneten ihre Grenzen. – Am 1. Januar 2002 wurde *der Euro* als offizielles Zahlungsmittel eingeführt. Am Anfang nutzten 12 Länder den Euro und bildeten die sogenannte *Eurozone* (Belgien, Deutschland, Finnland, Frankreich, Griechenland, Irland, Italien, Luxemburg, Niederlande, Österreich, Portugal und Spanien). 2007 kam Slowenien dazu, ein Jahr später Malta und Zypern, dann die Slowakei und 2011 Estland, 2014 Lettland und 2015 Litauen. Jedes Land prägt seine eigenen Euro-Münzen; die Banknoten sind dagegen in allen Ländern identisch. – Die *Europa-Flagge* zeigt 12 goldene Sterne auf blauem Hintergrund. Sie wurde 1955 vom Europarat eingeführt und ist seit 1985 offizielles Symbol der Europäischen Union (damals noch EG = Europäische Gemeinschaft). – Das *Europäische Parlament* sitzt in Straßburg, in Brüssel und Luxemburg gibt es Verbindungsbüros. Es wird seit 1979 alle fünf Jahre von den Bürger/-innen der EU gewählt. Es debattiert und beschließt Regeln, die wie Gesetze für alle EU-Länder gültig sind. https://www.europarl.europa.eu/about-parliament/de

10 b Vorgehen wie beschrieben. Ergänzen Sie mit den neuen Informationen die Sammlung von KB10a.   *Kopien*
Variante Kopieren Sie den Text für je 2 TN, schneiden sie ihn in der Mitte vertikal durch und verteilen sie die Textteile. Zunächst bilden alle TN, die den linken Textteil haben, eine Gruppe und die, die den rechten Textteil haben eine andere Gruppe. Jede Gruppe versucht, den fehlenden Textteil zu rekonstruieren. Dann geht ein/-e TN mit dem linken Textteil zu einem TN mit dem rechten Textteil. Gemeinsam rekonstruieren sie den Text. Vergleichen Sie im PL.

10 Miteinander

Lösung <u>Politiker in Europa:</u> *Was? besser zusammenarbeiten, um den Frieden zu schützen – Wann? nach dem 2. Weltkrieg – Warum? wer eng zusammenarbeitet, führt keinen Krieg* – <u>sechs Staaten:</u> *Was? gründeten Europäische Gemeinschaft, Vertrag von Maastricht – Wann? 1992* – <u>immer mehr Staaten:</u> *Was? treten der EU bei – Wann? seit 1992* – <u>Bürger/-innen:</u> *Was? können ohne Grenzkontrollen reisen, in anderen EU-Staaten und arbeiten, Waren und Dienstleistungen kaufen – Wann? seit 1995* – <u>immer mehr Länder:</u> *Was? benutzen den Euro – Wann? seit 2002* – <u>Skeptiker/-innen:</u> *Was? haben Angst – Warum? nationale Besonderheiten verschwinden, zu viele Vorschriften, zu viel Zeit für Entscheidungen* – <u>Großbritannien:</u> *Was? Ausstieg aus der EU – Wann? seit Anfang 2020*

11 a Die TN lesen zunächst in PA die Satzteile und überlegen, welche zusammenpassen könnten. Dann vorgehen wie beschrieben und ggf. Korrektur der ersten Zuordnung. Vergleich im PL.
Lösung *1E, 2D, 3A, 4B, 5C*

🔊 2.34

11 b Vorgehen wie beschrieben. → **Präsentationen: 5 Regeln für eine gute Präsentation**.
Erweiterung Die TN besprechen im PL, was ihnen an der Präsentation sonst noch aufgefallen ist (z. B. *der/die Redner/-in spricht zuerst sehr leise und nicht sehr flüssig, ist nervös; der Vortrag ist gut strukturiert, der/die Redner/-in fragt nach* usw.). Dazu hören die TN den Vortrag ggf. noch einmal und notieren in KG ggf. noch weitere Tipps zum Strategie-Kasten dazu.
Alternative Bilden Sie 2 Gruppen: eine überlegt, was die Zuhörenden von einem interessanten Vortrag erwarten (z. B. *ein interessantes Thema, guter und logischer Aufbau, verständliche Strukturen, nicht zu kompliziertes Vokabular, Pausen, Blickkontakt mit dem Publikum* usw.). Die zweite Gruppe sammelt, was ein/-e Referent/in von seinem/ihrem Publikum erwartet (*nicht reden, Augenkontakt, freundliche Gesichter, Interesse, interessiertes Nachfragen* usw.). Danach erstellt jede Gruppe ein → **Lernplakat** mit Regeln und stellt es im PL vor.

11 c Die TN überlegen, welche Teile eine Präsentation hat (*Einleitung, Hauptteil, Schluss*) und welche der vorgegebenen Inhalte darin normalerweise jeweils behandelt werden. Übernehmen Sie die Tabelle an der Tafel und sammeln Sie die Vorschläge. Die TN ordnen nun in PA die vorgegebenen Elemente in die Übersicht ein. Ergänzen Sie die Übersicht an der Tafel.
Lösung Einleitung: *das Thema vorstellen; Inhalt und Struktur der Präsentation erklären*
Hauptteil: *Beispiele nennen; Vor- und Nachteile nennen; Informationen zum Thema geben; über eigene Erfahrungen sprechen; die eigene Meinung sagen*
Schluss: *die wichtigsten Punkte zusammenfassen; sich bedanken*

12 a Die TN wählen in EA eines der vorgegebenen Themen oder überlegen sich selbst ein Thema, das sie für eine Präsentation interessiert. Die TN bereiten sich auf die Präsentation vor, indem sie anhand des Präsentationsaufbaus von KB11c zu jedem Punkt Notizen machen und ggf. in Büchern, Internet usw. die notwendigen Informationen recherchieren.
Variante Sprachlich schwächere TN bereiten die Präsentation in PA oder in KG vor.

12 b Lesen Sie mit den TN die Redemittel für Präsentationen und klären Sie ggf. neuen Wortschatz. Sie können die Redemittel auch auf Kärtchen schreiben und von den TN in KG nach *Einleitung*, *Hauptteil* und *Schluss* ordnen lassen. Jede/-r TN bereitet seine/ihre Präsentation vor. Danach halten die TN in PA gegenseitig ihren Vortrag, wobei sie möglichst die angegebenen Redemittel verwenden, und geben sich dann → **Feedback**. Sie können auf die Tipps für Vorträge aus KB11b–c (ggf. auch Lernplakate) zurückgreifen und die → **5 Regeln für eine gute Präsentation** anwenden. Üben Sie in schwächeren Kursen oder Kursen ohne viel Erfahrung mit Präsentationen vorher, wie unter → **Präsentationen** vorgeschlagen.
Erweiterung Die TN besprechen im PL, was für ein partnerschaftliches und konstruktives Feedback wichtig ist, und erstellen einen Regel-Katalog. Vorgehen wie beschrieben.
Hinweis Im interaktiven Tafelbild sortieren die TN die Redemittel und ordnen sie den drei Phasen zu: Einleitung, Hauptteil und Schluss. Die Redemittel können vor dem Verschieben und – zur Kontrolle – danach einzeln angehört werden. Jede/-r TN verschiebt ein Redemittel; gleichzeitig wird im PL diskutiert, ob es passend zugeordnet wurde bzw. ob es auch zu einem anderen Gliederungspunkt passen könnte. Anschließend üben die TN zu zweit ihre Präsentationen.

ggf. Kärtchen

Miteinander 10

12 c Vorgehen wie beschreiben. Die anderen TN stellen am Ende Fragen und geben → **Feedback**.
Hinweis Effektives Feedback können die TN mit der KV zu Kap. 8 aus dem Lehrerhandbuch zu **Netzwerk neu A2** üben.

12 d Die TN arbeiten mit einer/-m anderen Partner/-in als in KB12b zusammen und bearbeiten gemeinsam ihre Referate nach: Was war besonders gut? Was ist nicht so gut gelungen? Was könnte man beim nächsten Mal besser machen und wie? Die TN beziehen in die Auswertung die Tipps aus KB11b–c und die → **5 Regeln für eine gute Präsentation** mit ein.
Variante Geben Sie jeder/-m TN eine Kopie der **Kopiervorlage**. Die TN lesen in PA, was wichtig für eine gute Präsentation ist, und ergänzen ggf. eigene Ideen. Jede/-r TN macht zuerst allein Notizen, ob und wie er/sie auf die eigenen Punkte eingegangen ist, und beurteilt dann das Referat des Partners / der Partnerin. Anschließend vergleichen die beiden ihre Eindrücke. **KV**

ÜB **Wortbildung** Lesen Sie mit den TN die Kästen, danach vorgehen wie beschrieben.

Film: Interkulturelles Dolmetschen – Was ist das?
Beim Arzt | Die interkulturelle Vermittlerin | Unterwegs mit Frau Lüscher

13 a Vorgehen wie beschrieben; erklären Sie den TN, dass *inter-* meist *zwischen* bedeutet.

13 b Vorgehen wie beschrieben. ▶ 26
Lösung Güneren Aksoy: *1 seit 1998 – 2 Dolmetsch-Einsatz in einer Arztpraxis; sie soll dem Arzt helfen, die Diagnose zu übermitteln – 3 muss kulturelle Aspekte einbeziehen; Beispiel: ein Patient drückt sich durch Redewendungen aus, deren Bedeutung sie erklären muss*
Dr. Peter Flubacher: *1 sprachliche Kommunikation mit ausländischen Patienten ein Problem; will für diese ein guter Arzt sein – 2 Brücke zwischen Arzt und Patient/-in – 3 hat Vorurteile abgebaut; versteht Patienten besser; man ist anderer Mensch, wenn man die eigene Sprache spricht*

13 c Lesen Sie zunächst mit den TN die einzelnen Aspekte. Klären Sie ggf. neuen Wortschatz. Gehen Sie dann vor wie beschrieben und vergleichen Sie anschließend im PL.
Lösung *sprachliche Techniken; Verhalten in angespannten Situationen; Informationen über das Bildungs-, Sozial- und Gesundheitswesen; Erkennen von Situationen, in denen man kulturell vermitteln muss*

14 Vorgehen wie beschrieben. ▶ 27
Lösung Kindheit und Schulzeit: *im Irak aufgewachsen und zur Schule gegangen, mit Schweizer Mutter Deutsch gesprochen, mit irakischem Vater und dem Umfeld Arabisch gesprochen, mit 17 in die Schweiz zurückgekehrt, Schule und Ausbildung in der Schweiz* – Sprache und Kultur: *Deutsch, Arabisch* – Beruf: *seit 20 Jahren Dolmetscherin* – Privatleben: *3-fache Mutter, fühlt sich in der Schweiz zu Hause, befreundet mit einem Polizisten*

15 a Vorgehen wie beschrieben. Vergleichen Sie abschließend im PL. ▶ 28
Lösung *1 … zu einem Elterngespräch in einer Primarschule; 2 … zu einer syrischen Familie; 3 … dolmetschen, da die Eltern Migranten sind und beide kein Deutsch sprechen; 4 weil sie interkulturell vermitteln soll.*

15 b Je 3–4 TN schreiben je eine Definition für *Dolmetschen* und *interkulturelles Vermitteln*. Je zwei KG stellen sich gegenseitig ihre Definitionen vor, überarbeiten diese gemeinsam und sammeln dann Beispiele. Anschließend stellen sie die Definitionen und Beispiele im PL vor. ▶ 29
Lösung Dolmetschen: *Bei Gesprächen von einer Sprache in die andere übersetzen, wenn Personen sich sprachlich nicht verstehen können, z. B. Eltern–Lehrer/-in der Kinder*
interkulturelles Vermitteln: *allgemein dafür sorgen, dass zwei Kulturen miteinander kommunizieren können und so den Integrationsprozess optimieren/erleichtern, z. B. bei Korrespondenz helfen, zu Behörden begleiten, sprachlich vermitteln, die fremde Kultur näherbringen, Frustsituationen bewältigen.*

15 c Vorgehen wie beschrieben, möglich ist auch ein → **Kugellager**.

11 Stadt, Land, Fluss

Los geht's!
Sprachhandlungen über das Leben in einer Stadt sprechen
Lerninhalte WS: Stadt | Landeskunde: Leipzig

1 a	Projizieren Sie die Fotos an die Tafel oder an die Wand. Fragen Sie die TN, was das Thema sein könnte (*Leben in der Stadt*). Sprechen Sie dann im PL über die Fragen im KB. Suchen Sie mit den TN die Stadt Leipzig auf der Landkarte vorne im KB. Fragen Sie die TN ggf. auch, ob sie Leipzig kennen und was sie über die Stadt wissen. **Variante** Je 3–4 TN arbeiten bei der Beschreibung der Fotos zusammen. **Info** Leipzig hat knapp 600 000 Einwohner, liegt in Sachsen und ist als Messe-, Universitäts- und ehemalige Verlagsstadt und wegen ihrer großen musikalischen Tradition bekannt: Johann Sebastian Bach (1685–1750), Felix Mendelssohn-Bartholdy (1809–1847), Robert Schumann (1810–1856), der Dirigent Kurt Masur (1927–2015), das Gewandhaus und der Thomanerchor repräsentieren die Stadt. In Leipzig fanden zudem die Montagsdemonstrationen statt, mit denen 1989 der Fall der Mauer und das Ende der DDR herbeigeführt wurde. Wenn die TN Interesse an Leipzig haben, finden Sie bei Youtube viele Videos, in denen die Stadt vorgestellt wird. – Der Kapiteltitel *Stadt, Land, Fluss* zitiert den Namen eines beliebten Quizspiels.	Landkarte, ggf. im KB
1 b	Vorgehen wie beschrieben. Die TN dürfen bei Fragen ein (Online-)Wörterbuch verwenden. **Variante** für sprachlich schwächere TN: Kopieren Sie die **Kopiervorlage** für jede KG und schneiden Sie die Kärtchen aus. Die KG ordnen die Umschreibungen den Wörtern zu. Vergleichen Sie im PL. Anschließend weiter wie im KB beschrieben. – Sprachlich stärkere TN arbeiten in 6er-KG zusammen. Schreiben Sie die Wörter und Ausdrücke aus dem Kasten auf Kärtchen (oder verwenden Sie die Wort-Kärtchen der **Kopiervorlage**) und geben Sie jeder KG ein Set. Die TN teilen die Kärtchen unter sich auf und schreiben auf die Rückseite die Erklärung des Wortes, eventuell mithilfe eines (Online-)Wörterbuchs. Anschließend erklären sich die TN die Ausdrücke gegenseitig. Kopieren Sie die 6 Fotos und geben Sie jeder KG ein Set. Die TN ordnen die Wort-Kärtchen den passenden Fotos zu. Vergleichen Sie im PL. **Lösungsvorschlag** A: *das Hochhaus, der Verkehr, das Tempo, der Dreck, der Lärm, die Mobilität, …* B: *die Atmosphäre, der Club, die Kneipe, das Konzert, …* C: *die Atmosphäre, die Erholung, die Aussicht, …* D: *das Hochhaus, der/die Bewohner/-in, die Lage, der/die Nachbar/-in, der Stadtteil, …* E: *das Angebot, die Fußgängerzone, der/die Fußgänger/-in, das Schaufenster, der Laden, …* F: *die Aussicht, das Hochhaus, das Unternehmen, das Bürogebäude, die Lage, der Stress, …*	Wörterbuch KV Kärtchen, ggf. Wörterbuch
2 a+b	Vorgehen wie beschrieben. **Variante** Nach dem zweiten Hören für KB2b vergleichen erst 2–3 TN, die das gleiche Thema haben, ihre Aufzeichnungen und tauschen sich erst dann mit den anderen TN ihrer KG aus. **Lösung** für 2a: Person 1: *Arbeit, Verkehr, Wohnen*; Person 2: *Arbeit, Wohnen, Freizeitangebot*; Person 3: *Verkehr, Freizeitangebot, Wohnen*. **Lösung** für 2b: Wohnen: *… wohnt in einer Straße mit vielen alten Häusern; sein Haus ist noch nicht renoviert, hat keinen Aufzug, aber günstige Miete. Person 2: hat schnell und leicht billige Wohnung in tollem Viertel gefunden. Person 3: wohnt im Hochhaus im 11. Stock, ist zufrieden, schöner Blick, nette Nachbarn, helfen sich gegenseitig.* – Arbeit: *Person 1: Fahrradkurier. Person 2: von der Firma nach Leipzig geschickt, Büro mitten in der Fußgängerzone.* – Verkehr: *Person 1: kennt die schnellsten Wege von A nach B, braucht kein GPS oder Navi. Person 3: kann mit öffentlichen Verkehrsmitteln alles gut erreichen, Motorrad für Ausflüge am Wochenende.* – Freizeitangebot: *Person 2 erwähnt tolle Cafés, Kneipen und kleine Läden, große Musik- und Kunstszene, viele Konzerte, Clubs und Galerien in ehemaligem Industrie-/Fabrikgelände; Person 3: am Wochenende Motorradtouren in die Umgebung, schöne Seen in der Umgebung, coole Billard-Kneipen in der Nähe*	🔊 2.35
ÜB 2 b	Zur Festigung des Wortschatzes in PA. Die TN begründen ihre Entscheidungen.	
3	Sammeln Sie mit den TN weitere für eine Stadt typische Orte (*Arbeitsamt, Skaterplatz, Bibliothek, Sportplatz, Museum* usw.). Dann vorgehen wie beschrieben. **Variante** Schreiben Sie die genannten Orte an die Tafel. Machen Sie eine → **Kursstatistik**. Geben Sie den TN Klebepunkte, die TN markieren die 3 Orte, die ihnen in einer Stadt am wichtigsten sind: 3 Punkte für den wichtigsten, 2 Punkte für den zweitwichtigsten usw.	Klebepunkte

Stadt, Land, Fluss   11

Bist du ein Stadtmensch?
Sprachhandlungen über das Leben in einer Stadt sprechen;
Lerninhalte GR: Artikelwörter als Pronomen | *irgendein/-eine/-welche*

4 a	Schreiben Sie *Stadtmensch* und *Landmensch* an die Tafel. Erklären Sie ggf. die Begriffe und sammeln Sie typische Eigenschaften von beiden an der Tafel. Bei sprachlich schwächeren TN können Sie Eigenschaften auf Kärtchen vorgeben, die TN ordnen sie in KG oder im PL zu (*fühlt sich von vielen Menschen nicht gestört, geht häufig ins Kino, kauft spät abends noch ein, ist viel in der Natur, kennt alle seine Nachbarn, holt Milch täglich direkt beim Bauern, sitzt häufig im Café, kann aus vielen Sportangeboten auswählen, atmet jeden Tag frische Luft, …*). Dann vorgehen wie beschrieben.	Kärtchen
4 b	In EA vorgehen wie beschrieben. Vergleichen Sie dann im PL. **Lösung** 1 Bine, 2 HanSolo, 3 MoMa, 4 Satti	
4 c	Thematisieren Sie den Grammatik-Kasten. Die TN vergleichen die Artikel mit den Pronomen. Wo sind die Endungen anders? Wo sind sie gleich? (*Unterschiede gibt es beim Maskulinum, Neutrum und beim Plural – welche ersetzt dabei den Nullartikel im Plural. Beim negierten Plural und bei femininen Formen sind Artikel und Pronomen gleich.*) Die TN lesen die Forumstexte noch einmal und markieren alle Artikelwörter, die als Pronomen verwendet werden. Vergleichen Sie im PL. Bestimmen Sie gemeinsam Genus und Kasus. Die TN analysieren, ob sich im Vergleich zum Artikel etwas ändert. **Lösung** welche (Pl., Akk.), ein<u>er</u> (mask., Nom.), kein<u>er</u> (mask., Nom.), mein<u>s</u> (Neutrum, Nom.), eine (fem., Akk.), keinen (mask., Akk.), kein<u>s</u> (Neutrum, Akk.)	
4 d	Vorgehen wie beschrieben. Vergleich im PL. Bestimmen Sie gemeinsam Genus und Kasus. **Variante** Schreiben Sie die 5 Fragen und die dazugehörigen Antworten auf jeweils ein Kärtchen und bitten Sie die TN, immer 2 zuzuordnen. Fragen Sie die TN, in welchen Fragen/Sätzen das Artikelwort ein Nomen begleitet und wo das Artikelwort als Pronomen gebraucht wird und ein Nomen ersetzt. Erarbeiten Sie dann gemeinsam die Unterschiede (siehe oben). Weiter wie oben beschrieben. **Lösung** 1 keine, 2 eine, 3 einen, 4 keins, 5 welche	Kärtchen
ÜB 4 a–d	Hier vertiefen die TN die neue Grammatik. Sie finden auch eine Übersicht mit allen Artikelwörtern als Pronomen im Nominativ und im Akkusativ.	
5	Thematisieren Sie den Grammatik-Kasten zu *irgendein/-eine/-welche*. Machen Sie die Aufgabe dann wie beschrieben in einem → **Kursspaziergang**. **Erweiterung** Bereiten Sie die Kärtchen von der **Kopiervorlage** vor. Teilen Sie die TN in 6 KG auf. Erklären Sie, dass jede etwas Bestimmtes kochen möchte und dazu noch einige Zutaten braucht – diese stehen auf der Karte, von denen jede KG eine erhält. Mischen Sie die anderen Karten mit den Lebensmitteln und verteilen Sie auch diese an die KG. Die KG kontrollieren, welche der Lebensmittel sie für ihr Gericht brauchen können, und legen diese zur Seite. Die restlichen Lebensmittel-Kärtchen versuchen die KG nun mit anderen KG einzutauschen, sodass sie die Zutaten bekommen, die ihnen noch fehlen. Erklären Sie den TN, dass sie bei den Tauschgesprächen Artikelwörter als Pronomen benutzen sollen (*Habt ihr vielleicht Erbsen? – Ja, wir haben welche. / Nein, wir haben auch keine. …*). Wenn alle ihre nötigen Lebensmittel eingetauscht haben, ist das Spiel zu Ende.	KV

Wenn die Stadt erwacht
Sprachhandlungen einen Magazintext verstehen; einen Bericht schreiben
Lerninhalte GR: Adjektive als Nomen

6 a	Schreiben Sie *5 Uhr morgens* an die Tafel. Fragen Sie die TN, wann sie das letzte Mal um 5 Uhr morgens wach waren bzw. aufgestanden sind und aus welchem Grund. Was konnten sie um diese Zeit beobachten? Welche Bilder, Geräusche und Gerüche gab es? Fragen Sie die TN, welche Berufsgruppen um 5 Uhr morgens schon arbeiten und welche immer noch. Wer ist sonst noch unterwegs? Sammeln Sie die Vorschläge an der Tafel. **Lösungsvorschlag** *Busfahrerin, Flughafenpersonal, Krankenschwester, Notarzt, Partyschwärmer, …*

11 Stadt, Land, Fluss

6 b Die TN lesen den Magazinbericht. Sie markieren, wie die 3 vorgestellten Personen heißen, was sie beruflich machen und welche Aktivitäten sie am frühen Morgen ausführen.
Variante Je 3 TN arbeiten zusammen. Jede/-r TN liest einen der 3 Abschnitte und fasst ihn für die anderen beiden TN zusammen. Anschließend fassen sie gemeinsam zusammen, was die Personen in den Texten am frühen Morgen machen (→ **Kooperatives Lesen**).
Info In Süddeutschland ist es üblich, in der gesprochenen Sprache den Artikel vor Vornamen zu setzen wie im Text (*der Max, die Grete* usw.).
Lösung *Ferdy Ziegler arbeitet als Krankenpfleger und hat noch bis 7 Uhr Nachtdienst, er bereitet die Übernahme vor; Chef und Angestellte der Bäckerei Bucher arbeiten in der Backstube; Vera ist Fahrerin für die Bäckerei Bucher und fährt Backwaren zu den Kunden; sie lädt um 5 Uhr Körbe mit frischem Brot ins Auto; ein Auszubildender hilft ihr; Max ist Fahrer von einem Reinigungsfahrzeug im städtischen Bauhof und fährt um 5 Uhr los, um die Straßen zu reinigen. Ein Obdachloser sucht auf dem Bauhof einen Schlafplatz.*

6 c Vorgehen wie beschrieben.
Lösung *1r, 2f, 3f, 4f, 5r*

6 d Schreiben Sie die Ausdrücke aus dem Grammatik-Kasten mit kleingeschriebenen Adjektiven und Lücken für die Endungen (*der obdachlos____ Mann – ein obdachlos____ Mann, die angestellt____ Bäckerin – eine angestellt____ Bäckerin* usw.) an die Tafel. Die TN ergänzen die Adjektivendungen. Wenn Sie sehen, dass die TN sich nicht mehr gut an die Adjektivendungen erinnern, wiederholen Sie das Thema kurz gemeinsam. Lesen Sie nun mit den TN den Grammatik-Kasten. Erklären Sie den TN, dass Adjektive auch als Nomen benutzt werden können. Dabei werden die Adjektive wie Nomen großgeschrieben, die Endungen bleiben aber wie beim Adjektiv. Je 2 TN ergänzen dann gemeinsam die Endungen in den Sätzen 1–4.
Lösung *1 -er, -er; 2 -e; 3 -en; 4 -en*
Erweiterung Die TN markieren in KB6b alle Adjektive, die als Nomen benutzt werden (*die Angestellten, ein Obdachloser, als Erster, ein Guter, der Obdachlose*). Sie üben diese und ähnliche Wörter mit → **Kofferpacken** (z. B. *Ich sehe einen Bekannten. – Ich sehe einen Bekannten und eine Angestellte. …*)

7 ✏️ Erklären Sie den TN, dass sie einen Text über die erste Stunde ihres Tages nach dem Aufwachen schreiben sollen. Die TN sammeln in ca. 5 Minuten Ideen in einer Mindmap. Was passiert in ihrer Wohnung? Was passiert auf der Straße? Was hören, riechen, fühlen die TN? Danach schreiben die TN einen kurzen Text. Danach tauschen sie ihn mit einer/-m Partner/-in. Der/Die Partner/-in liest den Text und versucht, ihn zu verbessern, indem er/sie Fehler korrigiert und Formulierungshilfen anbietet. Anschließend besprechen beide jeweils ihre Verbesserungsvorschläge für den Text der/des anderen. (→ **Schreibaufgaben auswerten**)
Variante Die Auswertung ihres Textes machen sie zu dritt in einer → **Schreibkonferenz.**

Lebenswerte Städte

Sprachhandlungen über lebenswerte Städte diskutieren; etwas näher beschreiben; in einer Diskussion vermitteln
Lerninhalte WS: Verkehr | GR: Relativsätze mit *was* und *wo* | Aussprache: Texte vorlesen – Satzzeichen helfen

8 a Erklären Sie ggf., was *lebenswert* bedeutet. Dann vorgehen wie beschrieben. Sprechen Sie im PL über Gemeinsamkeiten und Unterschiede der einzelnen KG-Ergebnisse.
Variante Je 4 TN bearbeiten die Aufgabe mit einem → **Platzdeckchen**.   Papier

8 b Vorgehen wie beschrieben. Vergleich in PA, dann im PL. Klären Sie ggf. neuen Wortschatz.
Variante Die TN erarbeiten den Text mit → **Reziprokes Lesen**. Weiter wie beschrieben.

8 c Vorgehen wie beschrieben. Machen Sie dann abschließend eine → **Kursstatistik** und schreiben Sie die drei Städte mit den meisten Stimmen an die Tafel.

8 d Vorgehen wie beschrieben. Sprachlich stärkere TN notieren zudem alle Städte in der Reihenfolge des Rankings. Besprechen Sie dann das komplette Ranking im PL.   🔊 2.36
Lösung *1. Platz Helsinki, 2. Platz München, 3. Platz Oslo* – (Foto bei 8d: *Berlin*; bei 8a: *München*)

Stadt, Land, Fluss — 11

8 e — Fragen Sie die TN, in welchen Städten in ihrem Heimatland sie schon gelebt haben oder welche sie sehr gut kennen. Wie schätzen sie die Lebensqualität in diesen Städten ein? Was fanden sie gut? Was nicht? Fragen Sie auch, ob die TN wissen, welches die beliebtesten Städte in ihrem Land sind. Ggf. recherchieren die TN im Internet.

9 a — Die TN lesen die 5 Sätze, klären Sie ggf. neuen Wortschatz. Dann vorgehen wie beschrieben.
Erweiterung Sprechen Sie mit den TN darüber, ob die Aussagen 1–4 auch auf ihre Stadt bzw. die ihrem Heimatort am nächsten gelegene Stadt zutreffen oder nicht.
Lösung *1 Zürich, 2 Hamburg, 3 Berlin, 4 München, Hamburg, Zürich, 5 Hamburg*

2.37

9 b — Vorgehen wie beschrieben. Erklären Sie den TN, dass es sich bei *was* und *wo* in diesen Sätzen um Relativpronomen handelt. Lesen Sie den Grammatik-Kasten. Machen Sie weitere Beispiele.
Lösung *1 Dort, 2 Die Stadt tut auch etwas für ärmere Menschen, 3 Stadt, 4 Das, 5 nichts*

ÜB 9 b — Die TN üben hier *was* und *wo* zu unterscheiden und lernen, dass *wo* und *in der* gleichermaßen benutzt werden, wenn der Ort feminin ist, wie im Beispiel *die Stadt*.

9 c — Vorgehen wie beschrieben. Lassen Sie einige Sätze vorlesen und besprechen Sie noch einmal, worauf das Relativpronomen sich jeweils bezieht.
Erweiterung Schreiben Sie an die Tafel: *… wo wir uns kennengelernt haben. / … was wir nicht wissen. / … wo du es vergessen hast. / … was er ihr erzählt hat.* Geben Sie den TN 5 Minuten Zeit, in KG die Anfänge der Sätze logisch zu ergänzen. Vergleichen Sie im PL. Bitten Sie die KG, 3 weitere Relativsätze mit *was* oder *wo* zu überlegen und sie dann ohne den Satzanfang auf ein Blatt zu schreiben. Die TN tauschen die Blätter mit einer anderen KG, ergänzen gegenseitig die Sätze und geben sie zurück. Anschließend lesen die TN die neu gebildeten und ihre ursprünglich ausgedachten Sätze vor.
Lösungsvorschlag *1 was (mit Kunst zu tun hat.), 2 wo (ich viele Freunde habe.), 3 was (ich nicht kenne.), 4 wo (es viel Grün gibt.), 5 wo (ich immer wieder hingehe.), 6 was (die Politiker entscheiden.)*

Papier

10 — Zeigen Sie den TN zunächst den Redemittel-Clip. Fragen Sie, worüber die Personen diskutieren und wie sie die Stimmung unter den drei Personen wahrnehmen. Projizieren Sie dann die Redemittel-Sprechblase an die Tafel oder die Wand und klären Sie, was *auf Standpunkte eingehen* und *vermitteln* bedeuten. Besprechen Sie mit den TN die einzelnen Redemittel. Anschließend zeigen Sie den Redemittel-Clip noch einmal, die TN markieren die Redemittel, die im Clip so wie im KB oder so ähnlich benutzt werden. Anschließend wählen die TN einige Redemittel aus jeder Kategorie aus und üben diese (→ **Auswendig lernen**). Dann bereiten die TN die Diskussion wie beschrieben zu viert vor und spielen sie dann. Lassen Sie eine oder mehrere KG ihre Diskussion im PL vorspielen. Die Zuschauer/-innen geben → **Feedback** zu den folgenden Fragen, die Sie auch schon vorher auf Kärtchen schreiben und einzelnen TN geben können, damit diese sich während der Diskussion Notizen machen können: *Wer hat seinen Standpunkt gut vertreten? Wer ist wie auf Standpunkte eingegangen? Wer hat gut vermittelt? Welche Redemittel wurden benutzt? Wurden die Redemittel richtig benutzt?*
Variante Einstieg wie beschrieben. Führen Sie die Diskussion als → **Redemittelkärtchen-Diskussion** durch. Dann weiter wie beschrieben.

▶ R4

11 a — Fragen Sie die TN, welche Funktion Satzzeichen haben (*Sätze gliedern, die grammatische Struktur verdeutlichen, Nebensätze trennen, Pausen markieren*). Sammeln Sie die Antworten an der Tafel und thematisieren Sie dann den Tipp-Kasten. Die TN lesen den Text und versuchen ihn durch Punkte und Kommas (und ein Fragezeichen) zu strukturieren. Nach Punkten müssen auch die Satzanfänge großgeschrieben werden. Danach vergleichen sie in PA.
Lösung *Ich wohne in Köln, | mir gefällt die Stadt sehr gut. | Ich verstehe allerdings nicht, | warum sie in sämtlichen Rankings immer so weit hinten liegt. | Ich kann mir keine schönere Stadt vorstellen. | Warum gefällt es mir in Köln so gut? | Die Antwort ist ganz einfach. | Hier gibt es schöne Museen, | viele gute Theater und Kinos, | kleine Cafés, | den Rhein mit den vielen Schiffen | und und und. | Noch wichtiger ist, | dass hier meine Freunde wohnen. | Außerdem …*

11 Stadt, Land, Fluss

11 b Die TN hören den Text zur Kontrolle. Anschließend üben die TN den Lesetext mit Pausen zu lesen, indem sie ihn erst einige Mal leise und dann laut lesen. Abschließend lesen je zwei TN sich gegenseitig den Text laut vor und geben sich gegenseitig → **Feedback.**
2.38
Hinweis Weitere Übungen zur Aussprache: **ÜB11a+b**. Lesen Sie den Tipp-Kasten im Kurs.
Variante Wählen Sie → **Tipps zum Vorlesen** aus; die TN üben damit den Lesevortrag.

In Zürich
Sprachhandlungen einen Blog über Zürich verstehen
Lerninhalte Landeskunde: Zürich

12 a+b Die Bücher bleiben geschlossen. Schreiben Sie *die Schweiz* an die Tafel. Die TN sagen alles, was sie über die Schweiz wissen. Notieren Sie die Angaben in einem Wortigel oder machen Sie mit den TN eine virtuelle Wortwolke zur Schweiz, projizieren Sie die fertige Wolke und sprechen Sie im PL über die einzelnen Angaben. Projizieren Sie dann die Fotos an die Tafel oder die Wand. Fragen Sie die TN, ob sie wissen, um welche Stadt in der Schweiz es sich handelt (*Zürich*). Suchen Sie Zürich gemeinsam auf der Landkarte im KB. Dann gehen Sie vor wie beschrieben. Die TN vergleichen in PA oder in KG ihre Zuordnung. Klären Sie offene Fragen im PL.
Landkarte im KB

Thematisieren Sie dann den *Gut gesagt*-Kasten. Fragen Sie die TN, ob Sie andere typisch schweizerdeutsche Ausdrücke kennen.
2.39
Info Im Internet finden Sie unter *Video + schweizerdeutsche Ausdrücke* viele weitere Beispiele.
Variante Projizieren Sie für sprachlich schwächere Kurse den ersten Absatz und lesen Sie ihn zur Situierung gemeinsam. Dann arbeiten je 6 TN zusammen. 2 TN übernehmen A und B, 2 C und 2 D. Sie lesen jeweils ihre Texte und ordnen sie dem passenden Foto zu. Danach informieren sie sich gegenseitig und kontrollieren gemeinsam die Fotozuordnung.
Lösung *1D, 2C, 3B, 4A*

12 c Vorgehen wie beschrieben. Sprachlich schwächere TN können diese Aufgabe auch in PA machen und dann mit einem anderen Paar vergleichen. In **ÜB12b** wird Wortschatz geübt.
Lösungsvorschlag *1 als wäre sie eine Touristin. 2 gibt es historische Gebäude. 3 sollte man mit der Bahn auf den Uetliberg fahren. 4 kann man an den Zürichsee oder an die Limmat gehen. 5 fährt am besten nach Zürich-West. 6 kann man bei „Züri rollt" mieten.*

12 d Die TN gehen als HA vor wie beschrieben. Bitten Sie die TN in der darauffolgenden Stunde zu berichten, wie es ihnen dabei ergangen ist, was gut geklappt hat und was sie beim nächsten Mal noch besser machen können.

Meine Stadt
Sprachhandlungen verschiedenen Empfängern schreiben; ein Programm für einen Stadtbesuch erstellen
Lernziele Strategie: Briefe/E-Mails schreiben | Wortbildung: Adverbien mit *-einander* (im ÜB)

13 a Geben Sie den TN einige Minuten Zeit zu überlegen, welche Besonderheiten es in ihrer Heimatstadt (oder der nächstgelegenen Stadt) gibt. Die TN ergänzen eine Mindmap wie im Beispiel für Zürich. Wenn Sie zwei oder mehrere TN aus der gleichen Stadt im Kurs haben, so arbeiten diese in PA oder in KG.
Hinweis Hier können Sie den Film *Tübingen – ein Selbstporträt* mit KB 14–16 einplanen.
▶ 29–31

13 b Fragen Sie die TN, wie ein Brief aufgebaut ist. Schreiben Sie dazu *Empfänger/-in, Anrede, Einleitung, Schluss* und *Gruß* an die Tafel. Fragen Sie die TN, welchen grundsätzlichen Unterschied zwischen einem informellen und einem formellen Brief es gibt. (Anrede mit *du* bzw. *Sie*). Anschließend in PA vorgehen wie beschrieben. Vergleichen Sie im PL.
Hinweis Alternativ können Sie zu dieser Aufgabe ein interaktives Tafelbild nutzen. Die TN sortieren gemeinsam die Formulierungen für die Briefe in die Tabelle. Jede/-r TN verschiebt ein Wortkärtchen; direkt im Anschluss wird im PL diskutiert, ob es passend zugeordnet wurde bzw. ob es auch zu einem anderen Bild passen könnte.
Lösung A: *Anrede 10, 4; Einleitung 9; Schluss 5, 13; Gruß 2, 6;*
B: *Anrede 8; Einleitung 1, 3; Schluss 7, 11; Gruß 12, 14*

90

Stadt, Land, Fluss 11

13c	Besprechen Sie mit den TN den Strategie-Kasten. Dann gehen Sie vor wie beschrieben. Die Aufgabe eignet sich auch als HA. (→ **Schreibaufgaben auswerten**)
ÜB	**Wortbildung** Lesen Sie mit den TN den Kasten, danach lösen die TN A und B.

Film: Tübingen – ein Stadtporträt
Tübingen am Neckar | Die Universitätsstadt | Mit dem Stocherkahn

14 a	Vorgehen wie beschrieben. Suchen Sie Tübingen auf der Landkarte im KB oder projizieren Sie z. B. Google Maps an die Tafel oder die Wand und die TN suchen dort Tübingen. **Lösungsvorschlag** *einen Fluss, viel Natur, eine Brücke, historische Gebäude, Boote, wenig Menschen, Studentenwohnheim* – Eindruck: *ruhig, idyllisch, sehr alt, wirkt wie eine Kleinstadt*	▶ 29 Landkarte aus dem KB
14 b	Vorgehen wie beschrieben **Lösung** *C, A, B*	
14 c	Vorgehen wie beschrieben. Suchen Sie mit den TN die genannten Orte auf einer Karte. Erweiterung Geben Sie interessierten TN eine Rechercheaufgabe zu Hölderlin, z. B. für eine Präsentation zu Hölderlins Biografie oder einem seiner Gedichte (ggf. in Übersetzung). Infos z. B. unter www.deutschelyrik.de/hoelderlin.html; www.dw.com/de/h%C3%B6lderlin-gedichte-zwischen-hoffnung-und-weltflucht/a-52844313; www.deutschlandfunk.de/hoelderlinturm-in-tuebingen-der-wahnsinnige-dichter-im-turm.1242.de.html?dram:article_id=470406 **Lösung** *Er ist in Lauffen am Neckar geboren, in Nürtingen am Neckar aufgewachsen, hat in Tübingen studiert und ist dort gestorben. Die letzten 36 Jahre lebte er in einem Turmzimmer mit Blick auf den Neckar.*	▶ 29
15 a	Projizieren Sie das Foto neben der Aufgabe an die Wand oder die Tafel. Die TN vermuten, welches Gebäude das Foto zeigt (*das Rathaus*). Dann lesen die TN die 5 Aussagen. Anschließend vorgehen wie beschrieben. Vergleich im PL. **Lösung** *1, 3*	▶ 30
15 b	Vorgehen wie beschrieben. Nach dem Sehen vergleichen die TN zunächst in PA, dann im PL. Erweiterung Je 3–4 TN sehen die Filmszene nochmals und machen sich Notizen zu 5 Informationen, über die bisher nicht gesprochen wurde. Sie formulieren dazu richtige und falsche Aussagen wie in KB15a. Sie können auch eine andere Aufgabenform wählen (→ **Aufgaben selbst erstellen**). Je 2 KG tauschen ihre Aufgaben und lösen sie. **Lösung** *2 Man sieht auch drei antike Göttinnen an der Fassade: Justitia (Gerechtigkeit), Demeter (Landwirtschaft), Athene (Wissenschaft). 4 Der geografische Mittelpunkt von Baden-Württemberg befindet sich mitten in der Stadt. 5 Der Botanische Garten befindet sich auf der Neckarinsel.*	▶ 30
16 a+b	Projizieren Sie die Fotos an die Wand oder die Tafel, die TN wählen ein Foto. Anschließend sehen sie die Filmszene. Sie tauschen sich in KG zu den Fragen aus. Vergleich im PL. **Lösung** zu 16a: *Foto C* **Lösung** zu 16b: *Tübinger Studenten fanden in Cambridge und Oxford die Punts toll und haben die Idee nach Tübingen gebracht. 2 Seit den 1920er Jahren.*	▶ 31
16 c	Vorgehen wie beschrieben. **Lösung** *1 Man sitzt sich gegenüber, lehnt sich entspannt gegen die hohen Lehnen. 2 Häuser direkt am Neckar („die Neckarfront"), Stiftskirche, Hölderlinturm, Burse, Evangelisches Stift und Schloss Hohentübingen; 3 Universität, Uniklinik, Stocherkahnfahren*	▶ 31
16 d	Die TN tauschen sich über die 2 Fragen im → **Kursspaziergang** oder → **Kugellager** aus.	

12 Geld regiert die Welt?

Los geht's!

Sprachhandlungen über Kosten und Geld sprechen
Lerninhalte WS: Geld

1 a+b	Projizieren Sie die Fotos. Je 3–4 TN beschreiben die Fotos und sprechen über die Frage. Anschließend hören die TN die 4 Szenen und ordnen sie den Fotos zu. **Lösung** *Szene 1: D, Szene 2: B, Szene 3: G, Szene 4: E*	🔊 2.40
1 c	Vorgehen wie beschrieben. Die TN vergleichen erst in PA und dann gemeinsam im PL. **Variante** Die TN notieren beim ersten Hören nur die genannten Gegenstände, beim zweiten und ggf. dritten Hören, was man damit machen kann und was die Anrufer gut finden. **Lösung** *2: schöne Natur, mit Hund Luna draußen sein und spielen, spazieren gehen / eine Runde gehen oder joggen – 3: mit Freunden zusammen sein, sich unterhalten und lachen – 4: eine schicke Wohnung und dabei keine Kompromisse machen, zu Hause sein*	🔊 2.40
1 d	Vorgehen wie beschrieben. **Variante** Bearbeiten Sie die Aufgabe mit einem → **Dreieck der Gemeinsamkeiten**.	
2	Bitten Sie die TN, sich vorzustellen, sie bekämen 50 000 Euro geschenkt. Was könnte man mit diesem Geld alles kaufen und unternehmen? Notieren Sie die Ideen der TN an der Tafel. Je 3–4 TN diskutieren darüber, für welche der genannten Vorschläge sie bereit wären, viel Geld auszugeben, und was ihnen nicht so wichtig wäre. Die TN markieren mit Klebepunkten die 3 Vorschläge, für die sie viel Geld ausgeben würden, und machen Sie eine → **Kursstatistik**.	Klebepunkte

Bankgeschäfte

Sprachhandlungen Bankgespräche verstehen und führen; Informationen auf einer Website verstehen, nach Tätigkeiten fragen
Lerninhalte WS: Bank | GR: Sätze mit *je …, desto/umso …*; Partizip II als Adjektiv

3 a 📖	Notieren Sie in einem Wortigel an der Tafel, was den TN zum Begriff *Bank* einfällt, bevor die TN die Aufgabe in PA bearbeiten. Sie können ein (Online-)Wörterbuch benutzen. Vergleich und Klärung offener Fragen im PL. Die TN üben dann wichtigen Wortschatz in PA in **ÜB3b**. **Variante** Kopieren Sie die **Kopiervorlage** auf Karton, schneiden Sie die Kärtchen aus. Gehen Sie zuerst vor wie oben beschrieben, geben Sie dann je 3–4 TN zusammen ein Set. Die TN ordnen die Vokabeln in KG den Erklärungen zu. Vergleichen Sie im PL. **Erweiterung** → **Wortschatzspiele: Kimspiel** oder **Memo-Wortschatztraining** mit dem Wortschatz. **Lösung** *der Betrag – überweisen, einzahlen, verlangen, abheben, zahlen, sparen; das Konto – eröffnen, sperren, überziehen; der Kredit – beantragen; das Geld: überweisen, einzahlen, verlangen, abheben, zahlen, sparen; der Beleg – drucken, verlangen; die Rate: überweisen, zahlen; die Gebühr – überweisen, einzahlen, verlangen, zahlen; die Zinsen – überweisen; verlangen; die Bankkarte/die Kreditkarte – beantragen, sperren; der Kontoauszug – drucken*	(Online-) Wörterbuch KV
3 b	Vorgehen wie beschrieben. **Lösung** *Gespräch 1: ein Konto eröffnen, Gespräch 2: einen Kredit beantragen*	🔊 2.41–42
3 c	Vorgehen wie beschrieben. Vergleichen Sie anschließend im PL. **Erweiterung** für sprachlich stärkere TN: Die TN hören die Gespräche noch einmal und korrigieren die falschen Aussagen. *(2 teurer ist die Gebühr, 4 für seine Küche)* **Lösung** *1, 3, 5, 6*	🔊 2.41–42
3 d	Vorgehen wie beschrieben. Die TN versuchen zu erklären, was mit diesen Konnektoren ausgedrückt wird (*Aussage 2 ist abhängig von Aussage 1, d. h. sie verändert sich im gleichen Maße*). Thematisieren Sie danach den *Gut gesagt*-Kasten. Lassen Sie die TN eigene Kurzsätze formulieren und vorstellen. **Variante** Machen Sie mit dem Satz aus dem Grammatikkasten einen lebendigen Satz (→ **Lebendige Sätze**). Fragen Sie die TN, welche Formen die Adjektive haben (*Komparativ*). Wenn Sie den Eindruck haben, dass die TN sich nicht gut an den Komparativ erinnern, dann können Sie diesen mit **ÜB3c+d** wiederholen. Gehen Sie dann vor wie oben beschrieben.	🔊 2.43

Geld regiert die Welt? 12

Erweiterung Je 3–5 TN spielen zusammen zum Einüben von *je ... desto*-Sätzen das Schwarze-Peter-Spiel mit der **Kopiervorlage**. Kopieren Sie diese (ggf. vergrößert) auf Karton, schneiden Sie die Karten aus und geben Sie jeder KG ein Set. Die Karten werden gemischt und unter den TN verteilt. Jede/-r TN sieht nach, ob er/sie damit ein logisches Kartenpaar bilden kann, z. B. *Je besser ich Leipzig kenne, desto lieber lebe ich hier.* Ist dies der Fall, darf er/sie den Satz vorlesen und das Kartenpaar ablegen. Wenn alle korrekten Kombinationen abgelegt sind, zieht TN 1 eine Karte von TN 2 und kann dann eventuell einen weiteren logischen Satz bilden und das Kartenpaar ablegen, ansonsten zieht TN 2 eine Karte von TN 3 usw. Die einzige Karte, mit der kein Satz gebildet werden kann, ist der *Schwarze Peter*. Diese Karte wechselt durch das Ziehen öfter den Besitzer. Wenn alle Sätze gebildet wurden, bleibt nur noch der *Schwarze Peter* übrig. Wer diese Karte am Ende in der Hand hält, hat verloren und bekommt einen schwarzen Punkt auf die Nase (oder auf ein Blatt Papier o. Ä.) gemalt.
Lösung *2. Je mehr ..., desto weniger, 5. Je höher ..., umso günstiger ...*

KV, Karton, Schere, abwischbarer Kajalstift o. Ä.

3 e In PA vorgehen wie beschrieben. Zwei Paare tauschen dann ihre Sätze und korrigieren sie gegenseitig.
Lösungsvorschlag *1 desto weniger Kontogebühren hat sie. 2 umso weniger kann man ausgeben. 3 umso weniger ist man den Angestellten dort bekannt. 4 Je länger er im Netz surft 5 Je reicher man ist 6 Je mehr Raten man für die Rückzahlung des Kredits vereinbart*

4 a Lesen Sie die Situationen im PL. Lesen Sie dann die Redemittel in der Sprechblase und klären Sie ggf. neuen Wortschatz. Anschließend lernen die TN die Redemittel (→ **Auswendig lernen**). Danach vorgehen wie beschrieben. Paare, die möchten, spielen ein Gespräch vor.

4 b Jede/-r TN überlegt, in welcher Sprache er/sie diese Aufgabe durchführen möchte. Bilden Sie dann Gruppen, die die gleiche Sprache gewählt haben. Diese bereiten Notizzettel in der Sprache vor, in der sie die Kontoeröffnung erklären werden. Dabei überlegen die TN vor allem, was die jeweilige Person, der sie es erklären wollen, schon weiß und was nicht, und in welcher Reihenfolge er/sie die Informationen vermitteln will. Die eigentliche Aufgabe machen die TN als HA. In der nächsten Stunde sprechen Sie darüber, welche Erfahrung sie beim Erklären gemacht haben, was gut geklappt hat und was sie noch besser machen können.

5 a Projizieren Sie das Foto an die Wand oder die Tafel und fragen Sie die TN, ob Sie Online-Banking machen und was sie normalerweise im Online-Banking machen. Die TN berichten in KG oder im PL. Gehen Sie dann vor wie beschrieben. Danach vergleichen die TN in PA und anschließend im PL. Klären Sie ggf. neuen Wortschatz.
Lösung *1C, 2E, 3A, 4D, 5B*

5 b Vorgehen wie beschrieben. Vergleichen Sie anschließend im PL und klären Sie offene Fragen.
Hinweis Nur passivfähige Verben können im Partizip II als Adjektiv verwendet werden.
Lösung *der überwiesene Betrag, die gespeicherte PIN, die übernommenen Daten*

5 c Je 2 TN bearbeiten die Aufgabe gemeinsam. Vergleichen Sie anschließend im PL.
Lösung *1 verlorene, 2 ausgefüllte/unterschriebene, 3 eingezahlten*

5 d Machen Sie ein Beispiel im PL vor. Die TN bearbeiten die Aufgabe dann wie beschrieben in einem → **Kursspaziergang**. Sagen Sie den TN, dass sie sinnvolle Antworten formulieren sollen, also nicht alle Antworten nach dem Schema des Beispiels formuliert werden müssen.
Lösung *Hast du die Sachen schon gekauft? – Ja, hier sind die gekauften Sachen.*
Hast du den Vertrag schon unterschrieben? – Ja, hier ist der unterschriebene Vertrag.
Hast du das Passwort schon gespeichert? – Ja, und ich habe das gespeicherte Passwort auch schon benutzt.
Hast du das Fahrrad schon repariert? – Ja, hier ist das reparierte Fahrrad.
Hast du die Kleidung schon bestellt? – Ja, die bestellte Kleidung kommt morgen schon.
Hast du den Pass kopiert? – Hier ist der kopierte Pass.
Hast du den Kontoauszug schon gedruckt? – Ja, hier ist der gedruckte Kontoauszug.

12 Geld regiert die Welt?

Total global
Sprachhandlungen Argumente verstehen und äußern; Personen, Dinge und Situationen genau beschreiben
Lerninhalte WS: Globalisierung | GR: Partizip I als Adjektiv | Aussprache: Wortakzent

6 a	Vorgehen wie beschrieben. Vergleichen Sie im PL. 🔊 2.44 **Lösung** *Wirtschaft → verändert, z. B. große Marken dominieren, weltweit dieselben Marken; Technik → entwickelt sich schneller weiter; Mobilität → man muss viel flexibler im Beruf sein, Arbeiten im Ausland ist leichter möglich als früher*
6 b	Überlegen Sie gemeinsam, welche weiteren Aspekte zum Thema *Globalisierung* gehören bzw. wo die Globalisierung ihnen im täglichen Leben begegnet (*Kleidung aus Asien, Früchte zu jeder Jahreszeit, Austauschprogramme wie ERASMUS, …*). **Erweiterung** In sprachlich stärkeren Kursen schreiben je 2–3 TN eine Definition für *Globalisierung*. Sie lesen die Definitionen im PL vor und besprechen, welche am besten ist. Die TN fassen zusammen, was sie in dem Gespräch in KB6a über Globalisierung erfahren haben, und vergleichen mit ihrer Sammlung und ihren Definitionen. – In sprachlich schwächeren Kursen geben Sie die folgenden Definitionen vor. Je 3–4 TN lesen diese und überlegen, welche sie am besten finden. Im PL erklären sie kurz, warum sie sich für die jeweilige Definition entschieden haben: *1 Globalisierung ist ein wichtiger Prozess, der es durch neue technische Möglichkeiten Menschen auf der ganzen Welt möglich macht, miteinander Handel zu betreiben und zu kommunizieren. – 2 Der Begriff Globalisierung kommt von dem Wort „global", was „die ganze Erde betreffend" bedeutet. Der Prozess beschreibt die wirtschaftlichen und politischen Beziehungen zwischen Staaten, aber auch die persönlichen Verbindungen zwischen den Menschen. – 3 Was in unserem Land passiert, kann Auswirkungen oder Ursachen an einem weit entfernten Ort der Welt haben. Diese Entwicklung wird Globalisierung genannt. Dazu gehört z. B. auch der weltweite Handel, Flugzeuge und Schiffe, die Entfernungen immer kleiner erscheinen lassen usw.* **Lösungsvorschlag** *Globalisierung heißt, dass die weltweiten Beziehungen auf vielen Gebieten (Wirtschaft, Politik, Kultur, Umwelt, Kommunikation) zunehmen, und zwar zwischen einzelnen Personen, Gesellschaften, Institutionen und Staaten.*
7 a+b	Vorgehen wie beschrieben. Vergleichen Sie im PL und klären Sie dabei offene Fragen. **Lösung** *Vorteile: Leben ist internationaler geworden, alle Informationen weltweit im Internet; internationaler Austausch in Forschung und Wissenschaft → gut für Bekämpfung von Krankheiten; schnelle Verbreitung von technischem Fortschritt; größeres Produktangebot; sinkende Preise durch größere Konkurrenz für Konsumenten gut; wachsender Wohlstand in den Ländern, in denen jetzt produziert wird; alles mobiler, auch die Arbeitswelt – Nachteile: Firmen verlegen ihre Produktion in Länder, wo sie billiger produzieren können, dort aber schlechte Arbeitsbedingungen und weniger Lohn; fraglich, ob immer alles immer billiger werden muss; kleinere Firmen überleben auf dem Weltmarkt nicht; Unterschiede zwischen Arm und Reich immer größer; zunehmende Umweltprobleme durch weltweiten Transport*
7 c	Vorgehen wie beschrieben. Die TN erstellen in PA eine Tabelle wie auf der *kurz und klar*-Seite und sortieren dort die Redemittel ein, dann vergleichen sie im PL. (→ **Auswendig lernen**) **Lösung** *Bernd Christiansen: Ich finde es gut, dass …; Man muss auch bedenken, dass …; Das ist doch ein großer Vorteil; Positiv ist auch, dass …; Für … ist doch wünschenswert; Ein weiterer Pluspunkt …; Außerdem gefällt mir, dass …; Pauschal kann man sagen … es gibt viele überzeugende Argumente für … Sada Bousaid: Ich sehe … eher kritisch; Das ist doch ein wichtiges Argument gegen …; Ich finde, man sollte sich überlegen, ob …; Und man muss auch bedenken, dass …; Es ist wirklich sehr problematisch, dass …; Das ist aus meiner Sicht …*
7 d	Geben Sie den TN einige Minuten Zeit zu überlegen, was sich in ihrem eigenen Land durch die Globalisierung verändert hat bzw. was für sie dadurch immer schon normal war – und wie sie dazu stehen. Dann vorgehen wie beschrieben. Jede KG fasst die wichtigsten Punkte ihrer Diskussion durch eine/-n Gruppensprecher/-in zusammen. **Erweiterung** Machen Sie anschließend eine → **Aquariumsdiskussion** im PL. **Hinweis** Hier können Sie den Film *Tauschring* mit KB 12–14 einplanen. ▶ 32–34

Geld regiert die Welt? 12

8 a Schreiben Sie *sinkende Preise* an die Tafel. Unterstreichen Sie *sinkende* und fragen Sie die TN, welches Verb sie darin erkennen können (*sinken*). Erklären Sie, dass sich das Verb durch Hinzufügen eines *-d* in ein Partizip I verwandelt und dass Partizipien vor Nomen wie Adjektive dekliniert werden (vgl. Partizip II in KB5b). Vergleichen Sie dazu mit den Erklärungen im Grammatik-Kasten. Erklären Sie, dass man das Partizip I vor Nomen auch mit einem Relativsatz im Aktiv umschreiben kann. *Sinkende Preise* sind demnach *Preise, die sinken*. Mit dem Partizip I wird also etwas ausgedrückt, was in der Gegenwart gerade geschieht. Je 2 TN wandeln nun die Partizip-I-Konstruktionen 2–5 in Relativsätze um. Vergleichen Sie anschließend im PL. Planen Sie den Grammatik-Clip ein. Mit den Beispielsätzen im Clip können Sie die Aufmerksamkeit der TN gezielt darauf lenken, dass die eine Art der Partizipien in einen Aktivsatz und die andere Art in einen Passivsatz umgeformt werden kann bzw. eine aktivische oder passivische Handlung ausgedrückt wird.
▶ G4

Machen Sie mit den TN in **ÜB8a** zur weiteren Verdeutlichung auch einen Sprachvergleich.
Erweiterung Alle Formen kommen auch in den beiden Texten in KB7a vor. Sie können diese markieren lassen und dann im Kontext die Bedeutung erklären lassen.
Lösung *2 Austausch, der zunimmt (Z. 8); 3 wegen der Fabriken, die produzieren (Z. 22); 4 ein Argument, das überzeugt (Z. 29/30); 5 die Firmen, die herstellen (Z. 57/58)*

8 b In PA vorgehen wie beschrieben; die TN benutzen dabei das Partizip I als Adjektiv.
Lösung *2 tanzende Menschen, 3 wartende Menschen, 4 ein weinendes Mädchen, 5 arbeitende Menschen, 6 spielende Kinder, 7 ein schlafender Mann, 8 eine lesende/sitzende Frau, 9 ein Gitarre spielender und singender Mann, 10 ein joggender Mann*
Hinweis Sie können hier ein interaktives Tafelbild nutzen. Die TN üben das Partizip I als Adjektiv, indem sie über den Zufallsgenerator eine Person (*der Mann, die Frau, das Kind, die Leute*) wählen und ein Verb, das dann umgeformt werden muss. Anschließend formulieren sie damit Sätze, z. B. *Ich habe einen arbeitenden Mann gesehen.*

8 c Machen Sie die Aufgabe als → **Speeddating**.

9 a Vorgehen wie beschrieben, Vergleich zuerst in PA, dann im PL. Fragen Sie die TN, was im Deutschen meistens betont wird (*der Wortstamm*). Lesen Sie dazu auch den Tipp-Kasten. Weisen Sie die TN darauf hin, dass bei trennbaren Verben das Präfix betont wird (z. B. *fern*sehen). Dementsprechend werden auch bei von trennbaren Verben abgeleiteten Nomen die Präfixe betont (*Fernseher*). Die TN finden diesen Hinweis auch im Tipp-Kasten zu **ÜB9**.
2.45

Lösung *1 zahlen, bezahlen, die Bezahlung; 2 fahren, erfahren, die Erfahrung; 3 ändern, verändern, die Veränderung; 4 sprechen, versprechen, das Versprechen*

9 b Lesen Sie die Wörter noch einmal laut vor. Die TN sprechen die Wörter nach und klopfen beim betonten Teil auf den Tisch oder stampfen mit dem Fuß.

9 c Vorgehen wie beschrieben. Vergleich in PA und dann im PL. Fordern Sie die TN auf zu überlegen, welcher Teil bei zusammengesetzten Nomen meistens betont wird (*der erste Teil*). Lesen Sie dazu auch den Tipp-Kasten. Machen Sie mit den TN abschließend eine → **Ballrunde** mit den Wörtern aus der Aufgabe.
2.46
2 Bälle

Erweiterung Die TN versuchen in KG, in einer bestimmten Zeit möglichst viele Komposita zu bilden. Dazu können Sie einfache Wörter auf Kärtchen vorgeben, wie z. B. *das Haus, die Tür, der Fuß, der Ball, das Schloss* usw. Die TN können die Wörter auf verschiedene Arten zusammensetzen, z. B. *Haus: das Garten*haus – *das Haus*tier. Ggf. benutzen sie ein Wörterbuch. Die TN lesen ihre Wörter im PL vor und achten auf den Wortakzent. Machen Sie danach → **Wortschatz in (zwei) Kreisläufen**, achten Sie dabei darauf, dass die TN den richtigen Wortakzent setzen. Sie können zur Verdeutlichung mit einem Fuß aufstampfen.
Lösung *2 das Wort – das Passwort, 3 der Name – der Benutzername, der Betrag – der Geldbetrag, 5 der Auftrag – der Dauerauftrag, 6. die Gebühr – die Kontoführungsgebühr*

ÜB 9 a–d Hier finden die TN weitere Übungen zur Aussprache. Lesen Sie mit den TN auch den Tipp-Kasten mit dem nochmaligen Hinweis auf die richtige Betonung.

12 Geld regiert die Welt?

Mit gutem Gewissen
Sprachhandlungen über Verhalten diskutieren; eine schwierige Situation beschreiben
Lerninhalte Strategie: in Diskussionen zu Wort kommen

10 a Projizieren Sie die beiden Zeichnungen an die Wand oder an die Tafel. Die TN beschreiben die Situationen auf beiden Bildern (*Auf Bild A will sich ein Mann eine Zeitung aus einem Kasten nehmen und überlegt, ob er genug Geld dabeihat; auf Bild B packt eine Frau eine Vase aus und überlegt, ob sie sie weiterverschenken kann, da sie ihr nicht gefällt.*). Die TN überlegen anhand der Bilder, welches Thema die beiden Texte haben könnten. Schreiben Sie *Gewissensfragen: Mit gutem Gewissen und mit schlechtem Gewissen* an die Tafel und klären Sie mit den TN die Bedeutung. Fragen Sie die TN ggf., wann sie das letzte Mal ein gutes bzw. schlechtes Gewissen hatten und warum.

10 b Vorgehen wie beschrieben. Die TN markieren die Gewissensfragen (*Z. 7/8 und Z. 17/18*).
Variante Je 2 TN arbeiten zusammen und machen → **Kooperatives Lesen**.

10 c Lesen Sie gemeinsam die Redemittel und klären Sie ggf. Wortschatz. Überlegen Sie mit den TN, welche Regeln eingehalten werden müssen, damit eine Diskussion gut funktioniert. Lesen Sie gemeinsam den Strategie-Kasten. Fragen Sie die TN, wie Diskussionen in ihren Heimatländern aussehen. Gibt es Unterschiede zu deutschsprachigen Diskussionen? Wie signalisiert man, dass man etwas sagen möchte? Je 3–5 TN arbeiten zusammen und diskutieren. Sie begründen, wie ihre persönliche Meinung zu den beiden Situationen ist. Dazu benutzen sie die vorgegebenen Redemittel.
Erweiterung vor der Diskussion Schreiben Sie die Redemittel auf Kärtchen und geben Sie jeder Gruppe ein Set. Die TN ordnen die Redemittel nach den Überschriften der Redemittel-Sprechblase im KB. Anschließend vergleichen sie mit dem KB. Sie können nun mit den TN eine → **Redemittelkärtchen-Diskussion** machen. Sonst weiter wie oben beschrieben.

10 d+e Lesen Sie die 3 Situationen im PL. Gehen Sie dann vor wie beschrieben. Die TN präsentieren abschließend die erhaltene Gewissensfrage im PL und sagen kurz, wie sie entscheiden würden.
Info Weitere Gewissensfragen: https://sz-magazin.sueddeutsche.de/tag/die-gewissensfrage

Gutes tun mit Geld
Sprachhandlungen einen informativen Text verstehen; über etwas berichten
Lerninhalte Landeskunde: Die Fuggerei in Augsburg | Wortbildung: Verben mit *her-* und *hin-* (im ÜB)

11 a Fragen Sie die TN, welchen Organisationen man Geld spenden kann und für wen oder was diese sich einsetzen (*Greenpeace kämpft für den Schutz der Umwelt; Caritas hilft Menschen mit geringen finanziellen Mitteln; Ärzte ohne Grenzen unterstützt Menschen in armen Ländern mit medizinischen Mitteln …*). Sammeln Sie die Vorschläge an der Tafel. Fragen Sie die TN, welche dieser Organisationen oder welche Menschen bzw. Einrichtungen sie gern finanziell unterstützen würden, wenn sie genügend Geld hätten. Die TN begründen ihre Entscheidung.

11 b Vorgehen wie beschrieben. Sprachlich schwächere TN formulieren die Fragen in PA.
Erweiterung Kopieren Sie den Text und zerschneiden Sie ihn in die einzelnen Abschnitte. Geben Sie je 2–3 TN ein Set. Die TN fassen die einzelnen Abschnitte mit einer Überschrift / einem Satz zusammen, setzen den Text zusammen und kontrollieren anschließend mit dem KB. Vergleichen Sie die Überschriften im PL. Dann vorgehen wie beschrieben. *Kopien*
Lösungsvorschlag *A Was ist die Fuggerei? B Wer konnte in die Fuggerei ziehen? C Wie groß sind die Wohnungen? D Wie viele Augsburger/-innen wohnen heute noch in der Fuggerei? E Was können Touristen und Touristinnen in der Fuggerei machen?*

11 c Vorgehen wie beschrieben.

11 d Besprechen Sie im PL, was die TN über die Fuggerei in Augsburg denken und welche Informationen im Text ihnen besonders interessant erscheinen.
Info Weitere Informationen finden Sie hier: www.augsburg.de; www.fugger.de

Geld regiert die Welt? 12

11 e Fragen Sie die TN, ob sie (ggf. in ihrem Heimatland) ähnliche soziale Projekte kennen, in denen Menschen mit wenig Geld unterstützt werden. Wissen sie von (prominenten) Menschen mit viel Geld, die damit soziale Projekte unterstützen? Je 2–3 TN gehen dann in KG vor wie beschrieben. Dazu recherchieren sie *(Wer? Was? Wo? Warum? …)*. Die KG stellen ihre Projekte mit einer Mini-Präsentation (→ **Präsentationen**) im PL vor und geben sich gegenseitig (→ **Feedback**).
Info Interessante Internetseiten für soziale Projekte – auch ohne Geld: www.gute-tat.de; www.paritaet-nrw.org/ueber-uns/verbundene-unternehmen/gsp/; www.freiwilligenweb.at

ÜB **Wortbildung** Lesen Sie mit den TN den Kasten, dann vorgehen wie beschrieben.

Film: Tauschring
Tauschring Mainz | Das Tauschblatt | Das Internet

12 a Schreiben Sie *Tauschring* an die Tafel. Die TN spekulieren, was das sein könnte und was man dort macht. Projizieren Sie das Foto. Die TN beschreiben es. Dann vorgehen wie beschrieben.
Lösung *Thomas sägt einen Ast im Garten ab. Klaus kann das nicht alleine.*

12 b Vorgehen wie beschrieben. ▶ 32
Variante für sprachlich schwächere TN: Je 4 TN arbeiten zusammen, je 2 TN sind für 3 Begriffe zuständig. Nach dem Sehen des Film-Clips vergleichen sie zunächst zu zweit, danach zu viert und erst anschließend im PL. Regen Sie an, dass die TN die Filmszene öfter sehen; sie können stoppen, wann sie wollen und die Untertitel einstellen, falls es ihnen hilft.
Lösung Verein: *Tauschring, alle können mitmachen, unabhängig vom Alter* – Grund: *Menschen wollen etwas gemeinsam tun, sich kennenlernen, in der Gesellschaft etwas verändern, Freunde finden* – Mitglieder: *40 Personen, tauschen Hilfe gegen andere Dienstleistung* – Talent: *jemand mit handwerklichem oder sprachlichem Talent kann das anbieten, aber es geht nicht nur um Talent* – Dankbarkeit: *Thomas hilft gern und bekommt Dankbarkeit zurück* – Umwelt: *tauschen, weitergeben, Rohstoffe schonen*

12 c Vorgehen wie beschrieben.

13 a Vorgehen wie beschrieben. ▶ 33
Lösung *Person, Arbeit, Talente (für 1 Stunde 4 Talente, Thomas bekommt 2, Elisabeth 4)*

13 b Vorgehen wie beschrieben. Erklären Sie, dass *Talent* auch ein altes Wort für *Münzgeld* war (von griechisch *tálanton = Waage + einem bestimmten Gewicht entsprechende Geldsumme*). ▶ 33
Erweiterung Stellen Sie weitere Fragen zu der Filmszene, z. B. *Was macht Elisabeth für Thomas? Wer hat Elisabeth zum Tauschring gebracht? Wofür will Thomas den Hocker benutzen?*
Lösung *1 seit 25 Jahren, 2 2 Studierende, 3 aus Amerika, 4 Alle Tätigkeiten sind gleich viel wert, es zählt nur die verbrauchte Zeit.*

13 c Vorgehen wie beschrieben.
Variante Machen Sie eine → **Ampeldiskussion**.

14 a Vorgehen wie beschrieben. Fragen Sie die TN, ob sie eher bei einem Tauschring wie diesem mitmachen würden oder bei einer Internetplattform. Die TN tauschen sich im PL aus. ▶ 34
Lösung *Der persönliche Kontakt ist sehr wichtig, das kann das Internet nicht leisten.*

14 b Vorgehen wie beschrieben. ▶ 34
Lösung *Klaus hat Elisabeths Fahrrad repariert, Thomas hat für Klaus einen Ast abgesägt. Elisabeth hat für Thomas einen Blumenhocker gestrichen.*

14 c Erstellen Sie für jede/-n TN ein Tauschblatt wie im Film vorgeschlagen: *Name, Tätigkeit* und *Talente*. Je 3–4 TN sprechen in KG, welche Tätigkeiten jede/-r Einzelne anbieten kann. Dann stellen Sie diese im PL kurz vor. 2 TN erstellen dabei eine Liste als Plakat, wer welche Tätigkeit anbietet. Welche Angebote der anderen möchten die TN gerne in Anspruch nehmen? Machen Sie einen → **Kursspaziergang**, die TN vereinbaren den Austausch. Wenn sie jemandem geholfen haben, notieren sie die verdienten *Talente* in das Tauschblatt und berichten im PL über ihre Erfahrungen. DIN-A3-Papier

97

4 Plattform

Wiederholungsspiel

1 Bereiten Sie das Spiel wie beschrieben vor. Lesen Sie mit den TN die Spielanleitung und stellen Sie sicher, dass alle TN die Regeln des Spieles verstanden haben. Geben Sie jeder Gruppe eine **Kopiervorlage** mit dem Expertenblatt. In jeder Gruppe wird ein/-e Experte/Expertin gewählt, diese/-r bekommt das Expertenblatt und kontrolliert nach jeder Aufgabe, ob die TN sie richtig gemacht haben bzw. gibt Hilfestellung.
Variante Sprachlich schwächere TN lösen die Aufgaben in PA.
Lösung siehe Expertenblatt auf der Kopiervorlage

je TN
1 Spielfigur,
1 Stift und
Papier, je
Gruppe
1 Würfel
KV

Raus mit der Sprache

2 Erklären Sie das Vorgehen im PL und thematisieren Sie den Tipp-Kasten. Vorgehen wie beschrieben.
Hinweis Die E-Mails können korrigiert werden wie unter → **Schreibaufgaben auswerten** vorgestellt.

3 Projizieren Sie die Aufgabe an die Tafel oder an die Wand. Machen Sie dann das Beispiel im PL und üben Sie damit alle Reaktionen zunächst in einer → **Ballrunde** mit → **Emotionen sprechen**. Die TN machen dann die Aufgabe in einem → **Kursspaziergang.** Animieren Sie dabei die TN dazu, möglichst emotional zu reagieren. Besonders sprachlich stärke TN können sich zusätzlich weitere Informationen ausdenken und auch mit anderen Reaktionen reagieren.
Variante für sprachlich schwächere TN: Sammeln sie weitere Informationen und Reaktionen im PL und schreiben Sie sie an die Tafel.

4 Die TN sehen sich die Zeichnung an. Spielen Sie das Beispiel mit einer/-m im PL vor, gehen Sie dann vor wie beschrieben.

5 Vorgehen wie beschrieben.

Sprachmittlung

6 Projizieren Sie die Aufgabe an die Wand oder an die Tafel. Erklären Sie die beiden zur Wahl stehenden Aufgaben. Besprechen Sie dann den Tipp-Kasten *Arbeitsaufträge im Team klären und bearbeiten.* Dann wählen die TN entweder A oder B und bilden jeweils Gruppen zu 3–4 TN. Anschließend vorgehen wie beschrieben. Nach der Bearbeitung stellen die KG ihre Ergebnisse im PL vor. Sie berichten auch, wie es ihnen in der Gruppenarbeit ergangen ist, was gut geklappt hat und was sie noch besser machen können.
Hinweis *Arbeitsaufträge im Team klären und bearbeiten* ist ein wichtiger Deskriptor für die Mediationsaktivität *Gemeinsame Konstruktion von Bedeutung* der *Mediation von Konzepten* des neuen Beihefts des GER.

🔊 2.47

Zwei Gedichte

7 a Projizieren Sie die Zeichnung an die Wand oder an die Tafel. Die TN beschreiben sie so genau wie möglich. Sammeln Sie ggf. die genannten Wörter an der Tafel (*Oldtimer, Reifen, Reifenpanne, Wiese, Mann, Zigarre, …*). Fragen Sie die TN, wie sich der Mann gerade fühlen könnte. Sammeln Sie ggf. gemeinsam Gefühle und Stimmungen (*traurig, melancholisch, besorgt, entspannt …*). Je 2–3 TN überlegen sich anschließend einen Text für die Denkblase. Vergleichen Sie die Vorschläge im PL.
Alternative zu KB7 und KB8: Wenn Sie wenig Zeit haben, können Sie die TN in 2 Gruppen einteilen. Gruppe 1 beschäftigt sich mit dem Gedicht von Bertolt Brecht (KB7), Gruppe 2 mit dem Gedicht von Mascha Kaléko (KB8). Anschließend stellen sich je 2 TN (jeweils ein/-e TN aus jeder Gruppe) ihre Ergebnisse gegenseitig vor.

7 b Schreiben Sie *Der Radwechsel* an die Tafel. Erklären Sie den TN, dass sie ein im Jahr 1953 entstandenes Gedicht von Bertolt Brecht hören werden, das diesen Titel trägt. Gehen Sie dann vor wie beschrieben. Schreiben Sie die Vorschläge in einen Wortigel an die Tafel. Die TN hören das Gedicht und lesen mit.

🔊 2.48

Plattform 4

Variante Schreiben Sie die einzelnen Zeilen des Gedichts auf Kärtchen und geben Sie je 3–4 TN ein Set. Die TN ordnen die Zeilen so, wie sie sich das Gedicht vorstellen. Anschließend hören die TN das Gedicht, kontrollieren und vergleichen ihre eigenen Versionen.

Info Bertolt Brecht wurde am 10. Februar 1898 in Augsburg geboren. Er gilt als einer der wichtigsten deutschen Dramatiker und Lyriker des zwanzigsten Jahrhunderts. Seine Theorie und Praxis des *epischen Theaters* haben wesentlich zur modernen Theaterpraxis beigetragen. Bekannte Werke sind z. B. *Die Dreigroschenoper, Mutter Courage und ihre Kinder* und *Der gute Mensch von Sezuan*. 1933 musste Brecht Deutschland verlassen und lebte in verschiedenen Ländern (Skandinavien, USA, Schweiz) im Exil. Er kehrte 1948 zurück und setzte seine Theaterarbeit in Ost-Berlin fort. Brecht starb dort am 14. August 1956.

Kärtchen

7 c Vorgehen wie beschrieben. Die TN vergleichen ihre Ideen erst in KG und dann im PL.
Variante Legen Sie 2 DIN-A3-Blätter im Kursraum aus. Schreiben Sie auf ein Blatt *Ich bin nicht gern, wo ich herkomme* und auf das andere *Ich bin nicht gern, wo ich hinfahre*. Bilden Sie 2 Gruppen. Jede Gruppe notiert 5 Minuten lang ihre Einfälle auf dem einen Blatt und wechselt dann zum anderen. Hängen Sie die Blätter im Kursraum auf. Sie können auch eine virtuelle Wandzeitung anlegen, z. B. in einem Padlet. Lassen Sie die TN ihre Einfälle vorlesen und sprechen Sie mit ihnen darüber.

DIN-A3-Papier

7 d Vorgehen wie beschrieben.
Erweiterung Interessierte TN können sich intensiver mit dem Gedicht befassen und es → **Auswendig lernen** und in der nächsten Stunde im PL vortragen. Sie können auch ein anderes kurzes Gedicht von Bertolt Brecht im Internet (z. B. *Vergnügungen*) suchen und dieses im PL vortragen oder vorstellen.

8 a Vorgehen wie beschrieben.
Variante Geben Sie jeder/-m TN nach dem Hören ein Kärtchen. Die TN überlegen, aus welchem Grund die Person nicht glücklich ist, und halten ihre Begründung auf dem Kärtchen fest. Kleben Sie die Kärtchen an die Wand oder auf ein Plakat und gliedern Sie sie thematisch. Diskutieren Sie dann mit den TN im PL über die einzelnen Vorschläge.
Hinweis Das Gedicht ist in alter Rechtschreibung abgedruckt, *gewiß* wird nach der neuen Rechtschreibung mit *ss* geschrieben.
Info Mascha Kaléko wurde zunächst mit zärtlich-ironischer Großstadtlyrik bekannt. 1938 ging sie ins Exil, ihre Werke erzählen fortan von den mit Flucht und politischer Vertreibung verbundenen Gefühlen und (z. B. in *Der geborene Inglisch-Spieker* oder *Der kleine Unterschied*) von Erfahrungen mit dem Sprachwechsel im Exil.

🔊 2.49
Kärtchen, Plakat

8 b Vorgehen wie beschrieben.
Variante Die TN fassen die wichtigsten Punkte im Leben von Mascha Kaléko in einem tabellarischen Lebenslauf zusammen. Die Erfahrungen, die sie im Gedicht verarbeitet, schreiben die TN in einer anderen Farbe. Danach sprechen sie im PL darüber.

8 c Vorgehen wie beschrieben. Wie interpretieren die TN jetzt, nach den biografischen Informationen, diese letzte Zeile? Die TN tauschen sich im PL aus.
Erweiterung Wenn die TN Lust haben, das Gedicht auswendig zu lernen (→ **Auswendig lernen**), können sie es in der nächsten Stunde im PL vortragen. Sie können auch mit den TN eine Gedichte-Vortragsstunde gestalten, in denen die TN sich jeweils ein Gedicht aussuchen, dieses auswendig lernen und dann im PL vortragen.

8 d Vorgehen wie beschrieben. Die KG stellen die interessantesten Diskussionspunkte im PL vor.

8 e Vorgehen wie beschrieben. Geben Sie ggf. ein Beispiel vor: Wann fühlten Sie sich beim Sprechen einer Fremdsprache gut? (*als Sie zum ersten Mal einen Film verstanden haben; als es Ihnen gelungen war, etwas auf dem Markt einzukaufen; als jemand Ihre gute Aussprache lobte* …). Lesen Sie mit den TN die vorgegebenen Fragen. Dann weiter wie beschrieben. Wenn die TN möchten, können sie ihre Texte untereinander austauschen und in KG über ihre positiven Erlebnisse beim Deutschlernen sprechen. (→ **Schreibaufgaben auswerten**)

Kopiervorlage zu Kapitel 1, Aufgabe 7

Im Reisebüro

2 Wochen Toskana Romantisches Landhaus mit Schwimmbad, in der Nähe von Siena. Sehr ruhig gelegen. Fahrradverleih und viele Wandermöglichkeiten. Komplett 1.999 Euro	**Kurzurlaub in Köln mit Besuch im Kölner Zoo** 2 Übernachtungen im 3-Sterne-Hotel mit Frühstück. Ab 125 Euro pro Person Eintrittskarten für den Zoo inkl. Kinder gratis
Algarve: 7 Tage im Clubhotel Komfortable und moderne Apartmentanlage, Animationsprogramm für Groß und Klein. Die Strände von Lagos sind perfekt zum Schwimmen und Tauchen. Ab 811 Euro/Person, all inclusive, Kinder bis 12 Jahre frei.	**Romantik-Wochenende im Schlosshotel auf Usedom** Übernachtung mit reichhaltigem Frühstücksbuffet und romantischem Candle-Light-Dinner! Kostenlose Nutzung unserer Saunalandschaft und 50 % Ermäßigung auf alle unsere Massagen und Schönheitsbehandlungen. Preis pro Person 399 Euro
Fahrt zum Münchner Oktoberfest 3 Übernachtungen im 2-Sterne-Hotel mit Frühstück inkl. Stadtrundfahrt durch München und Ausflug zum Starnberger See Preis 434 Euro/Person	**4 Tage Paris mit Disneyland** Übernachtung mit Frühstück im 2-Sterne-Hotel Stadtrundfahrt durch Paris und Eintritt für 2 Tage Disneyland inklusive Preis pro Person 299 Euro, Kinder gratis
3 Tage Wien mit Musical-Besuch Übernachtung mit Frühstück im 5-Sterne-Hotel mitten im Stadtzentrum +++ Stadtrundfahrt +++ Besichtigung von Schloss Schönbrunn und Musicalbesuch am Abend +++ 588 € pro/Person (Eintrittskarten inkl.)	**La Gomera** 15-tägige Kombinationsreise aus Wandern auf idyllischen Wanderwegen in herrlicher Umgebung und Baden an den einladenden Stränden von San Sebastián +++ Übernachtungen in guten Hotels +++ Preis 1499 Euro/Person +++ Flug inklusive
Segeln in Holland Begleiten Sie uns auf unserem 6-tägigen Segeltörn durch die traumhafte westfriesische Inselwelt mit ihrer abwechslungsreichen Landschaft! Preis: 1333 Euro/Person	**10 Tage Gruppenreise Südafrika** im Bus mit Übernachtung in guten Hotels: das echte afrikanische Naturerlebnis im Kruger-Nationalpark! Lassen Sie sich auch von der Metropole Kapstadt bezaubern! Preis: 3.323 Euro/Person, inkl. Flug und Steuern

---

Drei Freunde **A:** Ich bin sehr sportlich und möchte mich unbedingt auch im Urlaub bewegen. **B:** Ich habe im Moment nicht viel Zeit und auch nicht so viel Geld. Länger als eine Woche möchte ich nicht auf Reisen sein und es sollte auch nicht mehr als 1300 Euro kosten. **C:** Ich möchte etwas Besonderes erleben: Raus aus der Routine und rein ins Abenteuer!	**Familie mit zwei Kindern** **Vater:** Alles, nur kein Stress! Wenn die Kinder auch Spaß haben, ist es für uns gut. Und wenn es geht, soll es natürlich nicht so teuer sein. **Mutter:** Ich möchte mich erholen, gerne auch etwas besichtigen, aber vor allem nicht selbst kochen müssen. **Tochter (13):** Vor allem darf der Urlaub nicht langweilig werden. Nur nicht den ganzen Tag wandern!!! **Sohn (7):** Ich mag alles, was Kindern so Spaß macht, Tiere, Freizeitparks, Schwimmen …
Frisch verliebtes Paar **Er:** Bitte viel Natur und Ruhe. Und dann den ganzen Tag zusammen sein. Nur wir!!! **Sie:** Ein Stadturlaub wäre toll! Wir zwei in romantischen Cafés und schicken Geschäften, das stelle ich mir toll vor.	**Älteres Ehepaar** **Er:** Am liebsten möchte ich wie jedes Jahr Urlaub in Bayern machen. Wandern, schöne Natur und gutes Essen. Aber sie will mal „ganz was anderes" machen. **Sie:** Dieses Jahr will ich mal einen anderen Urlaub machen. Eine Stadt mit viel Kultur wäre toll!

Da/weil oder obwohl

Formulieren Sie Sätze mit *da/weil* oder *obwohl*

Ich esse jeden Tag Schokolade.	
Sie schmeckt so lecker.	Ich müsste ein paar Kilo abnehmen.

Ich fahre mit dem Auto zur Arbeit.	
Das geht schnell und ist bequem.	Ich stehe jeden Tag eine halbe Stunde im Stau.

Ich gehe jetzt erst mal eine Stunde im Park spazieren.	
Das Wetter ist so schön.	Eigentlich müsste ich das Projekt fertig machen.

Im nächsten Urlaub fahre ich nach Madrid.	
Da gibt es tolle Sehenswürdigkeiten und Museen.	Ich mag große Städte nicht besonders.

Ich kaufe Obst und Gemüse auf dem Markt.	
Da ist es besonders frisch.	Es ist teurer als im Supermarkt.

Elisa möchte Erzieherin werden.	
Sie liebt kleine Kinder.	Diese Arbeit ist leider sehr schlecht bezahlt.

Nicolas hilft seinem kleinen Bruder bei den Mathe-Hausaufgaben.	
Er ist sehr gut in Mathematik.	Er müsste eigentlich Physik üben.

Daniel trainiert fast jeden Tag mit seiner Hockey-Mannschaft.	
Sie wollen dieses Jahr unbedingt den Pokal gewinnen.	Seine Knie tun ihm weh.

Kopiervorlage zu Kapitel 2, Aufgabe 5c

Reklamationen

– K1 –
- Sie haben in einer Boutique ein **T-Shirt** gekauft.
- Das T-Shirt ist beim ersten Waschen sehr viel kleiner geworden.
- Sie sind sehr verärgert, denn das T-Shirt war teuer. Sie möchten auf jeden Fall das gesamte Geld zurückbekommen.

– V1 –
- Sie arbeiten in einer Boutique.
- Ein Kunde / Eine Kundin bringt ein **T-Shirt** zurück, das angeblich beim ersten Waschen sehr viel kleiner geworden ist.
- Wahrscheinlich wurde es viel zu heiß gewaschen.
- Bieten Sie ihm/ihr freundlich an, 50 Prozent des Kaufpreises zurückzugeben. Sicher kennt er/sie ein Kind, das sich über das T-Shirt freut.

– K2 –
- Sie haben in einem Elektrogeschäft eine neue **Fernbedienung** für Ihren Fernseher gekauft.
- Nach einem Monat funktioniert sie schon nicht mehr richtig.
- Sie sind unzufrieden und möchten auf jeden Fall eine neue Fernbedienung haben.

– V2 –
- Sie arbeiten in einem Elektrogeschäft.
- Ein Kunde / Eine Kundin bringt Ihnen eine **Fernbedienung** für den Fernseher zurück. Angeblich funktioniert sie schon 1 Monat nach dem Kauf nicht mehr.
- Das kann nicht sein, denn Ihre Produkte haben alle eine sehr gute Qualität. Wahrscheinlich hat der Kunde oder die Kundin Kinder, die damit gespielt haben.
- Bieten Sie freundlich an, die Fernbedienung für 20 Euro reparieren zu lassen.

– K3 –
- Sie haben in einem exklusiven Weingeschäft eine teure **Flasche Rotwein** gekauft.
- Als Sie die Flasche an Ihrem Geburtstag geöffnet haben, hat der Wein sehr sauer geschmeckt. Sie konnten ihn nicht trinken und haben ihn weggeschüttet.
- Deshalb möchten Sie jetzt eine neue Flasche Wein.

– V3 –
- Sie arbeiten in einem exklusiven Weingeschäft.
- Ein Kunde / Eine Kundin bringt Ihnen eine leere **Flasche Rotwein** zurück. Der Wein hat angeblich sehr sauer geschmeckt.
- Sie riechen an der Flasche und finden den Wein ganz normal. Dieser Wein ist bekannt für einen sehr charakteristischen Geschmack.
- Bieten Sie freundlich an, beim nächsten Weinkauf 10 Prozent Ermäßigung zu geben.

– K4 –
- In einem Second-Hand-Laden finden Sie ein **Buch**, das Sie schon lange lesen wollten.
- Zu Hause fangen Sie sofort an zu lesen und bemerken am Ende, dass die letzten Seiten herausgerissen sind. Das finden Sie sehr ärgerlich.
- Sie möchten dieses Buch mit allen Seiten haben oder gegen ein anderes, vollständiges Buch umtauschen.

– V4 –
- Sie arbeiten in einem Second-Hand-Laden.
- Ein Kunde / Eine Kundin bringt Ihnen ein **Buch** zurück, weil die letzten Seiten fehlen.
- Das kann passieren, wenn man ein Buch für zwei Euro im Second-Hand-Laden kauft.
- Erklären Sie freundlich, dass Second-Hand-Ware keine Neuware ist und Sie leider nichts tun können.

– K5 –
- Sie lassen sich in einem schicken, teuren Friseursalon die **Haare** für ein Familienfest färben.
- Sie haben sich ein dezentes Kastanienbraun ausgesucht. Nach dem Föhnen sind die Haare dunkelrot. So möchten Sie auf keinen Fall zum Fest gehen.
- Der Friseur soll Ihre Haare noch einmal neu färben und Sie möchten dafür nicht noch einmal bezahlen.

– V5 –
- Sie arbeiten in einem Friseursalon.
- Der Kunde / Die Kundin wollte sich die **Haare** kastanienbraun färben lassen. Nach dem Trocknen hat das Haar einen ganz leichte rote Färbung. Deshalb sieht die Frisur ganz besonders frisch aus und es steht dem Kunden / der Kundin gut. Das kommt beim Färben immer wieder vor, nicht jedes Haar ist gleich.
- Wenn er/sie jetzt einen anderen Farbton wünscht, muss das leider noch einmal bezahlt werden.

Genitiv-Domino

Spielen Sie Domino. Legen Sie nacheinander jeweils eine Karte an (es gibt mehrere Möglichkeiten) und bilden Sie aus den beiden Wörtern eine Genitiv-Konstruktion.

Beispiel:

| der Kurs | die Farbe | deine Augen | das Mädchen |

→ die Farbe deiner Augen

eine Prüfung	das Auto	sein Freund	die Probleme
der Schüler	der Schlüssel	das Hotelzimmer	die Telefonnummer
meine Freundin	der Fahrer	das Auto	die Sehenswürdigkeiten
die Stadt	der Name	mein Lehrer	das Buch
die Sekretärin	am Ende	die Stunde	am Anfang
der Kurs	die Farbe	deine Augen	die Ehefrau
der Chef	das Haus	meine Freundin	die Tasche
meine Tante	in der Mitte	ein Monat	das Kind
deine Schwester	der Koch	das Restaurant	am Ende
die Straße	die Hochzeit	seine Tochter	der Arzt
die Frau	das Bild	der Maler	das Foto
der Mann	der Preis	ein Bild	die Note

Kopiervorlage zu Kapitel 3, Aufgabe 4b

Trio

Ordnen Sie zu und spielen Sie dann Trio.

essen	aß	gegessen
trinken	trank	getrunken
fahren	fuhr	gefahren
anbieten	bot … an	angeboten
denken	dachte	gedacht
treffen	traf	getroffen
gewinnen	gewann	gewonnen
fliegen	flog	geflogen
wissen	wusste	gewusst
beginnen	begann	begonnen
sehen	sah	gesehen
entscheiden	entschied	entschieden

Vergangenheits-Dreierlei

1.	ich esse		
2.	du trinkst		
3.	wir fahren		
4.	er bietet … an		
5.	du denkst		
6.	sie treffen		
7.	sie gewinnen		
8.	sie fliegen		
9.	wir wissen		
10.	du beginnst		
11.	ich sehe		
12.	wir entscheiden uns		

✂ --

1.		ich aß	
2.		du trankst	
3.		wir fuhren	
4.		er bot an	
5.		du dachtest	
6.		sie trafen	
7.		sie gewannen	
8.		sie flogen	
9.		wir wussten	
10.		du begannst	
11.		ich sah	
12.		wir entschieden uns	

✂ --

1.			ich habe gegessen
2.			du hast getrunken
3.			wir sind gefahren
4.			er hat angeboten
5.			du hast gedacht
6.			sie haben getroffen
7.			sie haben gewonnen
8.			sie sind geflogen
9.			wir haben gewusst
10.			du hast begonnen
11.			ihr habt gesehen
12.			wir haben uns entschieden

Kopiervorlage zu Plattform 1, Aufgabe 1

Expertenblatt mit Lösungen

Beraten Sie die anderen Teilnehmer/-innen beim Punkterennen. Diese Lösungen und Lösungsvorschläge helfen Ihnen.

Route A: 1 entspannen, übernachten; 2 Ich habe keine Zeit, in den Urlaub zu fahren.; 3 empfehlen; 4 weil; 5 Sport machen, eine Stadt besichtigen, einen Ausflug planen; 6 die Küste, das Zelt, das Angebot; 7 Pia lässt ihr Auto reparieren.; 8 der Staubsauger, die Waschmaschinen, der Kühlschrank; 9 witzig, schön, ansprechend; 10 … umtauschen/zurückgeben; 11 die Farbe des Autos; 12 Trotz; 13 ich ging, er studierte, sie wusste; 14 Nach dem Abitur fuhr er durch Europa.; 15 Während des Unterrichts sprechen wir viel.; 16 Vor; 17 der Bericht, das Studium; 18 Nein. (Man wartet, bis der/die Vorgesetzte das Du anbietet.)

Route B: 1 faulenzen, sich ausruhen; 2 Ich habe keine Lust, einen Ausflug zu machen; 3 dauert; 4 obwohl; 5 am Strand liegen, etwas Neues erleben, eine Party feiern; 6 das Reisebüro, das Gepäck, der Strand; 7 Du lässt deine Wohnung streichen.; 8 der Lautsprecher, der Bildschirm, der Kopfhörer; 9 lustig, ausgezeichnet, kreativ; 10 … die Quittung …; 11 der Preis des Lautsprechers; 12. Wegen; 13 er arbeitete, ich dachte, sie sah; 14 Nach dem Abitur begann sie ein Studium.; 15 Vor der Prüfung lerne ich viel.; 16 Im …; 17 die Entscheidung, die Arbeit; 18 Nein. (Früher war das so, aber heute duzen sich Studenten.)

Kopiervorlage zu Plattform 1, Aufgabe 3

Eine Geschichte würfeln

	Wer?	Trifft wen?	Wann?	Wo?	Ein wichtiger Gegenstand:
⚀	ein alter Mann	einen Zeitungsverkäufer	an einem warmen Sommertag	am Strand	ein Buch
⚁	eine Prinzessin	einen einsamen Wanderer	um Mitternacht	im Wald	ein Ring
⚂	eine Opernsängerin	einen alten Freund	im Jahr 1950	auf einer dunklen Straße	Streichhölzer
⚃	ein kleines Mädchen	einen Musiker	im Jahr 3000	in einer Piano-Bar	ein Taschentuch
⚄	ein Bäcker	eine Managerin	in einer kalten Winternacht	in einem kleinen Dorf	ein Klavier
⚅	eine elegante Dame	einen Studenten	an Weihnachten	in Paris	ein Foto

Welcher Beruf passt zu Ihnen?

Testen Sie sich: Markieren Sie die Antwort, die am besten zu Ihnen passt. Welches Symbol haben Sie am häufigsten?

1. Welches Fach hat Ihnen in der Schule am besten gefallen?
   - ■ Informatik
   - ✳ Englisch
   - ○ Kunst
   - ⊙ Sport
   - □ Physik

2. Was wollten Sie als Kind am ehesten werden?
   - □ Astronaut/-in
   - ✳ Arzt/Ärztin
   - ○ Koch/Köchin
   - ⊙ Bauarbeiter/-in
   - ■ Börsenmakler/-in

3. Was machen Sie gern in Ihrer Freizeit?
   - ✳ Freunde treffen, ins Kino gehen
   - □ im Internet surfen, ins Museum gehen
   - ○ Gedichte oder Kurzgeschichten schreiben, fotografieren
   - ■ Kreuzworträtsel, E-Mails schreiben
   - ⊙ nähen, basteln

4. Ihr Stadtteil organisiert ein Straßenfest. Was machen Sie?
   - ○ eine tolle Torte backen
   - ■ die Organisation: Wer macht was?
   - ⊙ Stühle und Tische aufbauen
   - □ die Beleuchtung installieren
   - ✳ Spiele für die Kinder organisieren

5. Über welches Geburtstagsgeschenk würden Sie sich am meisten freuen?
   - ⊙ ein Puzzle
   - ✳ eine Pflanze
   - ○ ein Notizbuch mit einem Stift
   - ■ einen Kalender
   - □ einen Fotoapparat

6. Welchen PL würden Sie an der Volkshochschule gern besuchen?
   - ○ Geschenke originell verpacken
   - ✳ Alte Spiele neu entdeckt
   - ⊙ Fahrrad reparieren – leicht gemacht
   - □ Wissenswertes über das Universum
   - ■ Wie organisiere ich meinen Alltag?

7. Sie möchten heute Abend mit Freunden einen Film sehen. Was würden Sie auswählen?
   - ⊙ einen Krimi
   - ■ lieber eine Quizsendung zum Mitraten im Fernsehen
   - ○ einen Fantasy-Film
   - ✳ einen Liebesfilm
   - □ einen Dokumentarfilm

Auswertung:

○ Sie freuen sich, wenn Sie Ihre Fantasie einsetzen und damit etwas Neues schaffen können. Zu Ihnen passen kreative Berufe wie Webdesigner/-in, Journalist/-in oder Künstler/-in.

✳ Sie sind gern mit Menschen zusammen und freuen sich, wenn Sie ihnen helfen oder ihnen etwas beibringen können. Zu Ihnen passen soziale Berufe wie z. B. Krankenschwester/-pfleger, Lehrer/-in, Erzieher/-in.

⊙ Sie sind praktisch veranlagt und arbeiten gerne mit Ihren beiden Händen. Zu Ihnen passen handwerkliche Berufe wie z. B. Mechaniker/-in, Schreiner/-in, Masseur/-in.

□ Sie möchten immer wissen, was hinter den Dingen steckt. Zu Ihnen passen technische oder wissenschaftliche Berufe wie z. B. Chemiker/-in, Elektriker/-in.

■ Sie sind ordentlich, analytisch und mögen klare Regeln. Zu Ihnen passen am besten administrative Berufe wie z. B. Sekretär/-in, Bankangestellte/-r, Buchhalter/-in.

Kopiervorlage zu Kapitel 4, Aufgabe 10d

Verben mit festen Präpositionen

über	teilnehmen	an	gehören
zu	sich interessieren	für	suchen
nach	sich kümmern	um	sich vorbereiten
auf	arbeiten	mit	sich unterhalten

_____ sollen die Studierenden in diesem Semester teilnehmen?	Sie sollen _____ möglichst vielen Sprachkursen teilnehmen.	Sie sollen _____ teilnehmen, weil gute Sprachkenntnisse wichtig für das Studium sind.
_____ gehören diese Fotos?	Sie gehören _____ Pauls Bewerbungsmappe.	Hier sind alle seine Zeugnisse und die Fotos gehören auch _____.
_____ interessiert sich deine neue Arbeitskollegin?	Sie interessiert sich ganz besonders _____ Frankreich.	Sie interessiert sich _____, weil sie selbst lange dort gelebt hat.
_____ suchst du denn die ganze Zeit?	Ich suche schon seit einer Stunde _____ meinem Schlüssel.	Ich suche so dringend _____, weil ich sonst nicht in meine Wohnung komme.
_____ kümmert sich der neue Sekretär?	Er kümmert sich vor allem _____ die Termine.	Er muss sich aber auch _____ kümmern, dass die Rechnungen korrekt sind.
_____ bereitet sich Stefan vor?	Er bereitet sich _____ seine nächste Prüfung vor.	Er bereitet sich sehr intensiv _____ vor, weil er schon einmal durchgefallen ist.
_____ arbeitest du in deinem Beruf als Mechatroniker/-in?	Ich arbeite _____ vielen elektronischen und technischen Geräten.	Ich arbeite _____, um besonders genau und präzise zu sein.
_____ unterhältst du dich mit deinen Kollegen/Kolleginnen?	Wir unterhalten uns oft _____ die neuen Maschinen.	Manchmal unterhalten wir uns auch _____, was wir am Wochenende gemacht haben.

Kartenspiel der Superlative: Wer hat ...?

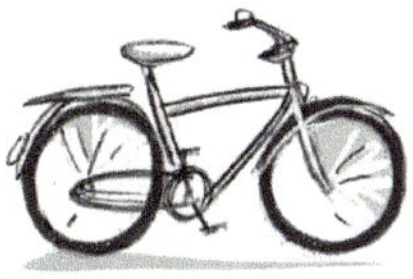 Fahrrad 2 Jahre alt/neu	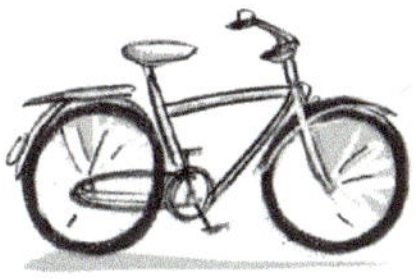 Fahrrad 3 Jahre alt/neu	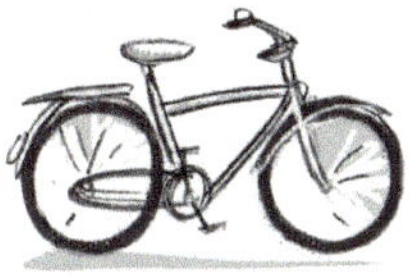 Fahrrad 5 Jahre alt/neu
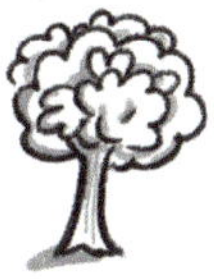 Baum 3 Meter niedrig/hoch	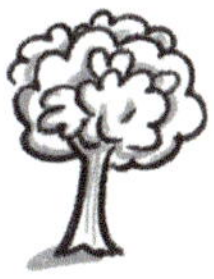 Baum 10 Meter niedrig/hoch	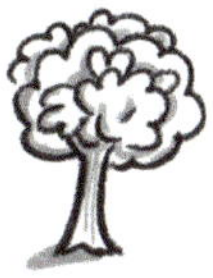 Baum 30 Meter niedrig/hoch
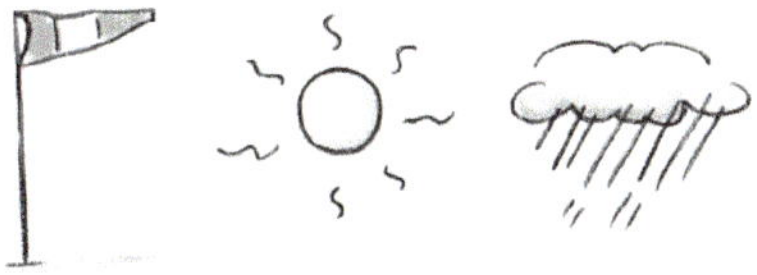 Wetter 12 Grad Regen gut/schlecht	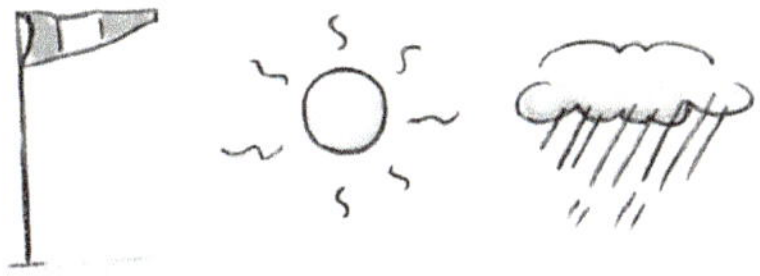 Wetter 19 Grad, bewölkt gut/schlecht	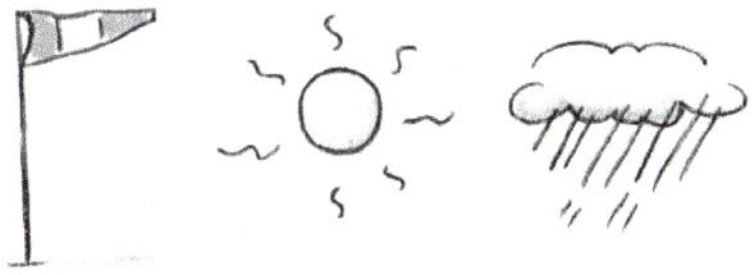 Wetter 25 Grad, Sonne gut/schlecht
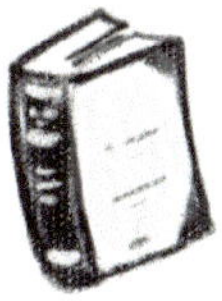 Buch 64 Seiten dünn/dick	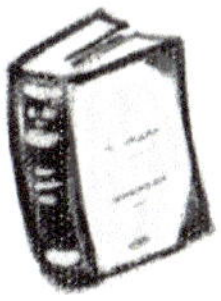 Buch 120 Seiten dünn/dick	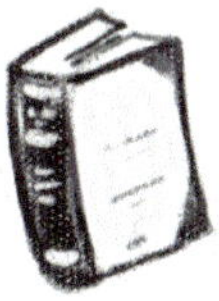 Buch 280 Seiten dünn/dick
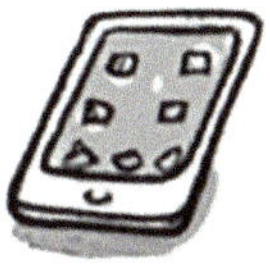 Smartphone 180 Euro billig/teuer	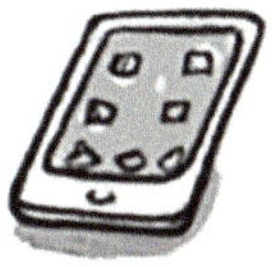 Smartphone 550 Euro billig/teuer	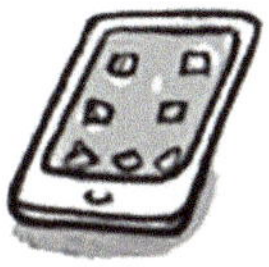 Smartphone 1.100 Euro billig/teuer
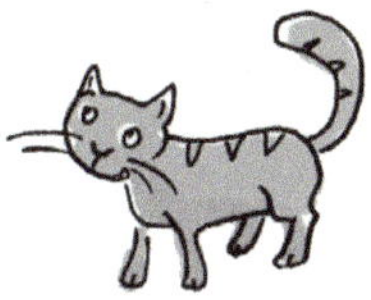 Katze 11 cm groß/klein	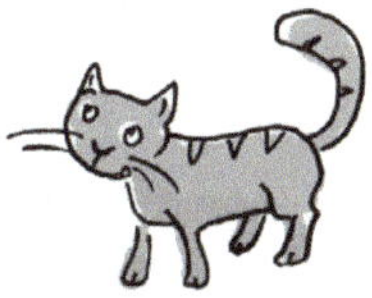 Katze 20 cm groß/klein	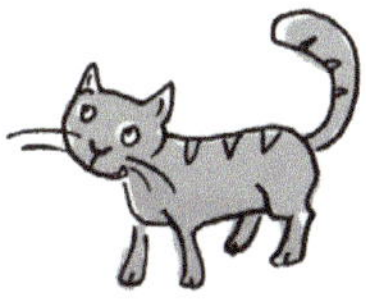 Katze 35 cm groß/klein

Kopiervorlage zu Kapitel 5, Aufgabe 11a

Das Wetter in D-A-CH

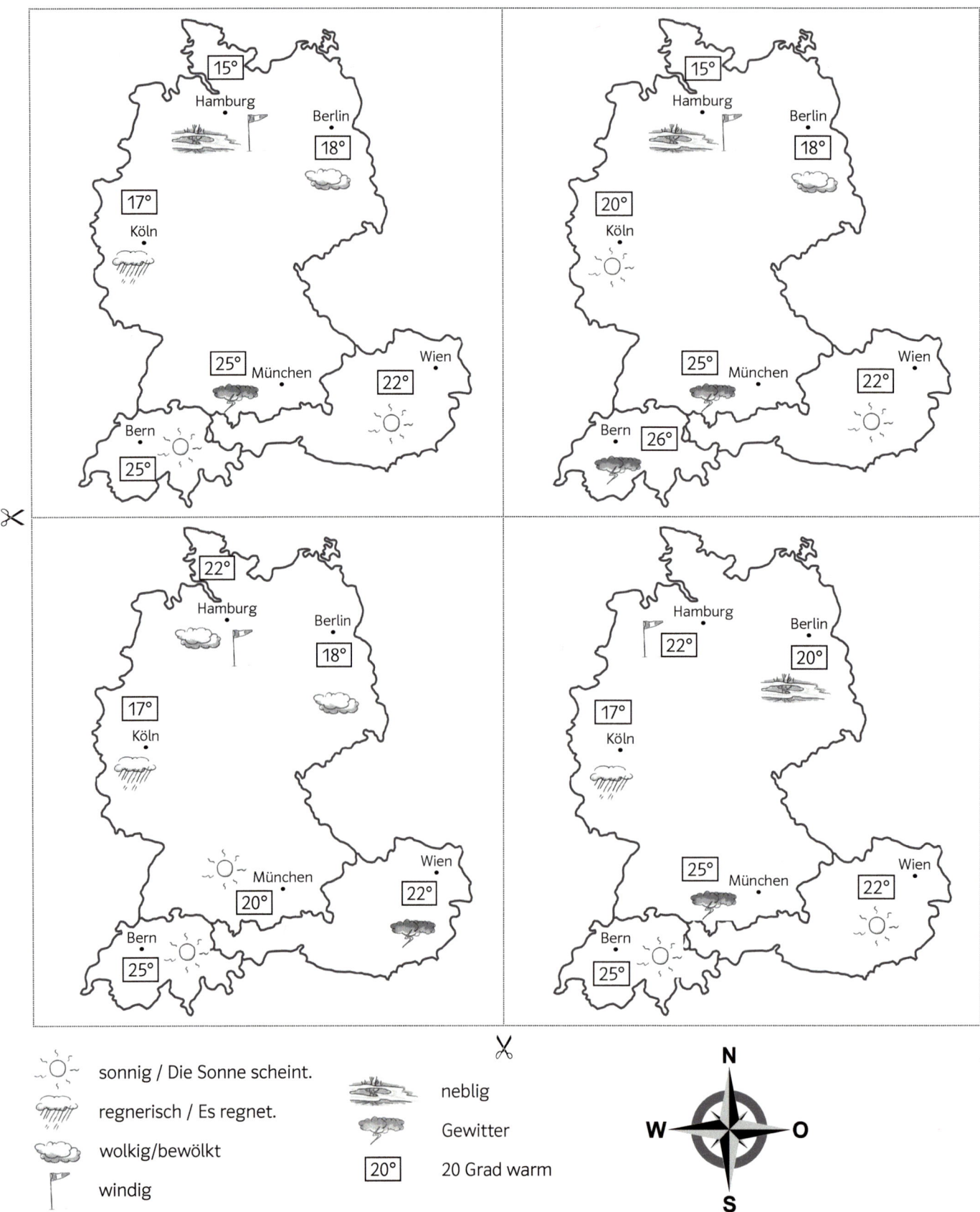

Kopiervorlage zu Kapitel 6, Aufgabe 3d

In der Zukunft ist alles anders.

Was werden die Personen machen? Ergänzen Sie jeweils die passende Form von *werden* im Futur I und verbinden Sie mit dem passenden Verb.

1. Ich … _____ … auf dem Mars …
2. Du … _____ … 150 Jahre alt …
3. Roboter PCX13 … _____ … die Hausarbeit …
4. Wir … _____ … Fleisch im Labor …
5. Ihr … _____ … überall mit einem Chip …
6. Eva und John … _____ … mit Drohnen …

bezahlen   fliegen   herstellen   leben   übernehmen   werden

Kopiervorlage zu Kapitel 6, Aufgabe 8c

Da ist was los!

Arbeiten Sie zu zweit. Sehen Sie sich das Bild an. Beschreiben Sie mit einem Relativsatz im Dativ eine Situation, die Sie sehen. Ihr Partner / Ihre Partnerin sucht die Szene auf dem Bild. Dann ist er/sie dran und Sie suchen die Szene.

Der Mann, mit dem der Postbote spricht, hat …

Kopiervorlage zu Plattform 2, Aufgabe 5c

Unsere Fotogeschichte

Foto Nr. _____	Foto Nr. _____
Ort:	Ort:
Personen:	Personen:
Requisiten:	Requisiten:
Regieanweisungen:	Regieanweisungen:

Kopiervorlage zu Plattform 2, Aufgabe 6c

Ein D-A-CH-Quiz

1 In welchem Land findet man die Stadt mit dem Namen „Großklein"?
A In Deutschland.
B In Österreich.
C In der Schweiz.

2 Wie heißt das größte Schloss in Österreich?
A Hellbrunn.
B Neuschwanstein.
C Schönbrunn.

3 Wo leben in D-A-CH die meisten Menschen, die über hundert Jahre alt sind?
A In Deutschland.
B In Österreich.
C In der Schweiz.

4 Wie heißt der höchste Berg der Schweiz?
A Dufourspitze.
B Liskamm.
C Matterhorn.

5 Welche Stadt hat die meisten Brücken?
A Genf.
B Hamburg.
C Wien.

6 Was waren 2021 die beliebtesten Vornamen in Deutschland?
A Anna und Jonas.
B Maja und David.
C Emilia und Lobo.

7 Welche Hauptstadt hat die wenigsten Einwohner/-innen?
A Berlin.
B Bern.
C Wien.

8 Welche Stadt in der Schweiz hat die meisten Sonnenstunden?
A Lausanne.
B Locarno.
C Luzern.

9 Wie heißt der längste Fluss Deutschlands?
A Main.
B Rhein.
C Weser.

_____
_____
A _____.
B _____.
C _____.

_____
_____
A _____.
B _____.
C _____.

_____
_____
A _____.
B _____.
C _____.

Domino mit temporalen Konnektoren

erst die Schuhe sauber machen müssen	Seit ich regelmäßig Yoga mache, …	keine Rückenschmerzen mehr haben	Während Rüdiger das Abendessen kocht, …
Anja schon den Tisch decken	Bis sie richtig gut Deutsch sprechen konnte, …	viele Kurse machen müssen	Nachdem wir die Wohnung endlich renoviert haben, …
sich zu Hause viel wohler fühlen	Bevor er seine neue Freundin kennenlernte, …	sich oft einsam fühlen	Seit Enno so viel arbeiten muss, …
ständig schlechte Laune haben	Während Kai und Ines einen langen Spaziergang machen, …	über den letzten Urlaub sprechen	Bis Matthias sich ein neues Auto kaufen konnte, …
lange sparen müssen	Nachdem Uwe im Lotto gewonnen hatte, …	eine Weltreise machen	Bevor die Maschine funktioniert, …
jemand sie einschalten müssen	Seitdem seine Freundin wieder zurück ist, …	Michael wieder gute Laune haben	Während Emil schläft, …
von seiner schönen Nachbarin träumen	Bis Eric den Führerschein endlich hatte, …	die Prüfung drei Mal machen müssen	Nachdem es endlich zu regnen aufgehört hatte, …
einen Spaziergang machen	Bis wir aufs Land gezogen sind, …	mitten in der Stadt wohnen	Bevor wir ins Haus gehen, …

Fabeln

Der Hund und das Stück Fleisch

Ein großer Hund hatte einem kleinen Hund ein Stück Fleisch weggenommen und rannte davon. Als er über eine Brücke lief, schaute er ins Wasser. Erstaunt blieb er stehen und sah unter sich einen Hund, der seine Beute im Maul hielt. „Ich glaube, der andere Hund hat ein Stück Fleisch, das noch größer ist als meines", dachte er. Er sprang in den Bach und biss nach dem Hund, den er von der Brücke aus gesehen hatte. Das Wasser spritzte und der Hund suchte überall. Aber er konnte den anderen Hund nicht mehr sehen. Da erinnerte sich der Hund an sein eigenes Stück Fleisch. Wo war es? Er suchte überall, aber er fand es nicht. In seiner dummen Gier hatte er jetzt auch noch das Stück Fleisch verloren, das er schon sicher zwischen den Zähnen gehabt hatte.

Der Fuchs und der Storch

Ein Fuchs hatte einen Storch zum Essen eingeladen und servierte ihm die besten Dinge. Das Essen lag aber in ganz flachen Schüsseln, aus denen der Storch mit seinem langen Schnabel nichts fressen konnte. So fraß der Fuchs alles alleine. Der Storch merkte, dass man ihn betrog, ärgerte sich aber nicht. Er lobte das Essen und bat seinen Freund, am nächsten Tag zu ihm zu kommen. Als der Fuchs nun am nächsten Tag zum Storch kam, bekam er auch das beste Essen. Aber es war in lange, dünne Gläser gefüllt, so dass der Fuchs nichts davon nehmen konnte. „Fühl dich wie zu Hause", rief der Storch und aß alles alleine auf. Der Fuchs stand hungrig vom Tisch auf und musste erkennen, dass der Storch ihm eine Lektion erteilt hatte.

Die Schildkröte und der Hase

Ein Hase lachte über eine Schildkröte, weil sie so langsam war. Trotzdem forderte die Schildkröte den Hasen zum Wettlauf auf. Der Hase lachte und nahm den Vorschlag an. Am Tag des Wettlaufs legten sie das Ziel fest und liefen zur gleichen Zeit los. Die Schildkröte lief langsam, aber ohne Pause. Der Hase dagegen rannte so schnell wie möglich. Als der Hase fast am Ziel war, setzte er sich gemütlich ins Gras. Er hatte ja noch viel Zeit! Irgendwann schlief er ein, weil die großen Sprünge ihn so müde gemacht hatten. Er wachte erst wieder auf, als die Zuschauer den Sieg der Schildkröte feierten. Der Hase war zu sicher gewesen, dass er gewinnen würde. So hatte ihn sogar die langsame Schildkröte besiegt.

Der Löwe und die Mücke

Eine Mücke rief einem Löwen zu, dass sie gegen ihn kämpfen wolle. „Ich habe keine Angst vor dir, du großes Tier", rief sie. „Du bist nicht besser als ich. Ich werde dir sogar zeigen, dass ich stärker bin als du!" Mit diesen Worten flog die Mücke dem Löwen in ein Nasenloch und stach ihn so sehr, dass er vor Schmerz weinte. Der Löwe sagte zur Mücke: „Du hast gewonnen!" Die Mücke war mit ihrem Sieg sehr zufrieden und flog davon, um das überall zu erzählen. Dabei sah sie das Netz einer Spinne nicht und blieb darin hängen. Die Spinne kam gierig herbei und saugte der Mücke das Blut aus dem Körper.

Schnapp

Ich mag sowohl Fisch	als auch Fleisch.
Der Pullover ist nicht nur schön,	sondern auch noch günstig.
Im nächsten Urlaub fahren wir entweder ans Meer	oder in die Berge.
Für so ein dickes Buch habe ich weder Zeit	noch die nötige Geduld.
Die Arbeit ist zwar anstrengend,	aber sie macht mir viel Spaß.
Einerseits möchte ich auf die Party gehen,	andererseits wäre auch ein Abend zu Hause schön.
In seinem Haus hat er sowohl Hunde	als auch Katzen.
Der neue Kollege ist nicht nur nett,	sondern auch sehr qualifiziert.
In das Konzert gehe ich entweder mit meinem Mann	oder mit meiner Freundin.
Für eine Weltreise habe ich leider weder die Zeit	noch das Geld.
Das Buch hat zwar viele Preise bekommen,	aber ich finde es trotzdem total langweilig.
Einerseits interessiert mich das Museum,	andererseits finde ich den Eintritt sehr teuer.
Der neue Joghurt schmeckt nicht nur lecker,	sondern ist auch noch gut für die Gesundheit.
Entweder wasche ich mir die Haare jetzt gleich	oder wenn ich heute Abend nach Hause komme.
In einer guten Schule sollten die Lehrer weder zu streng sein,	noch sollten sie den Schülern alles erlauben.
Einerseits sollte man beim Lernen möglichst viel Ruhe haben,	andererseits lernen manche Menschen besonders gut mit Musik.

Lerntagebuch

1 Zeitplanung: Planen Sie Ihr Lernen. Überlegen Sie, an welchen Tagen Sie wie viel Zeit zum Deutschlernen verwenden möchten. Versuchen Sie, an möglichst vielen Tagen in der Woche etwas für Ihre Deutschkenntnisse zu tun. Es ist besser, an vielen Tagen kurz zu lernen, als nur einmal oder im letzten Moment sehr lange.
2 Qualität statt Quantität: Nehmen Sie sich nicht zu viel auf einmal vor. Es hat keinen Sinn, 100 neue Vokabeln auf einmal lernen zu wollen. Stecken Sie sich ein Ziel, das Sie gut erreichen können.
3 Abwechslung: Versuchen Sie, das Lernen möglichst abwechslungsreich zu gestalten. Machen Sie jeden Tag etwas anderes und kombinieren Sie Aktivitäten, die Ihnen schwerfallen, mit solchen, die Ihnen besonderen Spaß machen.
4 Wiederholung: Wiederholung ist wichtig für das Lernen. Lernen Sie nicht nur, was gerade im Kursbuch behandelt wird, sondern frischen Sie dazwischen auch immer wieder alten Lernstoff auf.
5 Lernort: Lernen Sie an einem Ort, an dem Sie konzentriert arbeiten können. Zum effektiven Lernen braucht man Ruhe, gutes Licht und die notwendigen Arbeitsmittel (Stifte, Karteikarten, Wörterbuch usw.).

	Von wann bis wann möchte ich Deutsch lernen?	Welche Fertigkeiten möchte ich verbessern? (Hören, Lesen, Sprechen, Aussprache, Grammatik, …)	Wie möchte ich das machen? (Grammatikübungen machen, einen Text lesen, ein deutsches Lied hören und mitsingen, …)	Bin ich mit dem Ergebnis zufrieden? War mein Lernen effektiv?
Montag				
Dienstag				
Mittwoch				
Donnerstag				
Freitag				
Samstag				
Sonntag				

Negation

Bilden Sie möglichst viele Aussagesätze oder Fragen, die eine Negation beinhalten.

Peter	hat	die	Musik	nicht	gehört
ich	arbeite	nicht	du	hast	kein
Geld	ich	gehe	morgen	nicht	ins Kino
Sina	trinkt	nicht	gern	Tee	am Montag
kommt	mein Chef	nicht	er	ist	nicht
müde	hast	du	das Plakat	auf der Straße	nicht
gesehen	wir	fahren	nicht	mit dem Bus	nach Italien
sie	liest	im Urlaub	keine	Zeitung	er
telefoniert	nicht	oft	mit seiner Mutter	du	musst
nicht	jetzt	nach Hause	ich	mache	nicht
immer	meine Hausaufgaben	sie	darf	nicht	rauchen

Kopiervorlage zu Kapitel 9, Aufgabe 8d

Kontaktanzeigen

Ergänzen Sie zuerst die Adjektivendungen. Suchen Sie dann eine Partnerin / einen Partner. Wer passt zusammen?

A

Gepflegt____ älter____ Dame, die sich sehr für klassisch____ Musik und gut____ Literatur interessiert, sucht gebildet____ Mann, mit dem sie über neu____ Bücher sprechen kann. Auch gemeinsam____ Konzertbesuche wären eine angenehm____ Freizeitbeschäftigung.

B

Nett____, an Kultur interessiert____ Rentner sucht sympathisch____ Dame, mit der er sich manchmal zu anregend____ Gesprächen verabreden kann. Ich gehe gern in die Oper und würde mich über eine sympathisch____ Begleitung freuen, mit der ich anschließend in gemütlich____ Cafés über die schön____ Musik reden kann.

A

Lustig____, jung____ Studentin, die gern in modern____ Bars geht, sucht einen aktiv____ Partner mit gut____ Laune, der gern tanzt. Hörst du gern richtig laut____ Party-Musik und suchst du auch jemanden für gemeinsam____ Freizeitgestaltung? Dann melde dich bei mir!

B

Cool____ Technofan, der gern lang____ Nächte in schick____ Clubs mit laut____ Musik verbringt, sucht selbstbewusst____ Tänzerin, die mit ihm groß____ Spaß haben will. Suchst du einen echt____ Partylöwen? Dann schreib mir eine witzig____ Antwort!

A

Gemütliche____ Rentnerin, die ruhig____ Abende am warm____ Kamin liebt, sucht nett____ Nichtraucher, um zusammen heiß____ Tee mit selbst gebacken____ Keksen zu genießen und interessant____ Gespräche zu führen.

B

Freundlich____, älter____ Mann (79) liebt es, in seiner gemütlich____ Wohnung ruhig____ Abende zu verbringen. Wer möchte ihm dabei angenehm____ Gesellschaft leisten? Bei einem gut____ Essen und einer heiß____ Tasse Kaffee kommen tief____ Gespräche sicher wie von selbst.

A

Fröhlich____ Naturfan (35, w) mit fast immer gut____ Laune sucht etwa gleichaltrig____ Partner, der viel frei____ Zeit mit ihr an der frisch____ Luft verbringt. Ich liebe groß____ und klein____ Tiere und interessiere mich auch für die unterschiedlichst____ Pflanzen.

B

Freundlich____ Botaniker, Mitte 30, der seinen interessant____ Beruf liebt und der auch seine Freizeit gern zwischen grün____ Bäumen und bunt____ Blumen verbringt, sucht aktiv____ Naturfreundin, mit der er lang____ Waldspaziergänge machen kann. Wenn dich die faszinierend____ Natur genauso begeistert, dann melde dich bei mir.

A

Sportlich____ Lehrerin (31), die aufregend____ Reisen und extrem____ Sportarten liebt, sucht mutig____ Mann, mit dem man spannend____ Abenteuer erleben kann. Wenn du mich auf meinen exotisch____ Reisen begleiten möchtest und mit mir die weit____ Welt kennenlernen möchtest, bist du vielleicht der richtig____ Begleiter!

B

Suchst du einen echt____ Mann? Langweilig____ Diskussionen und ruhig____ Abende interessieren mich nicht. Aber wenn du jemanden suchst, der mit dir auf hoh____ Berge klettert oder in fern____ Länder reist, bin ich der ideal____ Partner. Hast du auch noch ander____ Träume? Dann ruf mich an!

Kopiervorlage zu Plattform 3, Aufgabe 1

Expertenblatt mit Lösungen

**Beraten Sie die anderen Teilnehmerinnen und Teilnehmer beim Wiederholungsspiel.
Die Lösungen und Lösungsvorschläge helfen Ihnen.**

1. z. B. *Obst, Gemüse, Milch, Fisch, Salat, …*
2. z. B. *Die Feier war wirklich/total lustig.*
3. *Das Bild haben wir nicht im Rathaus, sondern im Museum gesehen.*
4. z. B. *… habe ich Lust, in Österreich Urlaub zu machen.*
5. z. B. *… lernen wir viel über die deutschsprachigen Länder.*
6. z. B. *Ich mag weder Rockmusik noch Jazz.*
7. z. B. *der Verband, die Medikamente, die Krankenpflegerin*
8. *Die Deutschlehrerin war gestern nicht krank.*
9. z. B. *über Geld, über Politik, über Kindererziehung*
10. z. B. *Brauchst du etwas? Kann ich dir bei irgendetwas helfen? Brauchst du Unterstützung?*
11. z. B. *Vielen Dank, das ist wirklich nicht nötig!*
12. z. B. *Das Bild gefällt mir gut. Das sieht ja wirklich total gut aus! Mich spricht das Foto eigentlich nicht an.*
13. z. B. *Bevor ich aus dem Haus gehe, ziehe ich mir eine Jacke an.*
14. z. B. *Ich kämme mir die Haare, wenn ich aufgestanden bin. Ich wasche mir die Hände, bevor ich esse. Ich ziehe mir die Schuhe aus, wenn ich nach Hause komme.*
15. *Nachdem ich die Prüfung gemacht hatte, habe ich Freunde besucht.*
16. z. B. *Suche modernes Smartphone mit praktischem Ladekabel!*
17. z. B. *Verkaufe abstrakte Bilder von bekanntem Künstler aus Italien.*
18. z. B. *Reg dich doch nicht gleich so auf! Jetzt übertreibst du aber etwas. Das nervt mich wirklich!*
19. z. B. *Meine Lieblingsband ist Queen, denn ihre Musik ist einfach zeitlos gut!
    Mein Lieblingslied ist „Walking on sunshine" von Katrina & the Waves, weil es so ein richtiges Sommerlied ist.*
20. *sowohl … als auch*
21. z. B. *Nachdem ich die Schule abgeschlossen hatte, begann ich mein Jura-Studium.*
22. *Einerseits gehe ich sehr gerne ins Konzert, andererseits sind die Tickets sehr teuer.*
23. z. B. *Habe ich richtig verstanden, dass…? Könntest du mir noch einmal erklären, was…*
24. z. B. *Ich sehe meine Familie häufiger als meine Freunde, weil meine Eltern ganz in meiner Nähe wohnen.*
25. *Heute regnet es nicht.* (Verneinung ganzer Satz)
    Der Park ist nicht schön. (Verneinung vor Adjektiven und Adverbien)
26. z. B. *Ich gehe nicht so gerne ins Museum, weil ich das ein bisschen langweilig finde.*
27. z. B. *Ich fuhr oft mit dem Roller. Ich besuchte am Wochenende immer meine Oma. Meine Eltern waren einmal mit mir im Urlaub in den Bergen. Wir mussten immer früh ins Bett. Ich las gerne Comics. …*
28. z. B. *man kann gut miteinander reden, man sieht sich oft, man hat gemeinsame Interessen, …*
29. z. B. *Ich habe letzte Woche vergessen, eine wichtige Hausaufgabe abzugeben. Also, das war so: …*
30. z. B. *Impro-Theater ist ein Theater, bei dem die Schauspieler vorher nicht wissen, was sie spielen und improvisieren müssen. Ich finde das total lustig, weil …*
31. z. B. *Für mich ist Musik sehr entspannend, weil …*
32. z. B. *Also ich lerne schwierige Wörter mit Vokabelkärtchen, weil …*

Kopiervorlage Kapitel 10, Aufgabe 4c, 5b und 8a

Passiv

Formen Sie die Sätze ins Passiv um.

Die Polizei bringt die alte Frau nach Hause.
Die Professorin informiert die Studierenden über die neuen Kurse.
In diesem Restaurant bedient man die Gäste immer sehr höflich.
Warum verbietet man Computerspiele mit viel Gewalt nicht?
Fremde verwechseln Katrin oft mit ihrer Schwester.
Behandelt der Chef sein Team freundlich?
Die Ideen von Kindern nimmt man manchmal nicht ernst.
Patinnen und Paten unterstützen Familien in Schwierigkeiten.
Der Radiosprecher warnte vor dem großen Unwetter.
Die Personalabteilung fragte alle Angestellten der Firma nach ihrer E-Mail-Adresse.
Hat die Lehrerin dich heute gelobt?
Die Ärzte haben meine Tante sofort operiert.
Jonas soll noch die Gläser abspülen.
Kann die Mechanikerin das Motorrad bis morgen reparieren?
Du darfst die Zeitungen nicht einfach in den Müll werfen.
Wir müssen die Rechnung noch vor dem Wochenende bezahlen.

Was ist wichtig für eine gute Präsentation?

	ICH Habe ich das gemacht?	MEIN PARTNER/MEINE PARTNERIN Hat er/sie das gemacht?
Aufbau/Struktur: Ist die Präsentation klar gegliedert? Gibt es eine Einleitung, einen Hauptteil, einen Schluss? …		
Inhalt: Interessant? Neu? Zum Thema passend? …		
Bildliche Darstellung: Klar? Verständlich? Gibt es (ansprechende, hilfreiche …) Fotos, Bilder, Zeichnungen, Grafiken? …		
Sprache: Verständlich? Bekanntes Vokabular? Sätze sinnvoll mit verschiedenen Konnektoren verbunden? Verbkonjugation beachtet? …		
Stimme und Sprechtempo: Frei gesprochen? Laut genug gesprochen? Klar und deutlich? Betonung? Gute Pausen? …		
Gestik/Haltung: Auf die Körpersprache geachtet? Ist die Gestik ruhig, offen, freundlich …? Was machen die Hände? …		
Kontakt zum Publikum: Blickkontakt zu den Zuhörenden? Direkte Ansprache? Eingehen auf Fragen und Kommentare? …		

Kopiervorlage zu Kapitel 11, Aufgabe 1b

Wörter in der Stadt

die Atmosphäre	die Stimmung, das Ambiente an einem bestimmten Ort	das Angebot	die Möglichkeiten, aus denen man wählen kann; z. B. Waren, Kultur, Wohnungen, Kurse …
der Club	ein Lokal, in dem Konzerte stattfinden	das Konzert	Musiker/-innen spielen vor einem Publikum
das Tempo / die Geschwindigkeit	wie schnell oder langsam etwas passiert	das Hochhaus	ein Gebäude mit vielen Stockwerken
der Arbeitsplatz	der Ort, an dem man seinen Beruf ausübt	der/die Bewohner/-in	die Menschen, die in einem Haus / einer Wohnung / einer Stadt wohnen
der Dreck / der Schmutz	Abfall, Staub, Abgase …; Gegenteil: die Sauberkeit	die Kneipe	ein Lokal, wo man etwas trinken und auch Kleinigkeiten essen kann
der Lärm	Gegenteil: die Ruhe; Adjektiv: laut	die Erholung	Wenn man gestresst ist oder krank ist oder war, dann braucht man das, damit es einem besser geht.
das Schaufenster	Die Fenster von Geschäften, in denen man die Produkte anschauen kann, die sie verkaufen möchten.	der Stadtteil / das Viertel	ein Teil von einer Stadt mit einem eigenen Namen
der Verkehr	Alle Fahrzeuge, die auf den Straßen unterwegs sind.	das Fahrzeug	Alle Transportmittel, die Räder haben, nennt man so.
der/die Fußgänger/-in	eine Person, die zu Fuß unterwegs ist	die Aussicht	der Blick
die Fußgängerzone	eine Straße, in der keine Autos fahren dürfen, mit vielen Geschäften, Cafés …	die Lage	die geografische Situation; wo ein Haus, ein Ort usw. „liegt"
die Luft	Sauerstoff; wir atmen sie ein, um leben zu können	das Unternehmen	die Firma, der Betrieb
der/die Nachbar/-in	Personen, die im Haus oder der Wohnung nebenan wohnen	der Laden/ das Geschäft	ein Haus oder der Teil eines Hauses, in dem man etwas (ein)kaufen kann
der Stress	Wenn man sich wegen zu viel Arbeit und Zeitdruck seelisch und körperlich nicht wohlfühlt und denkt, es alles nicht zu schaffen.	die Mobilität	Fortbewegung zu Fuß, mit dem Fahrrad, dem Flugzeug, dem Auto und anderen Fahrzeugen
das Bürogebäude	ein Haus mit vielen Büros		

Artikelwörter als Pronomen

Gruppe A
möchte einen Obstsalat machen und braucht:
- einen Apfel
- eine Banane
- ein Paket Zucker
- Kiwis

Wir brauchen … Habt ihr …?
Ja, wir haben … / Nein, wir haben auch kein …

Gruppe D
möchte eine Gemüsesuppe machen und braucht:
- einen Blumenkohl
- eine Zwiebel
- ein Päckchen Salz
- Kartoffeln

Wir brauchen … Habt ihr …?
Ja, wir haben … / Nein, wir haben auch kein …

Gruppe B
möchte belegte Brote machen und braucht:
- Käsescheiben
- eine Packung Schinken
- ein Brot
- hartgekochte Eier

Wir brauchen … Habt ihr …?
Ja, wir haben … / Nein, wir haben auch kein …

Gruppe E
möchte einen Salat machen und braucht:
- einen Salat
- eine Gurke
- ein Kilo Tomaten
- Oliven

Wir brauchen … Habt ihr …?
Ja, wir haben … / Nein, wir haben auch kein …

Gruppe C
möchte ein leichtes Abendessen kochen und braucht:
- einen Fisch
- eine Zitrone
- ein Paket Reis
- Erbsen

Wir brauchen … Habt ihr …?
Ja, wir haben … / Nein, wir haben auch kein …

Gruppe F
möchte italienisch kochen und braucht:
- geriebenen Käse
- eine Dose Tomaten
- ein Hähnchen
- Nudeln

Wir brauchen … Habt ihr …?
Ja, wir haben … / Nein, wir haben auch kein …

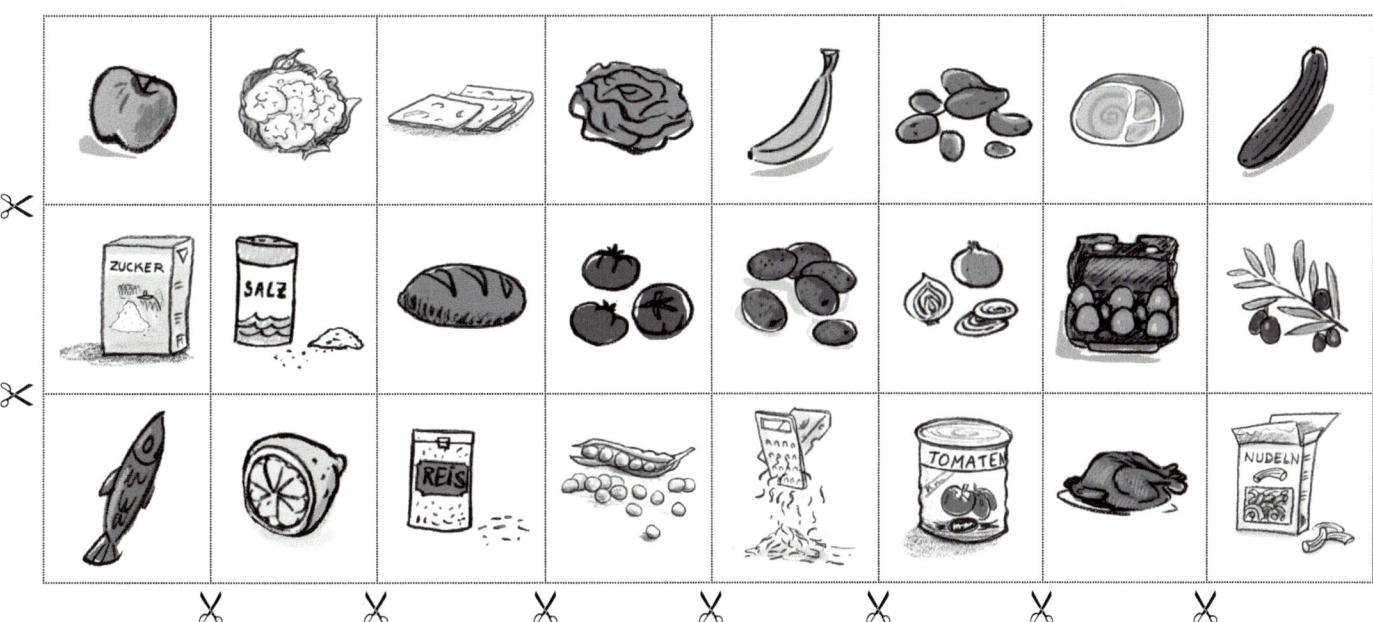

Bankgeschäfte

die Girocard („EC-Karte")	mit ihr kann man in Geschäften bezahlen oder am Geldautomaten Geld vom Konto holen	die Kreditkarte	Was man damit bezahlt, wird erst im nächsten Monat vom Konto abgezogen.
der Geldautomat	der Automat, wo man Geld abheben, aber oft auch einzahlen kann	die Überweisung; überweisen	Das Geld wird von einem Konto auf ein anderes Konto geschickt.
der Betrag	die Summe	das Konto	der Ort, an dem man in der Bank sein Geld hat; es hat eine eigene Nummer
die Geheimnummer / die PIN	eine Nummer, die man am Geldautomaten eingeben muss, um Geld zu bekommen, und die kein anderer wissen sollte	Geld abheben / einzahlen	Geld vom Konto nehmen / auf die Bank bringen und auf das Konto gutschreiben lassen
die Gebühr(en) verlangen	Es sollen Extrakosten, z. B. für die Benutzung einer Kreditkarte, Kontoführung usw. gezahlt werden.	den Kredit überziehen	Man möchte mehr ausgeben, als mit der Bank für das Konto oder die Kreditkarte pro Monat vereinbart ist.
die Karte sperren	Wenn die Bank die Karte sperrt, funktioniert sie nicht mehr und niemand kann sie mehr benutzen.	der Schalter	der Ort, an dem man von Bankangestellten bedient wird
das Bargeld	Geldscheine und Münzen	der Dauerauftrag	Die Bank überweist z. B. jeden Monat automatisch einen bestimmten Betrag vom Konto an jemand anderen, z. B. die Miete.
der Kontoauszug	eine Liste, auf der steht, was mit dem Geld auf einem Konto innerhalb einer bestimmten Zeit passiert ist	die Filiale	in Geschäft, in dem die Kunden die Bankmitarbeiter/-innen treffen können; eine Bank hat oft mehrere in einer Stadt
der Beleg	ein Papier, das nachweist, dass man eine Zahlung gemacht hat	die Rate	Wenn man einen Geldbetrag schrittweise in kleineren Beträgen zahlt.
die Zinsen	Hier: Der Preis, den man für einen Kredit bezahlen muss.	beantragen / einen Antrag stellen	etwas offiziell (mit einem Formular) erbitten

Schwarzer Peter mit *je ..., desto ...*

	Je länger Elisa mit ihrer neuen Familie zusammenlebte,	Je wärmer der Winter ist,	umso weniger Zinsen muss ich zahlen.	Je später ich abends ins Bett gehe,
umso müder bin ich morgens.	Je gesünder man lebt,	Je cooler das Stadtviertel ist,	umso teurer sind die Wohnungen.	desto wohler fühlt man sich oft.
Je langsamer die Musik ist,	desto beruhigender wirkt sie.	umso mehr Durst bekomme ich.	desto lieber lebe ich hier.	Je genauer ich mir das Bild ansehe,
desto besser gefällt es mir.	Je mehr ich über Volksmusik weiß,	desto mehr Insekten gibt es im Sommer.	Je salziger ich esse,	desto interessanter finde ich sie.
Je früher die Feuerwehr informiert wird,	desto schneller kann sie den Brand löschen.	umso besser kann ich sie mir merken.	umso besser kann ich sie benutzen.	Je besser ich Leipzig kenne,
Je weniger Kredite ich brauche,	Je mehr Geld du ausgibst,	desto größer wurden die Streitigkeiten.	Je bekannter die Schauspieler/-innen sind,	desto weniger können wir für unseren Urlaub sparen.
umso entspannter werde ich.	Je seltener ich im Urlaub mein Smartphone benutze,	Je regelmäßiger ich deutsche Wörter wiederhole,	Je öfter ich meine Geheimnummer benutze,	desto mehr Menschen möchten sie im Theater sehen.

Kopiervorlage zu Plattform 4, Aufgabe 1

Expertenblatt mit Lösungen

**Beraten Sie die anderen Teilnehmerinnen und Teilnehmer beim Wiederholungsspiel.
Die Lösungen und Lösungsvorschläge helfen Ihnen.**

1. *Der Tisch wurde abgeräumt. Es wurde aufgeräumt. Es wurde staubgesaugt. Es wurde gewischt. …* (KB Kap. 10/4–5)

2. *Die Tafel sammelt Lebensmittel, die qualitativ noch gut sind, und verteilt sie an arme Menschen. Viele Lebensmittel kommen von Supermärkten und Kantinen, die sie sonst wegwerfen. Die Tafel ist in ganz Deutschland aktiv.*
Die Freiwillige Feuerwehr ist da, wenn es brennt. Sie kommt auch bei Unfällen. Sie hilft bei Hochwasser. Patenschaften helfen Familien, die Probleme haben, den Alltag allein zu schaffen. Sie helfen ihnen bei Behördengängen. Sie helfen den Familien, eine Wohnung oder Arbeit zu finden. Den Kindern helfen sie bei den Hausaufgaben. (KB Kap. 10/3)

3. *Sprechen Sie laut und deutlich. Fassen Sie am Ende die wichtigsten Punkte noch einmal zusammen. Halten Sie Blickkontakt mit dem Publikum.* (KB Kap. 10/12b)

4. *1952 wurde die Europäische Gemeinschaft aus zunächst 6 Staaten gegründet. Aus dieser Gemeinschaft wurde 1992 die Europäische Union. Heute benutzen immer mehr EU-Länder die gleiche Währung und die EU-Bürger können ohne Grenzkontrollen reisen.* (KB Kap. 10/10–11)

5. *Hallo, ich freue mich sehr, dass du mich besuchen kommst. Wir können … besichtigen. Ich möchte dir auch gern das … zeigen. Besonders interessant ist auch … Das Museum … hat gerade eine tolle Ausstellung … Hoffentlich gefallen dir meine Vorschläge … Ich freue mich schon, dir meine Stadt zu zeigen. Viele Grüße …* (KB Kap. 11/13b)

6. *In meiner Stadt gefallen mir besonders die schönen Plätze, wo man gemütlich Kaffee trinken kann. Ich liebe den Hafen und die vielen großen und kleinen Schiffe dort. Der Stadtpark ist auch toll.* (KB Kap. 11/3)

7. *In der Stadt ist immer etwas los, es gibt Kinos, Theater und Restaurants. Ich liebe die Stadt, weil hier so viele interessante Menschen leben und das kulturelle Angebot sehr groß ist. – Ich lebe lieber auf dem Land. Die Luft ist sauber und es ist sehr ruhig. Hier gibt es keine Hektik, das gefällt mir sehr.* (KB Kap. 11/4a–b)

8. *Ich finde alles wichtig, was in diesem Vortrag gesagt wurde. Zürich ist eine Stadt, die viele kennen / wo man gut Urlaub machen kann. In Tübingen, wo meine Schwester wohnt, gibt es eine berühmte Universität.* (KB Kap. 11/9b)

9. *die EC-Karte; die Kontonummer; der Dauerauftrag; abheben; einzahlen; überweisen …* (KB Kap. 12/3–5)

10. *A gespartes; B verlorene; C ausgefüllten* (KB Kap. 12/5b und 8a)

11. *keiner; einer; Ihre* (KB Kap. 11/4c)

12. *Die Fugger haben in Augsburg gelebt. Sie haben eine Wohnsiedlung (die Fuggerei) gegründet, um armen Augsburgern zu helfen. Man kann heute ein Fuggerei-Museum und zwei Wohnungen (eine alte und eine neue) besichtigen und einen Spaziergang durch die Siedlung machen.* (KB Kap. 12/11b)

Glossar

Hier finden Sie eine alphabetische Zusammenstellung aller → **Verweise** aus den *Erläuterungen zum Unterricht*. Die einzelnen Begriffe werden erklärt und mit praktischen Beispielen für den Einsatz im Unterricht ergänzt.

ABC Das ABC ist eine gute Möglichkeit, Wortschatz zu sammeln und zu wiederholen. Geben Sie ein Thema vor, z. B. *Sportarten, Reiseutensilien, Berufe* usw. Je 4 TN bekommen ein DIN-A3-Papier und dicke Stifte. Sie schreiben alle Buchstaben des Alphabets untereinander; schwierige Buchstaben wie J, Q, X und Y werden ausgelassen. Zu jedem Buchstaben schreiben sie alle Wörter (Nomen mit Artikel, Verben, Adjektive), die ihnen zum Thema einfallen.
Die Aktivität kann auch als Wettspiel durchgeführt werden: Die TN arbeiten in PA oder KG. Wer zuerst zu allen Buchstaben einen Begriff ergänzt hat, hat gewonnen.

Ampeldiskussion Eine Ampeldiskussion gibt den TN Gelegenheit, zu verschiedenen Aussagen Stellung zu beziehen, ihre Meinung auszudrücken und mit den anderen TN zu diskutieren. Dafür brauchen Sie ein rotes, ein gelbes und ein grünes Blatt Papier; diese platzieren Sie an unterschiedlichen Stellen im Kursraum. Projizieren Sie eine Aussage zu einem Thema an die Tafel oder an die Wand, sagen Sie den TN, dass Sie die Aussage lesen und sich dann positionieren sollen. Stimmen sie der Aussage zu, stellen sie sich zu dem grünen Blatt, sind sie nicht mit der Aussage einverstanden, stellen sie sich zu dem roten Blatt. Wenn sie sich nicht entscheiden können, dann stellen sie sich zum gelben Blatt. Dann erklären sie innerhalb ihrer Gruppe, warum sie dafür oder dagegen sind bzw. sie sich nicht entscheiden können. Abschließend informieren sie kurz die anderen beiden Gruppen über ihre Diskussion. Dann projizieren Sie die nächste Aussage usw.

Aquariumsdiskussion Die TN bereiten in Gruppen ein Diskussionsthema vor. Stellen Sie so viele Stühle in einen Kreis, dass sich aus jeder Gruppe eine Person setzen kann. Aus jeder Gruppe geht ein/-e TN in den Stuhlkreis. Nur die TN im Kreis dürfen sprechen, die anderen hören zu und beobachten. Wenn jemand aus dem Publikum etwas sagen möchte, klopft er/sie einer Person aus dem Innenkreis auf die Schulter, diese Person spricht ihren Satz zu Ende und geht dann aus dem Kreis, die andere Person setzt sich auf den Stuhl und nimmt nun an der Diskussion teil. Wenn jemand aus dem Stuhlkreis nicht mehr diskutieren möchte, kann er/sie den Kreis verlassen und einer Person aus dem Publikum auf die Schulter klopfen, so dass diese/-r in den Kreis muss.

Aufgaben selbst erstellen Die TN erstellen eine Aufgabe zu einem Lese- oder Hörtext oder zu einer Filmszene für eine andere Gruppe, sie können wählen zwischen

- einer Richtig-/Falsch-Aufgabe pro Abschnitt
- einer W-Frage pro Abschnitt
- einer Antwort pro Abschnitt, die andere Gruppe muss dazu dann die passende Frage formulieren.

Jede Gruppe schreibt ihre Aufgaben auf je ein Blankokärtchen und die Lösung auf die Rückseite. Dann tauschen die Gruppen ihre erstellten Aufgaben untereinander und bearbeiten sie. Sie kontrollieren selbstständig mit Hilfe der Lösung auf der Rückseite.
Die TN können auch Aufgaben zu Grammatik- und Wortschatzthemen erstellen, wobei sie sich von den unterschiedlichen Aufgabentypen im Übungsbuch inspirieren lassen können.

Ausstellung Die TN hängen ihre Produkte (Ergebnisse) im Kursraum auf. Alle sehen sich die Produkte der anderen TN an. Verteilen Sie für die Auswertung z. B. 3 farbige Klebepunkte an jede/-n TN. Die TN vergeben ihre 3 Punkte an die Produkte, die ihnen am besten gefallen. Der/Die TN oder die Gruppe mit den meisten Punkten wird mit einem Preis prämiert.

Wenn die TN neben Plakaten auch gegenständliche Ergebnisse einer Gruppenarbeit präsentieren wollen, bieten sich Ausstellungstische an. Jede Gruppe arrangiert ihre Ergebnisse auf einem Tisch, evtl. mit Erklärungen. Während die TN die Ausstellung besuchen, bleibt an jedem Tisch ein Experte oder eine Expertin, der/die kurz die wichtigsten Punkte erklärt und auf Fragen der Besucher antwortet. Der Experte bzw. die Expertin wird immer wieder ausgewechselt, damit alle TN alle Tische ansehen können.
Wenn jeweils ein Experte/eine Expertin am Plakat oder Tisch ihr Projekt erläutert, wird diese Methode auch als → **Marktplatz** bezeichnet (→ **Präsentation von Ergebnissen**).

Auswendig lernen Der zu memorierende Text (Redemittel, Gedichtzeilen eines kurzen Gedichts, Dialogteile eines kurzen Dialogs) wird für je 4–5 TN in großer Schrift auf 4–5 DIN-A3-Blätter geschrieben, auf jedem Blatt steht z. B. ein anderer Dialogteil, zusammen ergeben sie den gesamten zu memorierenden Text. Die Blätter liegen auf dem Boden im Kreis. Jede/-r TN stellt sich vor ein Blatt. Sie lesen reihum, was auf dem Blatt vor ihnen steht, dann gehen sie ein Blatt weiter und lesen wieder vor, was auf dem Blatt vor ihnen steht, bis alle alles einmal gelesen haben. Dann nehmen die TN das Blatt vor sich, falten es einmal in der Mitte, legen es wieder auf den Boden und gehen einen Schritt weiter. Dann wird wieder vorgelesen, was vor einem auf dem Blatt steht. Dann falten die TN noch einmal das Blatt, das vor ihnen liegt, und machen eine weitere Runde. Je öfter das Blatt gefaltet wird, umso weniger kann man vom Text lesen. Am Ende stellen sich alle auf die Blätter, so dass

Glossar

sie gar nicht mehr sehen, was darauf steht, und sagen auswendig, was auf dem jeweiligen Blatt steht.

Ballrunde Die Ballrunde ist eine Variante der → **Kettenübung**. Während dort die TN der Reihe nach Sätze bilden, Fragen stellen/beantworten o. Ä., wird bei der Ballrunde der/die nächste TN durch das Zuwerfen eines Balls bestimmt. Dadurch wird die Übung dynamischer und schwieriger, weil die TN nicht wissen, wann sie mit ihrem Beitrag an der Reihe sind.

Beruferaten Schreiben Sie verschiedene Berufe auf Kärtchen. Ein/-e TN kommt an die Tafel, zieht einen Beruf und zeichnet diesen. Die anderen raten. Wer richtig geraten hat, bekommt das Kärtchen und ist als Nächste/-r an der Reihe. Der/Die TN, der/die die meisten Berufe erraten hat, gewinnt. Statt mit Zeichnen kann man dieses Spiel auch mit Pantomime spielen.
Auf fortgeschrittenem Niveau können die TN die Berufe durch Ja-/Nein-Fragen erraten: Wenn sie die Frage einer/-s TN mit *Ja* beantworten, darf er/sie weiterfragen; bei *Nein* ist ein/-e andere/-r TN an der Reihe. Wer den Beruf errät, bekommt das Kärtchen. Die TN können auch unter sich (oder in Gruppen) spielen. Dann denkt sich derjenige, der den letzten Beruf erraten hat, den nächsten aus und antwortet auf die Fragen mit *Ja* oder *Nein*.

Challenge Eine Challenge können Sie zu Themen durchführen, bei denen man auf etwas verzichtet oder aber sein Verhalten ändern muss (z. B. *eine Woche ohne Smartphone, eine Woche kein Fleisch essen, eine Woche nur Obst essen*). Legen Sie ein passendes Thema und den Zeitrahmen fest. Während der Challenge dokumentieren die TN ihre Erfahrungen schriftlich oder in einem Videotagebuch. Anschließend tauschen sich die TN über ihre Erfahrungen aus.

Collage Das Erstellen von Collagen ist eine motivierende, kreative Möglichkeit, Informationen zu einem Thema zu sammeln und darzustellen. Eine Collage eignet sich aber auch zur Visualisierung grammatischer Strukturen oder für Wortschatztraining. Sie brauchen dafür deutschsprachige Zeitschriften und Zeitungen, Scheren, DIN-A3-Papier, Kleber, dicke, bunte Stifte. Die TN arbeiten in KG. Je nach Arbeitsauftrag schneiden sie bestimmte Wörter, Sätze und/oder Fotos aus den Zeitschriften und Zeitungen aus. Dann arrangieren sie alles auf dem Papier und kleben es auf. Ggf. schreiben sie Erklärungen bzw. Kommentare dazu. Danach bietet sich eine → **Ausstellung** bzw. → **Präsentation** im PL an.

Dialoge auswendig lernen Das Einüben und Vorspielen von selbst geschriebenen Dialogen hilft den TN, Redemittel und Strukturen anzuwenden und zu automatisieren. Dazu sollten die Dialoge nicht zu lang sein. Korrigieren Sie die Texte und geben Sie den TN je nach Länge ca. 5–10 Minuten Zeit, ihre Dialogabschnitte erst alleine auswendig zu lernen. Sie können z. B. nach und nach immer mehr Textteile abdecken oder sich Schlüsselwörter notieren und mit deren Hilfe den Text wiedergeben und/oder die einzelnen Abschnitte noch einmal bewusst aufschreiben. Dann sollten sie den Dialog noch einmal kurz mit dem/der Partner/-in einüben. Geben Sie ggf. auch → **Tipps zum freien Sprechen**. Stellen Sie sich beim Vorspielen mit dem Text in die Nähe der TN und greifen Sie notfalls als „Souffleur/Souffleuse" ein, wenn die TN ins Stocken geraten. Falls ein Dialog lang bzw. komplex ist, sollte er lieber bewusst vorgelesen werden. (→ **Tipps zum Vorlesen**)

Diktate Das allseits bekannte Diktat kann durch verschiedene Varianten abwechslungsreicher gemacht werden.

Partnerdiktat Schneiden Sie das Diktat horizontal (als lustige Variante auch mal vertikal) in zwei ungefähr gleich lange Teile. Die TN diktieren sich gegenseitig ihre Hälfte und korrigieren dann gemeinsam.

Rückendiktat Wie das Partnerdiktat, die TN sitzen allerdings Rücken an Rücken. Da der Text so schwerer zu verstehen ist, müssen sich die TN besonders bemühen, klar und deutlich zu sprechen.

Laufdiktat Wie das Partnerdiktat, das Diktat wird aber an einem Ort im Klassenraum befestigt, zu dem die TN einige Schritte laufen müssen. Dadurch können die TN den Text nicht einfach ablesen, sondern müssen sich einzelne (Teil-)Sätze bis zum Diktieren merken.

Domino Je 2–4 TN bekommen ca. 20 Domino-Kärtchen. Jede/-r TN bekommt 3 Kärtchen, die restlichen werden auf einen Stapel in die Mitte gelegt, ein Kärtchen wird aufgedeckt. Ein/-e TN beginnt und versucht eines der eigenen Kärtchen anzulegen. Wer nicht anlegen kann, zieht eines vom Stapel und der/die nächste TN ist dran. Usw. Wer zuerst keine Kärtchen mehr auf der Hand hat, hat gewonnen.
Domino eignet sich für das Einüben von Wortschatz (z. B. Wort–Bild, Wort–Definition), Verbformen (z. B. Personalpronomen–Verbform, Infinitiv–Partizip), Sätzen (z. B. Fragen–Antworten) usw. Sprachlich stärkere TN können selbst ein Dominoset erstellen und mit einer anderen Gruppe tauschen. Sie schreiben z. B. auf die eine Seite ein Wort und malen auf die andere Seite ein anderes Wort. Für jedes Wort muss in diesem Fall ein passendes Bild auf einem anderen Kärtchen sein, damit sich der Kreis schließen kann.

Bikini		Zelt	
Helm			

Glossar

Dreieck der Gemeinsamkeiten Je 3 TN arbeiten gemeinsam. Sie sprechen über ihre Hobbys. Dann zeichnen sie ein Dreieck auf ein DIN-A3-Papier. Jede/-r TN bekommt eine Kante des Dreiecks, er/sie schreibt dort seinen/ihren Namen und Hobbys, die er/sie nur allein hat. In die Mitte schreiben die TN die Hobbys, die sie gemeinsam haben. Anschließend können die Dreiecke im PL ausgestellt werden oder jeweils 2 Gruppen stellen sich ihre Dreiecke gegenseitig vor. Diese Aktivität eignet sich für viele verschiedene Themenbereiche, z. B. auch für Essensgewohnheiten, Tagesablauf, Wohnen usw.

Eckensprechen Schreiben Sie die Begriffe, Situationen oder Themen, die besprochen werden sollen, auf jeweils ein Blatt Papier und hängen Sie jedes Blatt in jeweils eine Ecke des Raums. Teilen Sie den Kurs in 4 Gruppen und bitten Sie die Gruppen, in eine der 4 Ecken zu gehen. Die TN sprechen eine festgelegte Zeit lang (z. B. 3 Minuten) darüber, was sich zu dem auf dem Papier notierten Begriff, der Situation oder dem Thema sagen lässt. Nach Ablauf der Zeit gehen alle Gruppen in die nächste Ecke und sprechen dann über das, was dort aufgehängt ist usw.
Diese Technik lässt sich auch als **Eckendiskussion** durchführen, wenn die TN Vor- und Nachteile oder Meinungen zu bestimmten Themen diskutieren sollen.

Elfchen Ein Elfchen ist ein literarisches „Spiel", ein kurzes Gedicht aus nur 11 Wörtern, die sich über 5 Zeilen verteilen. Für die Lernenden ist es eine kreative Aktivität, bei der sie schnell und einfach zu zahlreichen Themen ein Gedicht schreiben können:

1. Zeile: 1 Wort	Arbeit
2. Zeile: 2 Wörter	Im Büro
3. Zeile: 3 Wörter	Spaß mit Kollegen
4. Zeile: 4 Wörter	Am Computer sitzen, telefonieren
5. Zeile: 1 Wort	Alltag

Emotionen sprechen Emotionen spielen beim Sprechen eine wichtige Rolle. Wenn Ihre TN von Anfang an üben, die Intonation an ihre Emotionen zu knüpfen, trägt dies dazu bei, dass sie sich Schritt für Schritt einer authentischeren Aussprache annähern. Schreiben Sie dafür verschiedene Emotionen (z. B. *fröhlich, glücklich, traurig, ernst, überrascht, enttäuscht, wütend, …*) auf einzelne Kärtchen. Besonders gut bieten sich Ausrufe, Glückwünsche oder kurze Dialoge an, um dies zu üben. Je 2–3 TN arbeiten zusammen. Ein/-e TN zieht eine Karte und spricht seinen/ihren Satz mit dieser Emotion, die anderen raten, um welche Emotion es sich handelt. Sagen Sie, dass sie die Emotionen mit einer Geste unterstützen und sie auch übertreiben können. Bei Dialogen kann auch jede/-r TN eine andere Karte ziehen und sie spielen den Dialog, ohne zu wissen, welche Emotion der/die andere gezogen hat. So entsteht ein kurzes Improvisationsstück, das sie den anderen TN präsentieren können, und diese raten die jeweilige Emotion. Eine weitere Option ist, dass die TN die Sätze in unterschiedlichen Situationen mit unterschiedlichen Emotionen sprechen. Dabei können sie kurze Szenen filmen und diese dann im Kurs zeigen.

Feedback Es ist sinnvoll, im PL schon früh eine Feedbackkultur zu entwickeln, indem man den TN bei Präsentationen unterschiedliche Beobachtungsaufgaben gibt. Diese können sich auf die Präsentation im Allgemeinen beziehen, z. B.: *Was war gut an dieser Präsentation, was nicht? Was kann man daraus lernen? Was kann man verbessern?* Konkretere Kriterien zur Qualität einer Präsentation können z. B. sein: *Klares Thema? Klare Gliederung und Struktur? Neue, interessante Ergebnisse? Auf Publikum geachtet? Blickkontakt? Abgewartet und in Ruhe eröffnet? Klar, deutlich, frei, angemessenes Tempo? Atmosphäre während der Präsentation: motivierend, entspannt, …?* Sprachliche Beobachtungsaufgaben können z. B. folgende Bereiche beinhalten: Aussprache, Wortschatz (Fachbegriffe, treffende Wortwahl, …), Grammatik (Verbposition, Korrektheit eines bestimmten Grammatikphänomens, das gerade behandelt wurde, Satzbau, …), Verständlichkeit usw. Sie können die Art der Beobachtungsaufgaben mischen oder den Schwerpunkt auf einen Bereich (inhaltliche Gestaltung der Präsentation, Vortrag, sprachliche Korrektheit o. Ä.) setzen.
Mehrere TN sollten zusammen eine Beobachtungsaufgabe übernehmen. Nach der Präsentation machen Sie eine kurze Feedbackrunde, in der die TN zu ihrer Fragestellung berichten. In sprachlich homogenen Kursen können Sie das in den ersten Kapiteln auch in der Muttersprache machen lassen. In sprachlich heterogenen Kursen sollten die Fragen so einfach wie möglich formuliert werden und ggf. anfangs mögliche Antworten vorgegeben werden.

Flipped Classroom Bei dieser Methode des integrierten Lernens werden die Hausaufgaben und die Stoffvermittlung vertauscht: Die TN erarbeiten sich die Lerninhalte zunächst zu Hause und wenden diese dann im Unterricht an. Dazu eignen sich besonders gut die Grammatik-Clips.

Gruppengeschichte Hierbei wird eine Geschichte von verschiedenen TN oder Gruppen gemeinsam entwickelt. Die TN oder Gruppen schreiben je nach Angabe einen Absatz oder eine bestimmte Anzahl von Sätzen, einen Stichpunkt zu einer vorgegebenen Angabe und geben das Blatt dann an die/den nächste/-n TN oder die nächste Gruppe weiter. Die Geschichte „wandert" durch den Kurs, bis alle sich beteiligt haben. Als Variante kann der

Glossar

geschriebene Teil abgedeckt werden, so dass die TN nicht wissen, was vorher geschrieben wurde. Das kann z.B. bei Fantasiegeschichten zu lustigen Ergebnissen führen.

Heißer Stuhl Geben Sie allen TN einen Ausgangstext, ein Ausgangsfoto oder eine Ausgangssituation, die zu Ihrem aktuellen Kapitel passt. Wählen Sie 1–2 TN, die von den anderen auf dem *heißen Stuhl* befragt werden. Erstellen Sie für die TN, die befragt werden, passend zum Ausgangsmaterial ein Arbeitsblatt mit Fragen zu ihrer Rolle (*Wie alt bin ich? Wo wohne ich? Was bin ich von Beruf? Wie fühle ich mich gerade?* …). Die TN bereiten sich anhand des Fragebogens auf ihre Rolle vor. (In sprachlich stärkeren Gruppen können die TN sich auch selbst auf die Rolle vorbereiten.) Die anderen TN arbeiten in Gruppen von 3–4 TN und bereiten Fragen an die zu befragende Person vor. (Sie können die Gruppen auch beauftragen, ihrerseits eine Rolle zu übernehmen und die Fragen z. B. als Freunde, als Eltern, als Chef, als Journalist usw. zu stellen.) Dann beginnt *Der heiße Stuhl*. Die TN setzen sich in einen Halbkreis, der/die TN, der/die sich in die Rolle eingefühlt hat, setzt sich auf den *heißen Stuhl* vor die Gruppe. Die anderen dürfen ihn/sie mit Fragen bombardieren. Er/Sie antwortet.

Kettenübung Diese Übungsform eignet sich besonders für das Automatisieren fester Strukturen. Die TN stellen sich im Kreis auf und fragen/antworten der Reihe nach. Beispiel: TN 1: *Was hast du gestern gemacht?* – TN 2: *Ich habe gearbeitet und du, was hast du gestern gemacht?* – TN 3: *Ich habe ein Buch gelesen und du, …*

Kofferpacken Dazu stellen sich die TN im Kreis auf. Der/Die erste TN beginnt und sagt z. B. *Ich packe meinen Koffer und nehme einen warmen Pullover mit.* Der/Die nächste TN wiederholt dies und fügt das nächste Kleidungsstück oder Objekt an: *Ich packe meinen Koffer und nehme einen warmen Pullover und eine weiße Bluse mit.* usw. Die Aufzählung wird so immer länger und die einzelnen Elemente der Aufzählung schleifen sich bei den TN immer mehr ein. Das Spiel kann auch sehr gut für andere Themen abgewandelt werden, z. B. für Lebensmittel, Akkusativ … (Beispiel: *Ich gehe in den Supermarkt und kaufe einen Apfel ein. Ich gebe in den Supermarkt und kaufe einen Apfel und eine Zwiebel* …)

Kooperatives Lesen Beim kooperativen Lesen bearbeiten die TN in KG einen Text. Je 2–3 TN lesen ihren Text oder Textteil, erarbeiten gemeinsam den Inhalt und fassen ihn in der Gruppe zusammen. Dann werden neue Gruppen gebildet, in denen aus jeder vorigen Gruppe mindestens ein/-e TN ist. Jede/-r TN erzählt nun der neuen Gruppe den Inhalt seines/ihres Textes oder Textteils, damit alle über alles informiert sind. Ermitteln Sie am Ende z. B. mit einem Quiz zu allen Texten (oder dem gesamten Text), inwieweit alle wichtigen Informationen vermittelt und verstanden wurden. Oder die TN lösen jetzt die KB-Aufgaben zum Text. Bei längeren Texten können Sie verschiedene Aufgaben in die Gruppen geben. Unterteilen Sie den Text in ähnlich lange Abschnitte. Der/Die erste TN fasst z. B. den Inhalt des Abschnitts zusammen, der/die zweite erarbeitet die grammatischen Strukturen, der/die dritte klärt neuen Wortschatz o. Ä. Nach jedem Abschnitt geben die TN ihre Aufgabe innerhalb ihrer Gruppe weiter. Nachdem sie so den gesamten Text bearbeitet haben, lösen sie die KB-Aufgaben zum Text.

Kugellager Auch als *Sprechmühle* bekannt. Teilen Sie den Kurs in 2 Gruppen. Gruppe 1 bildet einen Kreis und schaut nach außen. Gruppe 2 bildet um Gruppe 1 einen Kreis und blickt nach innen, so dass sich immer 2 TN gegenüberstehen. Geben Sie den TN Anweisungen (z. B. Innenkreis bewegt sich 2 TN nach rechts …) Die sich nun gegenüberstehenden TN sprechen eine vorgegebene Zeit über eine bestimmte Frage. Geben Sie dann die nächste Anweisung für Außen- oder Innenkreis. Als Variante können Sie auch Musik spielen und die beiden Kreise bewegen sich in entgegengesetzten Richtungen, bis die Musik stoppt.

Kursspaziergang Beim Kursspaziergang geht es darum, mit wechselnden Partner/-innen kurze Gespräche zu führen oder gemeinsam eine Aufgabe zu lösen. Jede/-r TN bekommt anfangs ein Kärtchen, z. B. mit einer Frage. Dann gehen alle TN durch den Kursraum und treffen sich mit einer Person. Mit dieser Person sprechen sie über ihre eigene Frage und die ihres Gegenübers. Wenn sie fertig sind, tauschen sie die Karten und gehen zur nächsten Person. Das kann man beliebig oft wiederholen. Statt mit Fragen können Sie auch Kärtchen mit einzelnen Aufgaben oder Lückensätzen erstellen. Die Lösung sollte auf der Rückseite der Kärtchen stehen, damit die TN sich selbst korrigieren können.

Kursspiegel Die Idee eines Kursspiegels ist es, die einzelnen TN des Kurses anhand eines bestimmten Themas vorzustellen und so die Vielseitigkeit des Kurses aufzuzeigen. Jede/-r TN erstellt dazu eine Art Steckbrief über seine eigene Person (oder nach einem Partnerinterview über den/die Partner/-in) zu vorgegebenen Themen (z. B. *Ich und mein Beruf*). Der Steckbrief kann mit einem Foto, Zeichnungen und/oder einem für die Person typischen Gegenstand illustriert werden. Die TN hängen ihre Steckbriefe im Kursraum auf. So entsteht ein Kursspiegel, der von Zeit zu Zeit um neue Informationen erweitert werden kann.

Glossar

Kursstatistik Kursstatistiken dienen dazu, Meinungen der TN visuell übersichtlich darzustellen. Einfache Möglichkeiten sind z. B. Strichlisten, Klebepunkte oder Balken. Es gibt aber auch komplexere und kreativere Möglichkeiten wie

→ Landschaften stellen

→ Sterndiagramm

Landschaften stellen Dies ist eine Methode, in der man in kurzer Zeit und auf anschauliche Weise viele Informationen von den TN bekommen kann. Als Antwort auf eine Frage gruppieren sich die TN der Antwort entsprechend im Raum. Dabei helfen Plakate mit den möglichen Antworten (*ja, nein, oft, manchmal, selten, nie; Smileys für das mag ich, das mag ich nicht, das ist mir egal* usw.). Die TN können sich auch anhand von Fotos positionieren, z. B. bei der Frage *Welcher Sport gefällt Ihnen am besten?* Bei Fragen nach zahlenmäßigen Häufigkeiten (z. B. *Wie oft in der Woche lernst du Deutsch?*) oder Bewertungen (z. B. *Wie wichtig findest du Hausaufgaben?*) können Sie einen Wollfaden auf den Boden legen (der Anfang steht für 0, die Mitte für 10, das Ende für 20 bzw. je weiter rechts, desto wichtiger o. Ä.), auf dem sich die TN positionieren können. Bei jeder neuen Frage wechseln die TN ihre Position.

Lebendige Sätze Diese Aktivität eignet sich gut zur Bewusstmachung von Satzstrukturen wie Verbposition, Satzklammer und Nebensätze. Sie brauchen so viele Karten, wie es Satzteile und Satzzeichen gibt. Schreiben Sie die Satzteile und Satzzeichen auf einzelne Karten. Beim Satz *Da Wien bekannt ist, kommen viele Touristen dorthin.* sieht es folgendermaßen aus:

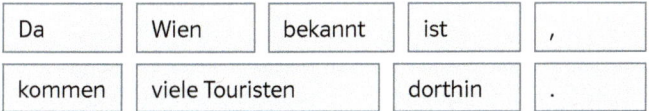

Dann bitten Sie (hier:) 9 TN nach vorne zu kommen und geben jeder/-m eine Karte. Die anderen TN positionieren die 9 TN so, dass es einen grammatikalisch richtigen Satz ergibt. Dann thematisieren Sie, was von besonderem Interesse ist (hier: die Position der Verben).

Alternativ können sich auch zuerst die TN mit Kärtchen positionieren. Die anderen TN sagen, ob es so richtig ist. Sie können die Sätze, wenn es passt, auch auf verschiedene Weise umstellen lassen, um den TN bestimmte Gesetzmäßigkeiten klarzumachen (z. B. dass auf Position 1 vieles stehen kann, das Verb aber auf Position 2 bleibt).

Lernen mit Bewegung Erfolgreiches Lernen heißt, Wissen so zu verknüpfen, dass es im Gehirn verankert wird. Eine besondere Art der Verknüpfung erfolgt über (körperliche) Bewegung. Sie kann auf dem Prinzip der Ähnlichkeit beruhen, wenn z. B. eine langsame Bewegung für die langen Vokale, eine schnelle kleine hingegen für die kurzen Vokale steht. Oder die Bewegung steht für sich und rhythmisiert das Lernen.

→ Lebendige Sätze

Lernplakat Nach der Erarbeitung von grammatischen Regeln oder dem Erstellen einer Wortfamilie / eines Wortfeldes können die TN Lernplakate gestalten, die im Kursraum aufgehängt und immer wieder als „Spickzettel" verwendet werden können.
Ein Lernplakat sollte klar und übersichtlich gestaltet werden und nicht zu viele Informationen auf einmal enthalten (nur das Wesentliche). Es geht um eine Visualisierung von Inhalten mit Hilfe von eindeutigen Symbolen, Zeichnungen und/oder farbiger Gestaltung; Erklärtext sollte nur sparsam eingesetzt werden.
Sie brauchen dafür DIN-A3-Papier und dicke, bunte Stifte. Die TN arbeiten in KG. Anfangs sollten Sie ggf. zuvor grob den Inhalt des Lernplakates besprechen (*Was ist der wichtigste Punkt, was gehört unbedingt dazu?*), um den Blick der TN für das Wesentliche zu schärfen.

Mini-Präsentation Bei einer Mini-Präsentation stellen einzelne TN oder KG ein einfaches Thema im PL vor. Die TN sollen sich bemühen, einen Zeitrahmen von 5 Minuten nicht zu überschreiten, aber auch nicht wesentlich kürzer zu sprechen. Um ein Gefühl dafür zu entwickeln, wie viel man in dieser Zeit sagen kann, können die TN zu Hause mit der Stoppuhr einen Text (langsam) lesen. Folgende Punkte sind für eine Mini-Präsentation wichtig:

- Eine Präsentation hat einen förmlichen Anfang (z. B. *Guten Tag! Mein Name ist … und ich möchte Ihnen/euch heute kurz … vorstellen …*) und ein förmliches Ende (z. B. *Vielen Dank für Ihre/eure Aufmerksamkeit. Gibt es Fragen?*)
- Es ist sehr wichtig, nur Vokabular und Strukturen zu verwenden, die dem Niveau des Kurses entsprechen. Unbedingt nötige Spezialbegriffe müssen erklärt werden.
- Die TN sollten darauf achten, klar und langsam zu sprechen und Pausen einzulegen.
- Die Sprechenden halten Augenkontakt mit dem Publikum.
- Die Präsentation sollte, wenn möglich, visuell gestützt werden.

Paare finden Je 2–4 TN spielen mit ca. 20 Kärtchen. Immer 2 Kärtchen bilden ein Paar. Die TN mischen und legen alle Kärtchen verdeckt auf den Tisch. Ein/-e TN beginnt und deckt nacheinander 2 Kärtchen auf. Passen sie zusammen, behält er/sie sie und darf noch einmal spielen. Passen sie nicht, dreht er/sie sie wieder um und

Glossar

der/die nächste TN ist dran. Wer am Ende die meisten Paare hat, gewinnt. „Paare finden" eignet sich für das Einüben von Wortschatz (z. B. Wort–Bild, Land–Sprache, Gegensatzpaare), Verbformen (z. B. Infinitiv–Verbform), Sätzen (z. B. Fragen–Antworten) usw. Es ist auch möglich als **Trio**-Spiel mit je 3 zusammengehörenden Kärtchen.

Pantomime Je 2 TN spielen etwas pantomimisch im PL vor, drücken sich also nur durch Gestik und Mimik aus. Die anderen TN raten, was gemeint ist. Sie können auch TN 1, der/die die Pantomime macht, TN 2 zur Seite stellen, der/die zeitgleich versuchen muss, zu interpretieren und sprachlich auszudrücken, was mittels der Pantomime gerade dargestellt wird.

Partnerfindung Um einen dynamischen Unterricht zu garantieren und ein gutes Kursklima zu erzeugen, ist es wichtig, die Sozialform häufig zu variieren, also dass die TN öfter ihre Lernpartner wechseln. Verschiedene Möglichkeiten eignen sich dafür, Paare oder KG zu formieren. (Manche führen auch gleichzeitig ins Thema ein oder bieten an sich schon eine Übungsform.):

1. Zerschneiden Sie (zum Thema passende) Postkarten, Fotos etc. in so viele Teile, wie die Gruppengröße sein soll, und verteilen Sie die Einzelteile. Die TN suchen die fehlenden Stücke und arbeiten mit deren Besitzern in KG.
2. Erstellen Sie Kärtchen, die thematisch klar zusammenpassen (Wortfelder, Gegensätze, Synonyme …). Die TN finden durch Vorlesen ihre Partner/-innen. Um die Zahlen zu üben, können Sie die gleiche Zahl einmal in Ziffern und einmal in Buchstaben auf Kärtchen schreiben.
3. Kopieren Sie Bilder so oft, wie die Gruppenstärke sein soll, und verteilen Sie sie. Die TN beschreiben sich ihre Bilder bei einem → **Kursspaziergang**, ohne sie zu zeigen. Wenn sie erkennen, dass sie das gleiche Bild haben, arbeiten Sie zusammen.

Platzdeckchen Alle TN notieren in Vierer-KG auf einem in der Mitte liegenden, segmentierten Papier ca. 5 bis 7 Minuten lang gleichzeitig in ihr jeweiliges Segment die Sätze oder einen kleinen Text zum genannten Thema. Danach wird das „Platzdeckchen" dreimal gedreht und alle Sätze/Texte werden von den anderen gelesen (und hier noch einmal laut formuliert). Alle Gemeinsamkeiten werden in der Mitte notiert. Im Anschluss daran tauschen sich zwei Gruppen miteinander über die gemeinsamen Informationen ihrer Gruppe in der Mitte aus.

Präsentation von Ergebnissen

→ Ausstellung

Marktplatz Gehen Sie vor wie bei der → **Ausstellung**, mit Ausstellungstischen, auf denen jede Gruppe ihre Ergebnisse wie an einem Marktstand darbietet. Hinter jedem Tisch steht ein Mitglied der Gruppe, um das Produkt vorzustellen und ggf. auf Fragen der Marktbesucher zu antworten. Dabei wechseln sich die Mitglieder der Gruppe ab. Wer gerade nicht den eigenen Marktstand betreut, besucht die anderen Stände auf dem „Markt".

→ Mini-Präsentation

Poster/Plakat Ein Poster/Plakat ist ein kreatives Medium, das die Lernenden besonders gut zur Präsentation von Gruppenarbeiten, aber auch zur Unterstützung von Vorträgen einsetzen können. Poster/Plakate sollten möglichst groß, DIN-A3 oder größer, sein. Sie stellen im Allgemeinen ein klar umrissenes Thema dar (Überschrift des Posters/Plakats), der Schwerpunkt liegt auf visuellen Elementen (Bilder, Fotos) → **Collage**. Sie können auch ein virtuelles Poster/Plakat z. B. mit Hilfe von PicCollage machen.

Power-Point Wenn Ihre TN diese Präsentationsform wünschen, legen Sie vorab die Anzahl der Folien (und die Dauer der Präsentation) fest. Überlegen Sie gemeinsam, wie eine „gute" Folie aussieht (Textmenge, Schriftgröße).

Wandzeitung Die Wandzeitung ist eine informative, detailliert gestaltete Präsentationsform von Arbeitsergebnissen. Legen Sie gemeinsam mit den TN das Thema und die Ziele der Wandzeitung fest: *Was soll die W. zeigen? Wollen wir informieren, Meinungen darstellen oder ein Projekt vorstellen?* Die TN sammeln aussagekräftige Fotos, Zeitungsausschnitte, Zeichnungen, Grafiken usw. zum Thema und schreiben kurze eigene Texte mit Bildunterschriften und Überschriften zu Unterthemen dazu. Wichtig ist, dass die Textmenge nicht zu umfangreich und die Schriftgröße ausreichend ist, damit die Wandzeitung auch aus einer gewissen Entfernung lesbar ist. Die Struktur der Zeitung sollte zuerst auf einem DIN-A4-Blatt geplant werden, auch eine passende klare Überschrift müssen die TN finden. Für die Gestaltung brauchen Sie ein großes Plakat. Dann legen die TN ihr Material auf das Papier auf und testen, ob ihr Plan auch optisch gut wirkt. Bei der Gestaltung sollten die TN auf Schriftgröße, Schriftfarbe, ein ausgewogenes Verhältnis von Text und Bildern sowie auf eine logische Gliederung achten. Danach kleben sie die Materialien auf und hängen sie im Raum auf.
Sie können auch eine virtuelle Wandzeitung z. B. mit Hilfe von padlet.com machen.

→ Wirbelgruppen

Glossar

Quartett Geben Sie je 3–5 TN ein Set Quartett-Karten. Ziel des Spiels ist, möglichst viele Quartette (4 Karten zum gleichen Thema oder mit demselben Bild) zu sammeln. TN 1 fragt dafür eine/-n beliebigen TN der KG, z. B. *Haben Sie den lustigen Hut?* Hat der/die TN die Karte, nach der gefragt wird, muss er/sie die Karte abgeben und TN 1 fragt weiter. Hat der/die TN die Karte nicht, ist er/sie an der Reihe. Wer 4 Karten eines Quartetts beisammen hat, legt sie vor sich auf den Tisch und erhält dafür einen Punkt. Wer am Ende die meisten Punkte vorweisen kann (ggf. auch nach mehreren Spielrunden), hat gewonnen.

Rechts-Links-Dialog Die TN schreiben den ersten Satz eines Dialogs auf ein Blatt Papier und geben das Blatt dann an die rechts von ihnen sitzende Person weiter. Diese/-r TN reagiert auf den ersten Satz mit einer Antwort und gibt das Blatt zurück. Auf diese Weise entstehen gleichzeitig 2 Dialoge, in denen jede/-r TN sowohl in Rolle A als auch in Rolle B schlüpft.

Redemittelkärtchen-Diskussion Die TN wählen 5 Redemittel für eine Diskussion (z. B. zur Meinungsäußerung, zu Vor- und Nachteilen usw.) und schreiben jeden Ausdruck auf ein Kärtchen. Während der Diskussion halten sie die Kärtchen in der Hand. Immer wenn sie eines der Redemittel verwenden, dürfen sie die passende Karte ablegen. Die Diskussion darf erst beendet werden, wenn alle TN ihre Karten abgelegt haben.

Reziprokes Lesen Es wird in KG mit je 4 TN gearbeitet (bei Gruppen mit 3 TN eine Aufgabe gemeinsam in der KG lösen).
Teilen Sie einen Lesetext in 4 Abschnitte und kopieren Sie diese für alle TN. Kopieren Sie außerdem die folgenden vier Aufgaben, sodass jede KG 4 Kärtchen A–D erhält und unter sich aufteilt:

A   Welche wichtigen Wörter verstehen Sie nicht? Suchen Sie sie im Wörterbuch. Erkläre Sie sie dann den anderen.
B   Was passiert im Text? Fassen Sie den Textteil inhaltlich zusammen. W-Fragen helfen Ihnen (*Wer? Wo? Was? Wann? …*).
C   Stellen Sie eine Frage an den Text. Die anderen beantworten sie.
D   Wie geht der Text weiter? Bilden Sie Hypothesen.

Die KG bekommt zuerst nur den ersten Textteil. Jede/-r TN bearbeitet zuerst seine/ihre Aufgabe in EA, danach bearbeitet die KG die Aufgabe gemeinsam. Dann rotieren die Aufgaben und die TN bekommen den nächsten Textteil etc. Am Ende des Textes haben die TN alle vier Aufgaben bearbeitet und sich den Text erschlossen. Diese Form der Erarbeitung eines Textes fördert auch das kooperative Lernen.

Schreibaufgaben auswerten

Fehlerauktion Sie erstellen ein Arbeitsblatt, auf dem Sie sprachlich korrekte und falsche Sätze aus den Texten der TN mischen. Es darf dabei äußerlich nicht erkennbar sein, welche Sätze richtig bzw. falsch sind. Erstellen Sie Spielgeld, indem sie auf so viele Zettel immer je *100 Euro* schreiben, dass alle TN/KG 1000 Euro bekommen können. Die TN versuchen nun in EA oder in KG, die richtigen Sätze zu „ersteigern", indem sie das Spielgeld bieten. Geboten wird immer in 100er-Schritten. Erst wenn alle Sätze versteigert wurden, klären Sie im PL, welche Sätze falsch waren. Diese Sätze werden im PL korrigiert. Es gewinnt die Gruppe, die die meisten richtigen Sätze ersteigert hat. Für eine Fehlerauktion können auch die TN selbst die Sätze schreiben.

Findet den Fehler Suchen Sie aus den Schreibtexten der TN 10 Sätze mit a) typischen Fehlern (z. B. Verbposition im Haupt- und Nebensatz, Konjugation) oder b) Fehlern im Bereich des aktuellen Grammatik- und/oder Wortschatzschwerpunkts heraus. Schreiben Sie diese als Sammlung zusammen. Geben Sie je 2–3 TN eine Kopie dieser Fehlersammlung. Sagen Sie den TN, wie viele Fehler in diesen Sätzen insgesamt zu finden sind und ob es einen Fehlerschwerpunkt gibt. Dann korrigieren die TN die Fehler zunächst in Gruppen. Anschließend vergleichen Sie die korrigierten Sätze im Plenum.

Sie können auch so vorgehen: Je 3–4 TN arbeiten zusammen. Projizieren Sie den ersten Satz an die Wand. Die Gruppen korrigieren den Fehler und melden sich, wenn sie fertig sind. Die Gruppe, die zuerst fertig ist, liest den korrigierten Satz vor. Die anderen Gruppen vergleichen, ob dieser richtig korrigiert wurde. Die Gruppe, die den Satz zuerst richtig korrigiert hat, bekommt einen Punkt. Dann projizieren Sie den nächsten Satz usw. Die Gruppe mit den meisten Punkten gewinnt und bekommt am Ende einen kleinen Preis.

Individuelle Fehlerkorrektur Markieren Sie in den Schreibtexten der TN die Fehler, korrigieren Sie sie aber nicht. Schreiben Sie an den Rand, was für ein Fehler (Verbposition, Numerus, Kasus, Konjugation, etc.) es ist. Geben Sie den TN ihre Texte zurück. Diese schreiben ihren Text noch einmal, korrigieren dabei ihre Fehler und geben dann ihren Text noch einmal ab. Variante: Je zwei TN korrigieren ihre Texte in PA und geben sie dann noch einmal ab.

Schreibkonferenz Hierbei überarbeiten Lernende ihre Texte kooperativ und verbessern diese. Je 3 TN arbeiten zusammen. Jede/-r TN bekommt 2 Kopien der KV zu Kap. 10, 12d+e aus dem LHB zu Band **A2**. Gehen Sie mit den TN die Checkliste durch, um das Verständnis zu sichern. Nun analysieren die TN nach und nach ihre Texte. Ein/-e TN beginnt und liest langsam seinen/ihren

Glossar

Text vor, die anderen beiden TN machen Notizen auf der KV zu den Aspekten Inhalt, Kreativität und Originalität. Sie geben dem/der Autor/-in anschließend direkt Rückmeldung. Danach lesen die TN den Text noch einmal gemeinsam und ergänzen die Checkliste zur Sprache. Dann überlegt jede/-r, welche Tipps er/sie dem/der Autor/-in geben möchte, um den Text zu verbessern. Am Ende bekommt jede/-r Autor/-in die Notizen zu seinem/ihrem Text und überarbeitet ihn zu Hause mit Hilfe der Checkliste. Geben Sie den TN den Tipp, dass sie die Checkliste in Zukunft zu Rate ziehen, wenn sie einen Text schreiben, und sie auch beim Korrekturlesen benutzen, um systematisch eigene Fehler zu finden und zu korrigieren.

Speeddating Wie → **Kugellager**, nur stehen die TN sich in zwei Reihen gegenüber und nicht im Kreis.

Sterndiagramm Ein Sterndiagramm ist eine anschauliche Möglichkeit der → **Kursstatistik**. Malen Sie dazu einen großen Stern an die Tafel oder auf ein Plakat. Jeder Bereich, der ausgewertet werden soll, wird auf einen Zacken des Sterns geschrieben. Der Stern wird von Kreisen durchzogen, bei dem jeder Kreis eine Maßeinheit repräsentiert: die inneren Kreise drücken einen kleinen Wert aus, die äußeren einen hohen Wert. Die Ergebnisse der einzelnen TN oder der Gruppe werden nun in jedem Zacken festgehalten.

Stille Post Die TN stellen sich im Kreis auf. Der/Die erste TN flüstert dem/der nächsten TN ein Wort ins Ohr. Diese/-r TN flüstert, was er/sie verstanden hat (egal, ob es Sinn ergibt oder nicht), dem/der nächsten TN weiter, bis schließlich der/die letzte TN das Wort oder das, was er/sie verstanden hat, laut sagt und an die Tafel schreibt. Was ist aus dem Wort geworden? Ist es korrekt geschrieben? Statt Wörter können auch ganze Sätze verwendet werden.

Stummer Dialog Verschiedene Aussagen werden auf je ein DIN-A3-Papier geschrieben, diese werden im Kursraum ausgelegt. Die TN gehen ohne zu sprechen durch den Raum, lesen die unterschiedlichen Aussagen und schreiben ihre eigene Meinung dazu. Danach gehen sie zum nächsten Blatt. Wenn schon Meinungen anderer TN unter den Aussagen stehen, reagieren die TN auch auf diese, so dass sich tatsächlich eine Art von Dialog ergibt.

Tipps zum freien Sprechen

Dialoge

Freies Sprechen von KB-Dialogen üben Gehen Sie schrittweise vor: Lesen Sie die einzelnen Rollen zuerst langsam vor. Betonen Sie besonders den Satzakzent und die Satzmelodie, unterstreichen Sie sie auch gestisch mit der Hand. Dann lassen Sie verschiedene TN nachsprechen und dabei Gestik und Mimik einsetzen und Blickkontakt miteinander aufnehmen. Übernehmen Sie dann eine Rolle, ein/-e TN übernimmt die andere. Spielen Sie den Dialog exemplarisch vor. Achten Sie dabei immer auf Gestik, Mimik, Blickkontakt sowie klare, deutliche Aussprache und Intonation. Danach üben die TN die Dialoge zu zweit oder in Gruppen. Ermuntern Sie sie zu übertreiben, ein bisschen Theater zu spielen. Die einzelnen Gruppen stellen dann ihre Dialoge im PL vor. Die anderen TN geben → **Feedback** zu Gestik, Mimik, Blickkontakt, Aussprache und Intonation.

Rollenspiel mit Souffleur Zu viert erarbeiten die TN einen Dialog / ein Rollenspiel. Beim Vorspielen stehen immer 2 TN hintereinander. Der/Die hintere TN liest dem/der vorderen den Satz ins Ohr. Dieser sagt ihn laut mit der entsprechenden Betonung.

Sprechen wie ein … Die TN bekommen ein Kärtchen mit einem einfachen Satz aus dem aktuellen Kapitel. Sie lernen diesen Satz auswendig. Dann geben Sie ihnen vor, wie sie diesen Satz sprechen sollen, z. B. wie ein Pfarrer, ein Opa, ein Lehrer, ein Arzt, ein General, ein Baby, eine Sängerin … Der Fantasie sind hier keine Grenzen gesetzt. Wichtig ist, dass die TN so viele verschiedene Rollen wie möglich einnehmen und mit ihrer Stimme und ihrem Körper die Rolle ausfüllen. Die TN geben sich gegenseitig → **Feedback**. Sie können diese Aktivität auch bei ganzen KB-Dialogen einsetzen.

Zick-Zack-Dialog Diese Aktivität dient als Vorbereitung für das freiere Sprechen von Dialogen. Als Ausgangspunkt dient ein Konfliktfoto oder -text mit 2 Personen oder ein Szenenfoto aus dem Film. Teilen Sie den Kurs in 2 Gruppen. Jede Gruppe schreibt Sätze auf, die „ihre" Person sagen könnte. Die beiden Gruppen stellen sich in 2 Reihen gegenüber und lesen im Zick-Zack die Sätze, die sie aufgeschrieben haben, ohne zu überlegen, ob sie passen. Dabei entstehen oft komische Dialoge, die Sätze passen aber aufgrund des gemeinsamen Themas auch oft zueinander. Die TN können durch das Ablesen auf die Intonation achten.

Präsentationen
5 Regeln für eine gute Präsentation

1. Bereiten Sie sich inhaltlich gut vor. Das gibt Ihnen Sicherheit.
2. Machen Sie sich Notizen in Stichpunkten. Auch wenn Sie die Präsentation einmal ganz ausformulieren (und aufschreiben), sollten Sie beim Vortrag nur auf Stichpunkte zurückgreifen.
3. Versuchen Sie, möglichst frei zu sprechen. Dann stimmt die Sprechgeschwindigkeit (eher langsam) und Sie achten mehr auf Aussprache und Intonation.
4. Sorgen Sie für Aufmerksamkeit. Sprechen Sie Ihre Zuhörer direkt an oder beziehen Sie sie durch Fragen ein.

Glossar

5. Machen Sie deutlich, was die wichtigen Infos sind, die die Zuhörer ggf. mitnotieren sollten.

Präsentationstraining Richtiges Stehen, Blickkontakt, Gestik und Mimik sind wichtige Faktoren, die TN bewusst einsetzen sollten, um die Angst vor dem freien Sprechen zu verlieren.

Richtiges Stehen Sensibilisieren Sie Ihre TN für Stand, Körperhaltung, Gewichtsverlagerung und die Haltung der Hände und des Kopfes. Stellen Sie sich gemeinsam mit den TN in einem Kreis auf. Alle haben die Beine durchgestreckt und leicht geöffnet; die Füße stehen parallel und fest auf dem Boden. Der Rücken ist durchgestreckt, die Arme sind angewinkelt, die Hände – so sie nicht auf etwas zeigen oder etwas halten – liegen ineinander, Handflächen nach oben (das signalisiert Offenheit und Ehrlichkeit). Nehmen Sie als Kontrast gegensätzliche Haltungen ein, Sie können auch die TN eine Haltung vorgeben lassen. Wichtig dabei ist, dass sie abwechselnd die „richtige" Haltung und dann wieder eine „falsche" Haltung einnehmen, um sich des Unterschieds bewusst zu werden.

Aufmerksamkeit – Blickkontakt Jede/-r TN bekommt ein leeres Kärtchen. Einzeln treten die TN vor die Gruppe. Sie blicken konzentriert einmal von links nach rechts durch die ganze Gruppe, sagen dann zum Abschluss *Vielen Dank* oder *Danke schön* o. Ä. Dann applaudiert die Gruppe und der/die TN nimmt wieder Platz. Die anderen TN geben → **Feedback** im PL.

„Ich kann reden" Jede/-r TN bekommt ein Kärtchen mit einem einfachen, sehr kurzen Text, in dem kein neuer Wortschatz vorkommen darf. Jede/-r TN tritt mit der Karte vor das PL. Er/Sie trägt den Text laut, deutlich und ohne Eile vor. Die Pausen nimmt er/sie bewusst war, er/sie schaut zwischendurch die Zuhörenden an, hält die Karte mit einer Hand, nicht zu hoch. Er/Sie probiert das richtige Stehen und den Blickkontakt aus den vorherigen Übungen aus.

3-A-Technik: Aufnehmen – Aufschauen – Aussprechen Bereiten Sie für jede/-n TN eine Karte mit einem Satz vor (z. B. *Ich spreche langsam.*; *Ich mache kurze Sätze.*; *Ich mache Pausen.* usw. – oder Sie nehmen einfachere, bekannte Sätze aus dem Kursbuch). Je 4–6 TN arbeiten in Gruppen. Geben Sie jeder/-m TN ein Kärtchen. Zuerst lesen die TN ihren Satz. Dann macht jede/-r TN die Übung: Zuerst stellt er/sie sich vor die Gruppe, dann stellt er/sie sich bewusst richtig hin, schaut auf und nimmt so Blickkontakt auf, danach spricht er/sie ganz bewusst den Satz aus, der auf dem Kärtchen steht. Ein/-e TN der Gruppe wird damit beauftragt, sofort *Stopp* zu sagen, sobald der/die Vortragende den Blickkontakt zum Publikum nicht hält, sondern auf das Kärtchen oder an die Wand sieht. Der/Die Vortragende bedankt sich bei der Gruppe und bekommt Applaus. Danach bekommt er/sie → **Feedback** zu seiner/ihrer Haltung, zum Blickkontakt, zur Gestik und Mimik und Aussprache.

Tipps zum Vorlesen
5 Regeln zum guten Vorlesen
1. Beginnen Sie nicht sofort mit dem Lesen. Warten Sie ab, bis das Publikum aufmerksam ist.
2. Versuchen Sie, laut, deutlich und mit klarer, fester Stimme zu lesen. Sprechen Sie eher zu langsam als zu schnell.
3. Variieren Sie Ihre Stimme, planen Sie Redepausen ein.
4. Suchen Sie immer wieder Blickkontakt.
5. Sehen Sie die Zuhörer an und versuchen Sie festzustellen, wie Ihr Vorlesen auf die Zuhörer gewirkt hat.

Korkensprechen mit Aufnehmen Sie brauchen für jede/-n TN einen Korken und ein Aufnahmegerät oder ein Handy mit Aufnahmefunktion für je 2–3 TN. Die TN wählen einen kurzen Text, z. B. aus dem aktuellen Kapitel. Eine Person beginnt, liest den Text einmal normal vor und nimmt den Text auf. Dann hört sie sich die Aufnahme an und überlegt mit den anderen, wo sie sich noch verbessern kann. Dann nimmt sie einen Korken zwischen die Zähne und liest ihren Text vor, sie wird wieder aufgenommen. Danach liest sie ihn noch einmal ohne Korken vor und wird ebenfalls aufgenommen. Dann hören die TN sich die 3 Aufnahmen an und vergleichen sie. Danach ist der/die nächste TN an der Reihe.

Szenisches Lesen Je 3 TN arbeiten zusammen. Ein/-e TN jeder Gruppe ist der/die Regisseur/-in. Sagen Sie den TN, welchen Dialog/Text aus dem Kursbuch sie lesen können, lassen Sie einen Dialog/Text auswählen oder bringen Sie eigene kurze Texte mit. Die TN lesen ihren Text mit unterschiedlicher Sprechhaltung. Der/Die Regisseur/-in nennt Ideen und macht Verbesserungsvorschläge. Die anderen TN reagieren darauf. Dann wird rotiert, damit jede/-r einmal liest und einmal Regisseur/-in ist.

Lesen wie ein . . . Die TN bekommen einen einfachen Lesetext oder wählen einen Lesetext aus. Sie lesen den Text einmal und markieren darin, wo sie Pausen machen, wo sie die Stimme heben bzw. senken wollen, wo der Satzakzent ist und bei schwierigen Wörtern der Wortakzent. Dann üben je 2 TN gemeinsam und geben sich gegenseitig → **Feedback**. Danach geben Sie vor, wie die TN diesen Text vorlesen sollen, wie bei → **Tipps zum freien Sprechen** unter → **Sprechen wie ein . . . .**

Wirbelgruppen Diese Sozialform eignet sich sowohl für die Gruppenarbeit als auch die → **Präsentation von Ergebnissen**. Bilden Sie 3 Gruppen A, B und C. Jede Gruppe arbeitet an 3 verschiedenen Themen und die TN bereiten eine Präsentation vor (oder lesen einen Text zu

Glossar

einem Thema, erarbeiten eine grammatische Struktur usw.). Dann bilden Sie neue Gruppen, in denen aus jeder Gruppe A, B, C mindestens jeweils eine Person vertreten ist (AAA, BBB und CCC werden zu ABC, ABC und ABC). Die TN stellen sich gegenseitig die Ergebnisse aus der Gruppenarbeit vor. Dann gehen die TN zurück in ihre Ausgangsgruppe A, B oder C und tauschen sich darüber aus, was sie gehört und gesehen haben. Danach können Sie noch einmal eine kurze Auswertung im PL machen oder Sie bereiten ein Quiz zum Thema vor, mit dem Sie überprüfen können, wie gut die Erarbeitung des Themas funktioniert hat.

Wortschatz in (zwei) Kreisen Die TN stellen sich in einem Kreis auf. Nennen Sie ein Thema. Werfen Sie einer/-m TN den Ball zu und sagen Sie ein Wort, das zu dem Thema passt. Die/Der TN wirft den Ball zur/zum nächsten TN und sagt ein anderes passendes Wort usw., bis alle TN einmal dran waren. Der/Die letzte TN wirft den Ball wieder Ihnen zu. So entsteht ein geschlossener Kreis. Wichtig ist, dass die TN sich merken, von wem sie den Ball bekommen haben und zu wem sie ihn geworfen haben. Nun wiederholen Sie die gleiche Reihenfolge mit denselben Wörtern (bei einer Gruppe von 10 Personen also 10 Wörter) immer wieder und werden immer schneller.
In sprachlich stärkeren Gruppen können Sie auch einen zweiten Kreislauf mit einem zweiten Ball einbauen; dabei ist es wichtig, dass die TN den Ball nicht zu den gleichen Personen wie in der ersten Ballrunde werfen und auch nicht die gleichen Wörter nennen.

Wortschatzspiele

Fliegende Wörter Legen Sie ein DIN-A4-Papier quer und schneiden Sie es einmal längs in der Mitte durch. Sie oder die TN schreiben Wörter mit sehr großen Buchstaben darauf, lassen aber zum Beispiel alle Vokale oder einige Konsonanten weg. Je 4 TN spielen zusammen. Ein/-e TN beginnt und lässt seine/ihre einzelne Wortkarte fliegen, d. h. er/sie nimmt sie in beide Hände und schwenkt sie vor den anderen TN hin- und her. Diese raten nun, um welches Wort es sich handelt. Dann ist der/die nächste TN dran.

Kimspiel Bringen Sie Gegenstände (oder Bilder davon) mit, z. B. Lebensmittel. Legen Sie einige auf einen Tisch. Alle TN sehen die Gegenstände an, 2 TN gehen aus dem Kursraum. Die anderen TN nehmen Gegenstände weg bzw. verändern etwas. Die beiden TN kommen wieder herein und versuchen herauszufinden, was fehlt bzw. verändert ist.
Eine Variante für den ganzen Kurs ist, dass alle sich die Gegenstände für ca. 3 Minuten einprägen, kurz etwas anderes machen und dann alle Gegenstände korrekt (z. B. auch mit Artikel und Plural) nennen.

Memo-Wortschatztraining Schreiben Sie 15–20 Nomen auf einzelne blaue, grüne und rote Karten (je nach Artikel). Erklären Sie den TN, dass es darum geht, so viele Wörter wie möglich im Gedächtnis zu behalten. In PA schätzen die TN, wie viel sie im Gedächtnis behalten können. Zeigen Sie dann nach und nach die einzelnen Wortkarten. Die TN lesen die Wörter und versuchen sie sich zu merken. Wenn alle Wörter einmal gezeigt wurden, schreibt jede/-r TN die Wörter auf, an die er/sie sich erinnert. Dann vergleichen die Paare, wie viele Wörter sie gemeinsam notiert haben. Das Paar mit den meisten Wörtern liest seine Wörter zur Kontrolle vor. Die anderen kontrollieren. Am Ende zeigen Sie noch einmal alle Karten. Das Paar, das am nächsten an sein gestecktes Ziel gekommen ist, gewinnt. Dieses Wortschatztraining eignet sich besonders für in sich geschlossene Themenbereiche wie *Essen und Trinken*, *Freizeit*, *Berufe* usw.

Montagsmaler Bereiten Sie kleine Zettel mit Begriffen vor. Als Ratebegriffe eignen sich Gegenstände oder Personen, aber auch einfache Verben oder feste Wendungen. Die TN bilden 2 Gruppen. Ein/-e TN aus Gruppe A zieht einen Begriff und malt ihn an die Tafel. Gruppe B hat jetzt eine Minute Zeit, um den Begriff zu erraten, indem die TN Wörter laut hinausrufen. Wenn Gruppe B den Begriff (innerhalb der Zeit) errät, bekommt sie einen Punkt und ein/-e TN der Gruppe B darf den nächsten Begriff zeichnen. Andernfalls nennt Gruppe A die Lösung und zeichnet einen weiteren Begriff. Die Gruppe mit den meisten Punkten hat am Ende gewonnen.

Wörterbuch Üben Sie mit den TN, wie sie erkennen, welche Informationen sie wo im Wörterbuch finden können (z. B. Angabe von Artikel, Plural, Perfekt, Komparativ usw.). Kopieren Sie dazu Einträge aus verschiedenen Wörterbüchern und lassen Sie die TN herausfinden, was die einzelnen Abkürzungen bedeuten. Oder nennen Sie ein neues Wort, die TN suchen schnell und rufen Zusatzinformationen zu dem Wort heraus.
Machen Sie auch deutlich, wann der Einsatz des Wörterbuches sinnvoll ist. Leiten Sie die TN dazu an, zuerst Lesestrategien ohne Wörterbuch anzuwenden (z. B. *Kenne ich das Wort aus einer anderen Sprache? Kenne ich ein ähnliches deutsches Wort? Kann ich es aus dem Satz erschließen?*) und erst danach das Wörterbuch v. a. zum Suchen von Schlüsselwörtern zu verwenden.
Üben Sie auch den Umgang mit dem einsprachigen Wörterbuch, da die TN damit lernen, Wörter aus dem Kontext zu verstehen. Kopieren Sie z. B. 10 Erklärungen zu unbekannten deutschen Wörtern und eine Liste der 10 Wörter für die TN; die TN versuchen, Wort und Erklärung zuzuordnen. Stammen alle Wörter aus einem Text, kann der Text eine Hilfestellung dazu sein.